近世中後期の藩と幕府

荒木裕行

東京大学出版会

The Relationship between Feudal Clan and the Shogunate
in the Later of Edo Period

Hiroyuki ARAKI

University of Tokyo Press, 2017
ISBN 978-4-13-026246-0

近世中後期の藩と幕府／目次

序章　研究史と本書の課題……1
1　先行研究整理　1
2　本書の構成　5
第Ⅰ部　藩・大名の政治ネットワーク
第一章　近世中期の幕藩関係――金沢藩の御用頼……15
はじめに　15
1　御用頼の役割と変化　15
2　享保十二年水野忠之への御内用頼依頼　20
3　御用頼の縮減　26
おわりに　31
第二章　近世後期の鳥取藩御内用頼……35
はじめに　35
1　御用頼・御内用頼の概要　35
2　御用頼の依頼と日常的な交際　39
3　御内用頼老中の役割　42

4　江戸湾防備に関わる御内用頼老中への交渉　46
おわりに　49
第三章　天保改革期の御用頼取締……53
はじめに　53
1　取締の概要　54
2　取締の目的と展開　55
3　天保改革終了後の御用頼再増加　60
4　御用頼選定への幕府役人集団の関与　63
おわりに　64
第四章　文政期古河藩の幕府向内願交渉
――御内用役の活動を事例として……69
はじめに　69
1　御内用役の活動概要　70
2　土井利厚藩主期の御内用役の活動　72
3　土井利位藩主期の御内用役の活動　79
4　日常的な関係維持の必要性　88
おわりに　90

第五章　会津藩主松平容敬の交際と政治化……95
はじめに　95
1　交際の様相　95
2　交際の変化　104
おわりに　123

第Ⅱ部　幕府の支配機構

第六章　所司代赴任時の老中上京について……131
はじめに　131
1　引渡上京の概要と内容　132
2　引渡上京以前の所司代交代と引渡上京の開始　138
3　引渡上京が行われなかった例　145
4　幕末期の引渡上京　151
おわりに　157

第七章　株仲間再興令決定過程の検討……165
はじめに　165

1　弘化期の展開　166
2　嘉永期の展開　169
おわりに　178
第八章　天保期水口藩の家中騒動……185
はじめに　185
1　騒動の始まり　185
2　老中への出訴　187
3　出訴後の展開　196
おわりに　203
補章　老中松平乗全の大名・旗本情報探索……207
はじめに　207
1　騒動発生後の探索　208
2　騒動発生以前の探索　211
3　私的な探索　214
おわりに　215

第九章　目付の職掌について……219
はじめに　219
1　目付自身の職掌認識　220
2　遠山景晋の日記から見る職掌の数量把握　222
3　監察官としての活動　228
4　監察以外の職掌　232
おわりに　238
終章　近世中後期の幕藩関係と幕府の支配機構……243
あとがき　247
索　引　*1*

序章　研究史と本書の課題

1　先行研究整理

一九八〇年代までの研究

第二次世界大戦後の近世史研究では、近世国家は幕府が藩に対して圧倒的な力を持つ構造であったとする理解が一般的であり、それを前提として研究が進められた。

伊東多三郎氏は一九四四年の「近世大名研究序説」[1]において、藩は「将軍の統制下、その承認に依って始めて保証を得る相対的地位」[2]であったとする。一九四七年の「幕藩体制」[3]においても、幕府が全国の土地・人民を専制的に支配し、大名の知行権は将軍の全国統治権に包含されていたことを指摘し、幕藩体制は中央集権的封建国家機構であったと評価する。同様の理解を示す研究のうち代表的なものをいくつか取り上げておきたい。北島正元氏は、大名は幕府に対する封建的従臣であり、幕藩体制は権力が上部に行くほどに集中・強化されていたとした。[4]朝尾直弘氏は、幕藩制国家の権力は、先に将軍権力が創出され、その影響下で大名権力が成立したとし、[5]惣無事令や武家諸法度は大名領主制の自立的発展を抑制し、幕府による統制を制度化するものであったとした。[6]佐々木潤之介氏は、藩は大名の私的支配機構ではなく、幕府によって作られた国家機構の一部である地方行政機構であり、独立的発展は不可能であったとする。[7]これらの諸研究は、藩は幕府の影響下で成立したとするが、藤野保氏の理解はそれらと異なっており、幕府は個々の大名の封建的土地所有を前提に成立したとする。ただし藤野氏も、幕藩制社会の権力構造は幕府が唯一の統一的封建権力であって、藩の領国支配は幕府を中核とする統一的編成の中に位置づけられることによって実現しており、幕府は藩に絶対優位する権力を持っていたとする。[8]

以上のように、藩に対して幕府が圧倒的権力を持っていたと考える見方が共通した理解ではあったが、一方で藩の自立性も完全に等閑視されてはいなかった。たとえば、伊東氏は藩は中央政府である幕府の指揮を受けながらも、独立の態勢も保っていたとする。朝尾氏も「藩の公儀が幕府の公儀に全面的に吸収・包摂されることなく存在しつづけた事実」[9]に留意するべきであると言及している。

一九八〇年前後からは、藩の自立的側面を重視した研究が主流となった。水林彪氏は一九七七年の「近世の法と国制研究序説（二）」[10]において、藩は幕府に強度に従属しており、幕府権力によって根本的な制約を受けていたことを指摘しながらも、近世日本を集権的封建制と捉える研究動向を批判し、藩は独自の軍隊と官僚制機構をもち、行政権を行使した国家であって、近世の国制が国家の連合体つまり複合国家であったとする。山本博文氏は水林氏の複合国家論には賛同せず、また佐々木氏の意見に同意する形で、藩権力の自立は軍事力を背景にした幕府権力によって否定されたとするが、一方で、藩権力は幕府権力と結びつかなくとも国家権力として機能できたと理解する。[11]笠谷和比古氏は、幕府政治において将軍から老中以下実務役人層までが決定力をそれぞれに分有していたこと、大名改易の際に幕府は合理的根拠を開示して諸大名の了解を得たうえで、改易を実行していたこと、幕府の政策が大名の領有権を侵した場合には、藩は連合してそれに抗したことを明らかにした。そこから将軍・幕府が持つ支配の統合性と、藩の持つ領有権とは、背反するものではなく、この二つが両立均衡していたのが幕藩関係の実態であると指摘した。[12]高野信治氏は藩は自立した存在であり、その最大の仕事は役勤めを通じて幕府を政治・経済など諸側面から支えることであり、そのための国力増強が藩の自立性をさらに高める結果になったとの見解を示している[13]。

一九八〇年代以降の研究

一九八〇年代以降は、近世国家を構成していた諸要素[14]を具体的に明らかにしていく方向で研究が進められてきた。それらのなかで、幕府の支配構造や幕藩関係に強く関係するものをまとめておきたい。

［幕府職制］　よく知られているように、江戸幕府の職制研究は、近世史研究の諸分野のなかでは進展が少ない分野の一つである。松平太郎氏の『江戸時代制度の研究』[15]など、戦前の古い研究が依然として主要な位置を占めており、戦後の近世史他分野における飛躍的な発展と比べると、その差はきわめて大きい。

それでも一九六〇年代以降、幕府職制に関する研究が進められ、さまざまな事実が確定されてきた。具体的な職としては、老中[16]・若年寄[17]・留守居[18]・寺社奉行[19]・江戸町奉行[20]・目付[21]・代官[22]などが対象とされてきた[23]。近年では、福留真紀氏による側用人・側用取次といった将軍側近の研究[24]や山本英貴氏による大目付の研究[25]をあげることができる。ほかに大友一雄氏などによって、史料学の観点から職制を解明する研究も行われている[26]。

幕府職制の研究において大きな意義を持つものとしては、藤井譲治氏の『江戸幕府老中制形成過程の研究』がある。同書は老中という役職がどのように成立し、確立していったのかを明らかにする。従来の職制研究が、すでに完成した制度を検討対象としていたために、静態的な分析になっていたのとは異なり、老中制を動態的に把握することに成功した。これ以前の職制研究は、政治史研究のための前提としての基礎的事実の確定作業にとどまっていたが、藤井氏の研究は職制研究そのものが政治史研究となった画期である。

［畿内・近国支配機構］　畿内・近国における幕府支配機構の研究は、豊富な蓄積を持ち、大きな成果を上げている分野としてあげることができる[27]。近年では、小倉宗氏が京都・大坂のそれぞれで、所司代・大坂城代の下に町奉行を

中心とする諸役人からなる組織が編成され、江戸から一定程度自立した支配を行っていたことを明らかにしている。[28]
さらに、藪田貫氏の提唱した「支配国」論によって、藩・旗本知行所といった個別領主の枠組みを超えて、幕府が支配・行政権を持っていたことが明らかになり、[29] 畿内・近国での幕府の広域支配の理解が大きく進んだ。村田路人氏は幕府広域役の分析から、広域支配の構造を解明した。[30] 広域支配の仕組みが分析されていくなかで、用達や館入与力といった存在も指摘されてきたが、[31] とくに館入与力は広域支配や畿内・近国という分析の枠組みを離れても、幕府と藩との関係を考えるうえで非常に重要な存在であると言える。また、幕府による畿内・近国支配の構造に、譜代藩を中心とする個別領主を組み込んだ研究も進められてきている。[32]
[御家騒動]　御家騒動は藩内の秩序を直接的に揺るがす事件であり、幕府にとっても支配の仕組みを破壊する危険性を持つ重要な問題である。一九六〇年代以降、江戸時代における実録物など文芸の流れを受け継いだ勧善懲悪的な理解から脱却し、実証的な研究が進められてきた。[33] なかでも福田千鶴氏の研究[34]は意義が大きい。福田氏は御家騒動を幕藩制の構造的特質という視点から検討し、それまで個々の騒動について事実を確定することに重点が置かれていた御家騒動研究を幕藩政治史の中に位置づけた。[35]
[御用頼・取次]　御用頼・取次は幕藩間を非制度的につなぐ窓口として注目されてきた。[36] このような存在が幕藩関係・藩政を検討するうえで重要であることを最初に指摘したのは、高木昭作氏の「幕藩政治史序説――土佐藩元和改革」[37]である。[38] 高木氏は『江戸幕府の制度と伝達文書』[39]では、老中制度成立前には大名が将軍と接触するために多様なルートを持っていたこと、老中制度成立後にも将軍と直結した「内証」のルートがあったことを明らかにしている。山本博文氏は豊臣政権期から江戸幕府初期の取次を検討しており、豊臣政権においては取次が諸大名を帰属させるための職制であったこと、秀忠・家光将軍期には大名が本多正純・土井利勝といった幕府の有力者との間に直接の関係を作り、指導や助言を求めていたこと、旗本が藩と幕府有力者をつなぐ役割を果たしていたことを指摘した。[40]

近世初期までを対象とした研究では、幕府の有力者が藩との間で非公的な関係を持ち、藩政を指導していたこと、こういった関係は幕府の制度が整備されるのにともなって消滅していったことが明らかにされている(41)。しかし、実際には近世中後期にも藩は幕府の役人を御用頼として非公的なつながりを持っていた。老中を初めとする幕府上層部から江戸城玄関番など下級者まで、さまざまな幕府役人が諸藩の御用頼となっており、彼らが幕府と藩との関係を円滑にする役割を果たしていた(42)。

［留守居］　藩の渉外担当役である留守居も幕藩関係を検討するうえで重要な存在である。留守居研究では服藤弘司氏と笠谷和比古氏の業績が大きい(43)。留守居は組合を結成して政治情報を交換しており、これによって藩は幕府の要求に沿った藩政運営が可能となり、幕府も安定した支配を実現できた。その一方で、幕府の政策と藩の利益とが一致しない事態が生じた際には、諸藩の留守居が連携して幕令の撤回を目指す行動をとっていたことも明らかにされている(44)。

2　本書の構成

以上の研究動向をふまえ、本書では近世国家において、幕府と藩とがどのような関係にあったのかという点を分析していきたい。具体的には、藩・大名が構築していた政治ネットワークおよび幕府の支配機構を取り上げて検討を加える。

第一部では、藩・大名の政治ネットワークを取り扱う。第一章から第四章では御用頼について論じる。第一章は、貞享期から享保期の金沢藩を素材として、どのような人物を御用頼としていたのか、御用頼を依頼する際にはどのような働きかけを行ったのかを検討する。第二章は、文化期から幕末にかけての鳥取藩の御内用頼を取り上げ、御内用頼が持っていた役割や藩が置かれていた状況による役割の変化を考察する。第三章は、天保改革期に実施された幕府による御用頼取締について、経緯と目的を明らかにする。第四章は、文政期の古河藩御内用役の活動を取り上げて、自藩の利益獲得のための贈賄活動を分析する。大御所時代の幕府権力構造を解明することも目的の一つである。第五章は、文政期から嘉永期の会津藩主松平容敬の交際関係と変化を通時的に分析する。この作業によって、近世後期の大名本人が持っていたネットワークの実態を解明し、さらに溜詰大名グループが政治化していく様相を明らかにする。

第二部では、幕府側の支配システムを取り扱う。第六章は、所司代交代時に老中が行っていた引渡上京の内容、成立背景、時代による変化、政治的意義を検討する。第七章は、嘉永四年（一八五一）の株仲間再興令の決定過程を明らかにする。従来の株仲間再興についての研究では、江戸町奉行・勘定奉行間での折衝を中心に分析が行われてきたが、京都・大坂における再興令の発令に向けた調査も取り上げる。第八章は、天保期に水口藩で発生した家中騒動を取り上げる。本騒動はこれまでは存在自体が知られていなかった事例であり、その分析から近世後期の藩に対する幕府の姿勢を考察する。補章は、嘉永期の老中松平乗全による風聞探索を分析し、幕府が藩や旗本を対象に、どのような情報を収集しており、どのような目的があったのかを検討する。第九章は、幕府の役職の一つである目付を取り上げる。職務日記などを用いて、目付の職掌について具体的に解明し、その変化についても指摘したい。

本書に収録した論文の初出は、次の通りである。既出論文については、本書の収録にあたって誤りのあった部分や表現の訂正を行っている。

序　章　新稿

第一部

第一章　「近世中期の幕藩関係——金沢藩の御用頼」（『十八世紀日本の政治と外交』山川出版社、二〇一〇年）

第二章　「近世後期の鳥取藩御内用頼」（『論集きんせい』三五、二〇一三年）

第三章「文政期古河藩の内願交渉――御内用役の活動を事例として」（『論集きんせい』二七、二〇〇五年）
第四章「近世後期の御用頼――天保改革期の御用頼取締を中心に」（東京大学日本史学研究室紀要別冊『近世社会史論叢』二〇一三年）
第五章「近世後期溜詰大名の「交際」とその政治化――会津藩主松平容敬の日記の分析から」（『史学雑誌』一一二編六号、二〇〇三年）

第二部

第六章「江戸幕府所司代赴任時の老中上京について」（『史学雑誌』一二二編九号、二〇一三年）
第七章「株仲間再興令決定過程について」（東京大学日本史学研究室紀要別冊『近世政治史論叢』二〇一〇年）
第八章「天保期水口藩の家中騒動」（『日本歴史』八〇一、二〇一五年）
補　章　新稿
第九章「江戸幕府目付の職掌について」（『近世法の再検討』山川出版社、二〇〇五年）
終　章　新稿

（1）『史学雑誌』五五編九―一一号、一九四四年。のち『近世史の研究』第四冊（吉川弘文館、一九八四年）に所収。
（2）『近世史の研究』第四冊、四頁。
（3）『新日本史講座』（中央公論社、一九四七年）。のち『近世史の研究』第四冊に所収。
（4）『江戸幕府の権力構造』（岩波書店、一九六四年）。
（5）「幕藩制国家論の諸問題」（『歴史の理論と教育』二一号、一九七〇年。のち『朝尾直弘著作集』第四巻（岩波書店、二〇〇四年）に所収）。
（6）「「公儀」と幕藩領主制」（『講座日本歴史5』東京大学出版会、一九八五年。のち『朝尾直弘著作集』第三巻に所収）。

（7）「幕藩制国家論」（『体系・日本国家史3　近世』東京大学出版会、一九七五年）、のちに『幕藩制国家論』上・下（東京大学出版会、一九八四年）。
（8）『日本封建制と幕藩体制』（塙書房、一九八三年）。
（9）「「公儀」と幕藩領主制」三二三頁。
（10）『国家学会雑誌』九〇の五・六、一九七七年。
（11）「日本近世国家の世界史的位置補論」（『人民の歴史学』第八四号、一九八五年）、のちに『幕藩制の成立と近世の国制』（校倉書房、一九九〇年）に所収。
（12）『近世武家社会の政治構造』（吉川弘文館、一九九三年）。
（13）『大名の相貌』（清文堂出版、二〇一四年）。
（14）近世政治史研究において、特に顕著な成果をあげた分野としては、朝廷研究や対外関係研究があげられる。
（15）武家制度研究会、一九一九年。
（16）松平秀治「江戸幕府老中の勤務実態について――真田幸貫の史料を中心に」（児玉幸多先生古稀記念会編『幕府制度史の研究』吉川弘文館、一九八三年）、藤井讓治『江戸幕府老中制形成過程の研究』（校倉書房、一九九〇年）。藤井氏の研究の持つ意義については後述する。
（17）小池進『江戸幕府直轄軍団の形成』（吉川弘文館、二〇〇一年）など。
（18）松尾美恵子「江戸幕府職制の成立過程――初期留守居の補任者と職務内容の検討」（『幕府制度史の研究』）。
（19）小沢文子「寺社奉行考」（『幕府制度史の研究』）。
（20）所理喜夫「町奉行――正徳以前を中心として」（西山松之助編『江戸町人の研究』四、吉川弘文館、一九七五年）、藤田覚『遠山金四郎の時代』（校倉書房、一九九二年）、南和男『江戸の町奉行』（吉川弘文館、二〇〇五年）など。
（21）本間修平「寛政改革期における町方取締りと目付の「町方掛り」について」（『法学』四二―三、一九七八年）、同「江戸幕府目付の評定番について」（『立命館法学』第三三三・三三四号、二〇一一年）、近松鴻二「目付の基礎的研究」（『幕府制度史の研究』）など。
（22）村上直『江戸幕府の代官群像』（同成社、一九九七年）、西沢淳男編『江戸幕府代官履歴辞典』（岩田書院、二〇〇一年）など。

(23) 美和信夫氏は『江戸幕府職制の基礎的研究』（広池学園出版部、一九九一年）において、大老・老中・若年寄・側用人・奏者番について、在任期間などを数量的に分析し、職制研究の基礎となる数値的情報を明らかにした。

(24) 『徳川将軍側近の研究』（校倉書房、二〇〇六年）。綱吉から吉宗の時期を対象に、将軍側近が幕府政治機構において果たした役割を検討する。将軍側近を分析することによって、幕府職制を明らかにするとともに、幕府と藩との内々の関係についても明らかにする。

(25) 『江戸幕府大目付の研究』（吉川弘文館、二〇一一年）。

(26) 大友一雄『江戸幕府と情報管理』（臨川書店、二〇〇三年）。ほかに福田千鶴「江戸幕府勘定所と代官所の史料空間――勘定所系「伺書」のライフサイクルをめぐって」、笠谷和比古「幕府官僚制機構における伺と指令の文書類型――江戸町奉行所『撰要類集』の分析を中心として」、金行信輔「幕府寺社奉行所における建築認可システムの史料学的検討」（高木俊輔・渡辺浩一編『日本近世史料学研究――史料空間論への旅立ち』北海道図書館刊行会、二〇〇〇年）、国文学研究資料館編『近世大名のアーカイブズ資源研究――松代藩・真田家をめぐって』（思文閣出版、二〇一六年）など。

(27) 代表的なものとしては、高木昭作氏による国奉行の研究（「幕藩初期の国奉行制について」『歴史学研究』四三一、一九七六年）や朝尾直弘氏による寛永期の八人衆の研究（「畿内における幕藩制支配」『近世封建社会の基礎構造――畿内における幕藩体制』御茶の水書房、一九六七年）などがあげられる。

(28) 『江戸幕府上方支配機構の研究』（塙書房、二〇一一年）。

(29) 「「摂河支配国」論――日本近世における地域と構成」（脇田修編『近世大坂地域の史的分析』御茶の水書房、一九八〇年、のち『近世大坂地域の史的研究』清文堂出版、二〇〇五年所収）。

(30) 『近世広域支配の研究』（大阪大学出版会、一九九五年）。

(31) 村田『近世広域支配の研究』、岩城卓二「大坂町奉行所と用達」（『日本史研究』三四九、一九九一年、のち『近世畿内・近国支配の構造』柏書房、二〇〇六年所収）。広域支配という視点からではないが、館入与力については塚田孝氏も言及している（「アジアにおける良と賤――牛皮流通を手掛りとして」荒野泰典・石井正敏・村井章介編『アジアのなかの日本史Ⅰ　アジアと日本』東京大学出版会、一九九二年）。

(32) すでに朝尾氏の八人衆研究は譜代藩が幕府の支配に関わっていたことを指摘している。ほかに水元邦彦氏・岩城卓治氏・藤本仁文氏などの研究があげられる（水元「土砂留役人と農民」『史林』第六四巻五号、一九八一年、岩城『近世畿内・近

国支配の構造』第一部「軍事拠点大坂と譜代大名」、藤本「近世上方幕府直轄都市と譜代藩」『史林』第九五巻一号、二〇一二年）。

(33) 北島正元編『御家騒動』（新人物往来社、一九六五年）、佐々木潤之介「御家騒動」（『日本の歴史』一五、中央公論社、一九六六年）、小林清治「御家騒動」（『中世の政治と戦争』学生社、一九九二年）、吉永昭『御家騒動の研究』（清文堂出版、二〇〇八年）など。

(34) 福田千鶴『幕藩制的秩序と御家騒動』（校倉書房、一九九九年）、同『御家騒動』（中央公論新社、二〇〇五年）、同編『新選御家騒動』上・下（新人物往来社、二〇〇七年）。

(35) 十七世紀半ばまでの御家騒動は藩政が確立されていく過程での大名と大身家臣との対立によって引き起こされたこと、延宝九年（一六八一）の越後騒動以後、改易などの厳罰が御家騒動に対する幕府の基本方針となり、その結果、調停を幕府に求めなくなったことなどが明らかとされた。

(36) 近世初期には御用頼老中は取次の老中とも称されており、御用頼は取次の系譜に直接連なる存在であった。

(37) 『歴史評論』二五三、一九七一年、のちに「初期藩政改革と幕府」と改題され『日本近世国家史の研究』（岩波書店、一九九〇年）所収。

(38) 御用頼の存在自体は古くから広く知られている（たとえば『旧事諮問録』（旧事諮問会、一八九一年）、松平『江戸時代制度の研究』）。

(39) 角川書店、一九九九年。

(40) 『幕藩制の成立と近世の国制』。

(41) 深井雅海「元禄～正徳期における「側用人政治」――柳沢吉保と間部詮房の伝達・取り次ぎ機能を中心に」（『徳川政治権力の研究』吉川弘文館、一九九一年）、福田千鶴「寛文・延宝期の御家騒動」（『幕藩制的秩序と御家騒動』）、千葉一大「「取次」・「後見」・「御頼」・「懇意」――盛岡南部家の事例から」（『国史研究』一〇八、二〇〇〇年）、山本博文『幕藩制の成立と近世の国制』、「大名の公儀向御用と御用頼の旗本」（『歴史と旅』二〇〇一年二月号、二〇〇一年）、三宅正浩「近世前期蜂須賀家と親類大名井伊直孝――幕藩関係における役割を中心に」（『近世大名家の政治秩序』校倉書房、二〇一四年）など。

(42) 服藤弘司「解題（江戸表聞合書類）」（『藩法史料叢書　金沢藩』創文社、二〇〇〇年）、千葉一大「文化年間における盛岡藩への拝借金――その貸与と返納について」（『日本歴史』六二〇、二〇〇〇年）、岩淵令治「江戸藩邸の多様な出入」（『江戸武家地の研究』塙書房、二〇〇四年)、次田元文「「先手御用頼」と「御用頼」」(『岡山地方史研究』一〇七、二〇〇五年)、大嶋陽一「鳥取藩政確立期の御用頼老中と旗本」(『鳥取地域史研究』一一、二〇〇九年)、藤田覚「政治と根回し」(『泰平のしくみ』岩波書店、二〇一二年)など。なお服藤氏は、御用頼は幕府の諸役人が将軍だけでなく大名への職務も行う二股の役人となってしまう矛盾をはらんだ制度であると評価しており、幕府にとって不利益をもたらす存在であると御用頼を捉えている。

(43) 服藤『大名留守居の研究』(創文社、一九八四年)、笠谷「大名留守居組合論」(『近世武家社会の政治構造』)、『江戸御留守居役』(吉川弘文館、二〇〇〇年)。ほかに山本博文『江戸お留守居役の日記』(読売新聞社、一九九一年)。

(44) 服藤氏は藩にとっての留守居は、財政悪化、藩法の空文化、家老の権威喪失、身分制秩序の弛緩など、マイナスの影響のみをもたらす存在であったと評価しており、留守居が藩の利益のために行動していた点を重要視する笠谷氏とは理解が異なる。

第Ⅰ部　藩・大名の政治ネットワーク

第一章　近世中期の幕藩関係
――金沢藩の御用頼

はじめに

幕藩関係を理解するために、藩と幕府役人とのつながりへ着目した研究が活発に行われてきた(1)。幕府への勤めや藩政運営などのために、藩が幕府役人とのつながりを活用していたことが明らかとなっている。

本章では、貞享から享保期の金沢藩を対象として、検討を行いたい。なお、藩と個別につながりを持つ幕府役人は、史料中では「懇意」「出入」「御頼」「御用頼」などとして現れてくる。名称ごとの差異について言及した研究もある(2)が、実際には明確な区分は無かったのではないかと考えられる(3)。そのため本章では区別せずに用いる(4)。

1　御用頼の役割と変化

次の史料は、貞享三年（一六八六）に金沢藩主前田綱紀へ提出された藩主在国中の心得についての帳面の一部であり、引用した部分は、①貞享元年に綱紀から江戸詰役人へ申し渡された綱紀在国中の心得、②貞享三年の江戸詰役人から綱紀への伺い、③それに対する綱紀からの指示、④貞享三年に綱紀へ伺い出た際に①に付け加えた説明、の四箇所からなる。②・③・④にあたる部分には傍線を附した。

［史料二］

一、御在国御留守中、若急成儀も候ハ丶、前田相模守（孝矩）殿江御相談可申哉之旨、御用人共書付上候由ニ在之候、右之節も相模守殿へ及相伺間敷候、（金沢藩家臣）石丸三左衛門を以、早速筑前守（堀田正俊）殿江相窺之、御指図次第可仕事、

右一書之上付紙ニ而、如此有之、

一、御在国之内、若急成義或喧嘩等有之刻、私共難心得義、惣而　公儀表御筋ニ付而間違等御座候而、御国江相伺間無御座時ハ丶、堀田筑前守殿江石丸三左衛門を以得御意候様、先年被　仰出候ニ付、去々年（貞享元年）右之趣奉伺候処、是非私共心得ニ而難仕、言上之間も無之、可仕様無之様成事候は、山城守（戸田忠昌）殿へ弥八郎（菊池、金沢藩用人）参伺可申旨被　仰出候、当年之義、右之通相心得可申義ニ御座候哉奉伺候、④

一、御留守之内、喧嘩等有之刻、難心得儀、是又三左衛門を以、筑前守殿江相伺候得は事済可申事、

一、惣而　公儀向御勉ニ付而間違等在之、御国江迄相窺間無之時ハ丶、筑前守殿儀御心易御用等被　仰達候ニ候間、同人を以相伺可申候、

以上、②

右之通、去々年（貞享元年）被　仰出候、当年之儀如何様ニ相心得可申義ニ御座候哉、奉伺候、

御加筆　是非心得ニ而難仕、言上之間も無之、可仕様無之様成事ニ候ハ丶、山城守殿江弥八郎参、うかひ（ママ）可申候、③

（「御在国中於江戸相勤申品々当年相伺被　仰出候帳」[5]）

①では、綱紀不在時に問題が発生したならば前田孝矩へ相談するべきかと、江戸詰役人である用人が申し出たとこ

ろ、その必要はなく、堀田正俊へ直接連絡して指図をうけるようにと指示があった。前田孝矩は、七日市藩主前田利孝の次男で、旗本として取り立てられ、書院番頭であった。堀田正俊は大老であり、よく知られているように将軍綱吉の下で強大な権力を持ち、幕政をリードしていた。堀田は心易く御用などを申し達しているとされており、金沢藩にとって懇意の大老であったと考えられる。これ以前には、親族の旗本である前田孝矩から指南をうけていたが、この時からは大老の堀田正俊から直接指示をうける体制へと変更されたようである。

しかし、右の指示があった後の貞享元年八月、堀田は江戸城内で稲葉正休に刺殺された。そのために以後の対応を綱紀へ尋ね、指示があった。その内容が④である。綱紀からの指示は、自分に相談する時間がない場合には、老中の戸田忠昌へ伺うようにとのものであった。戸田を選んだ理由は不明だが、堀田の死去をうけて懇意の老中を戸田に依頼したということになる。なお、貞享三年の綱紀への伺いとその回答である②・③は、貞享元年と同様に戸田から指示をうけるのでよいかと尋ね、許可を得たというものである。

このように貞享期には、旗本を介さず大老・老中から直接に指示を受ける仕組みとなったが、元禄三年（一六九〇）には、次のように変化していた。

[史料二]

一、御留守中、私共心得ニ而難仕、御国江言上之間も無之儀出来いたし候は、本多弥兵衛（政法）共申談、戸田山城守（忠昌）殿江相窺候様可仕哉、弥兵衛殿遠行御用御越候は、横山左門（元知）申談、相伺候様可有御座候哉、十六郎罷越相窺候様被　仰出候事、

（「元禄三年江戸御留守中御用相勤候格を以、当年勤様奉伺帳」）

これは藩主在国時の江戸における諸事取扱についての伺書である。江戸藩邸詰の役人では対応できず、藩主へ伝える余裕も無い事案が発生した場合には、旗本の本多政法と相談し、その上で戸田へ伺いをたてている。本多は、元禄

二年から使番、同八年から宝永元年（一七〇四）まで定火消であった。祖父である本多政重は金沢藩家臣であり、本多正信の子、本多正純の弟にあたる。その人脈を背景に幕府との取次の役割を果たし、元和期以降には金沢藩政を掌握していた人物である[6]。また本多政法が不在の場合の相談相手とされている横山元知も、金沢藩家老横山長知の曾孫にあたる旗本である[7]。横山は、元禄十年には使番となるが、この時点では役職にはついておらず、金沢藩からの相談を受けているのは職務としてではなく、個別の関係によるものであるとわかる。服藤弘司氏は、元禄期に幕府情報を金沢藩へ提供していた御用頼として、本多政法が重要な役割を果たしていたと指摘しているが[8]、本史料からは、本多は単なる情報伝達者ではなく、金沢藩にとって重要な相談の相手でもあったことが明らかとなる。このように元禄三年には、天和二年以前と同様の旗本へと相談する体制となっていた。さらに宝永六年には、次のような変化が見られる。

［史料三］

一、御留守中、私共心得ニ而難仕品　御国江言上候間も無之儀致出来候は、本多弥兵衛殿（政法）申談、御月番御老中江相伺候様ニ可有御座候哉、前々ハ秋元但馬守殿（喬知）相伺候様ニ可有御座旨、達御聴置候事、

（「宝永六年伺帳面二冊之写」）

これは宝永六年八月の江戸詰役人から藩主への伺書である。藩主在国時には、まず本多政法と相談するという点は元禄三年と変化がないが、その上で月番老中へ伺うという方針が記される。これ以前は、秋元喬知へ伺い出ていたことも述べられている。秋元は戸田忠昌の長男であり、元禄十二年から宝永四年まで老中であった。懇意の老中が、戸田からその子である秋元へと引き継がれたことになる。宝永六年の時点では月番老中へ伺い出るように変化していた理由としては、秋元の老中退任だけではなく、この年二月に御用頼老中を禁止する触出があったためと考えられる[9]。

続いて、享保期の状況をみておきたい。

［史料四[10]］

一、享保八癸卯四月廿七日相公様（前田綱紀）御隠居御願之御書付、六郷主馬殿（政慶）御出入御旗本、を以て月番戸田山城守（忠昌）殿迄御指出候処に、御預城地被指上之旨御書加可被成由、松平陸奥守殿御隠居願之書附事短く宜候間、此方様にも御文言被指詰御調可被遣旨に而被相返候に付、六郷殿被罷帰、其段被申上候処、御意に不応、居城を御預城と被存候哉、且又事短く書付調候へとの儀難心得儀也、左候はゞ先其分と御意にて、被打捨置候御様子故、六郷殿より戸田殿江、右之趣被相達候得は、七時過戸田殿より、如何様思召次第に御請、早速被指上可然旨申来候により、右之御書付之儘翌廿八日の願、六郷殿を以て、重而戸田殿江御指上被遊候、

享保八年（一七二三）に、前田綱紀の隠居願書が幕府に提出された。願書は出入旗本の六郷政慶が月番老中戸田忠真へ持参したが[11]、文言を書き直すようにとの指示があった。書き直しの指示に綱紀は不満を持ち[12]、その旨を六郷が戸田へ伝え、結果、元通りの文面で戸田へ提出することになったとある。史料中に直接は記されていないが、六郷は願書書き直しの指示への綱紀の不満を戸田へ伝えるだけではなく、指示の撤回を求める交渉を行ったと考えるべきであろう。出入旗本である六郷が、幕府との交渉において積極的な働きを行っていたとわかる[13]。

次の史料は、享保十二年に出された藩主在国中の江戸での勤方についての伺書である。

[史料五]

一、御留守中、私共心得ニ而難仕品、御国江言上之間も無之儀致出来候ハヽ、本多弥兵衛（政法）殿申談、最前ハ秋元但馬守（喬知）殿、其後ハ御用番老中江相伺候様可有御座旨、達御聴置候事、
当時ハ、前田帯刀（孝始）殿江及御示談、其上ニ而聞番水野和泉守（忠之）殿江罷越、役人迄得内意候趣ニも可有御座候哉、事ニ依、六郷主馬（政慶）殿なとを以被及御示談候様ニも可有御座候哉之事、

（「享保十二年三月江戸御留守居中之儀ニ付奉伺候品々」）

前半部は[史料三]でみた宝永六年の伺書を引用した部分で、後半部が享保十二年の伺いである。江戸藩邸で解決

できない問題が生じた際には、まず前田孝始へ相談し、そのうえで聞番が老中水野忠之の家臣へ内意を伺うこと、問題によっては六郷政慶を通じて相談することの二点について指示を求めている。前田孝始は、［史料一］において相談相手の候補とされていた前田孝矩の子であり、金沢藩にとっては親族の旗本であった[14]。水野忠之は、後述するように金沢藩の御内用頼であった。宝永六年とは異なり、特定の老中からの指南をうける体制へと復帰していたとわかる。

ここまでみてきた金沢藩の御用頼のうち、本多政法や前田孝矩・孝始父子などの旗本は、金沢藩と縁戚関係にあった。一方、堀田正俊や戸田忠昌、水野忠之といった大老・老中は、縁戚関係などにあったわけではなく、御用頼を依頼するようになった経緯を考える必要がある。その一つの事例として、水野忠之への御内用頼の依頼を取り上げておきたい。

2　享保十二年水野忠之への御内用頼依頼

享保十二年（一七二七）閏正月十五日富山藩家老和田喜龍が水野忠之の江戸藩邸を訪れ、金沢藩が御内用頼を依頼したいという旨の富山藩主前田利隆からの口上を水野の家老拝郷縫殿へ伝えた。なお後掲の［史料七］から判明するように、これ以前から富山藩は水野を御用頼としていたため、富山藩が仲介を行ったと考えられる。金沢藩からの申出に対して、水野は依頼を受ける旨を返答した。その後、次のようなやりとりが和田と拝郷の間で行われた。

［史料六］

一、被仰入候儀早速御聞届被成候御礼之儀、何分ニ可得相心哉と拝郷江和田相尋候処、御使者被遣可然候、聞番中抔被遣候は、和泉守《（水野忠之）》殿御大慶有之間敷候、少々重キ役柄之御使者被遣、和泉守殿用人被呼出、御口上被仰

達可然由之事、
一、中将（前田吉治）様御参府・御暇なとの節ハ被遊御越、和泉守殿江御逢被遊可然哉、御由緒も御座候故、此度之儀も早速御聞届之儀ニ御座候、御したしミも御座候得は、御内談等之儀も被仰聞能可有御座由、拝郷申候事、
一、聞番中之内、和泉守殿御用懸之者ハ一両人は相定置被遊、此面々ハ序次第和泉守殿御逢被成候様ニ被仰入候は、定而可被任其意候由申候事、
（「水野和泉守様江御内用御頼之趣ニ付、始終之紙面写、大炊より御用人江被相渡候帳之控」[15]）

まず御内用頼を引き受けてもらったことへの返礼について和田が尋ねたところ、使者を遣わせばよいが、その使者は聞番ではなく、より重職の者にするべきであると[16]返答があった。金沢藩主前田吉治が参府・帰国の際に水野と対面することも了承された。また親密な関係となれば、内談もできるようになると拝郷が述べている点も注目される。これは御内用頼となっても、それだけでは内談をうけないということであり、御内用頼の性格をあらわしている。さらに聞番の内、一名か二名を担当者に定めて、機会をみて水野へ対面をさせておきたいとの願いについても伝えられている。

これに続いて、水野家家老松本主税・拝郷縫殿、留守居斉藤茂兵衛・由比弥左衛門から金沢藩の年寄前田孝資・家老前田知頼へ、今後の関係のあり方が書状によって伝えられた。

［史料七］

一、和泉守殿江御使者、今明日之内可被遣候哉、同敷ハ今日八ツ時過可然候、御内用之儀又ハ御内々ニ而表向等被遣候節は八時過能御座候由、朝之内は御見廻或使者等も多、役人共も取込、緩々と永談難仕候由、御音物之儀は猶以朝之内は御延引可然候、御献上之御残等被遣候義は刻限之差別も無御座候、尤其時刻和泉守殿江申達候事も無之よし、出雲守（前田利隆）殿ニても平常右之通相心得候旨ニ御座候、此段御用人衆・聞番衆へも被仰聞可

然哉之事、
一、近日之内、和泉守殿江日限御聞合、中将様御逢被遊候様御越被成、御直御礼も被仰可然哉と奉存候、其節は家老両人・用人三人被召出、御目見被仰付可然哉、松雲院様（前田綱紀）御代ニもケ様之先格ハ度々有之事ニ御座候故申上候、
一、和泉守殿留守居両人江聞番中馴染置被申候様致度候、御用向之儀内談ニ付、御調法成事も御座候、是等は中将様御目見被仰付候ニハ及申間敷候哉、
一、当月中又ハ来月ニ至り候而も、何そ御心入之御音物少々被遣可然候、其品口上ニ得御意候、ケ様之義も右留守居共江内談候得は品能御座候由、出雲守殿ニ而も毎度此趣ニ御座候、其節は内式台迄持参候由、
一、出雲守殿より表向付届之外、寒気見舞少々銀三疋・富山塩一程、暑気見廻越後縮三端・国肴、其間へ冷気或余寒見廻ニ国肴等之もの被持越候、多少ニ不限、御心入御したしミ被成候趣能御座候、不絶申様ニ仕度候、
一、和泉守殿江御逢被遊候節は、利倉善佐御取持ニ罷越可然哉、若障ニは竹内鈴庵可然候、是両人之外、心安ク参候者無御座候、鈴庵も御屋敷御出入ニて御座候、
一、和泉守殿留守居共江聞番衆手寄之儀、出雲守殿聞番共引合候か、又ハ善佐可然哉、
一、御用向之儀、為指事ニ無之義迄も御聞合被成候は障可申候、聞番衆江承合候而も難及了簡義其外ニも可有御座候へ共、其義ニ指向不申候而は難得御意候、六ケ敷御相手ニ付、卒事ニ窺、殊之外障ニ罷成事も御座候、此品被指引可有御座事ニ御座候、品ニより聞番衆ニて被相済義も可有之哉、

内容を整理しておきたい。最初の一つ書きは、内用、もしくは内々に表向へ使者を遣わす場合は八ツ時過ぎにするようにと指示がなされたというものである。朝の内は使者や役人などが多く水野邸を訪れており、時間がとれないためとされる。将軍への献上の残りを贈る場合には、時間はいつでもかまわないが、それ以外の音物を贈る場合には、

朝の内は避けるように指示されている。二番目の一つ書きは、前藩主前田綱紀の時の由緒があるために、吉治が水野と近日中に対面して、礼をすることを承知したというものである。三・四・五番目の一つ書きからは、御内用頼は音物・付届を必要とする関係であったとわかる。ただし品物の価値よりも、途切れることなく贈物などをするのが重要であり、水野の留守居と金沢藩の聞番が慣れ親しんでおくように求められるなど、継続した親密な関係の維持が必要とされている。六・七番目の一つ書きでは、水野家出入の御城坊主利倉善佐・竹内鈴庵が取持として指定されている。最後の一つ書きでは、重要ではない問題については、水野本人へ伺い出ないようにと指示されている。軽々しく水野へ伺った結果、問題が発生するかもしれないこと、用件によっては留守居への相談で解決するであろうことも伝えられた。

この書状は、金沢藩の御用頼旗本である前田孝始によって金沢藩へ伝えられた。さらに孝始からは、口上で次のように伝えられた。

［史料八］

一、出雲守様江和泉守殿御返答ハ、御承知被成候、由緒も有之義ニ付、何成共御心置なく御用之義可被仰聞旨、御懇之御答之由之事、

一、拝郷迄和田申達候ハ、御返答之趣出雲守様江申上、其上ニ而中将様江被相達候而は延引罷成候義故、右返答之様子和田より相達可申哉之趣及示談候処、成程其趣可然旨申候由之事、

一、今明日之内為御礼被遣候御使者之義ハ、覚書之通ニ候間、年寄中抔ハ重過、結局表向御懸り候様ニ而如何ニ存候間、若年寄前田将監、御不勝ハ御近習頭等之内ニ而可有之哉と帯刀(前田孝始)殿被申候事、

一、和泉守殿江御越被遊ハ、御自儘御聞合之儀ハ、聞番よりあなた留守居迄承合申ニて可有之旨、帯刀殿被申候事、

一、御音物之儀、拝郷和田迄申達候得ハ、和泉守儀ニ候得ハ、品重ク被遣候而も忝不存義も可有被咄候、品軽ク御座候而も御心入之品ニ候ハヽ、大慶可被仕候、とかく御したしミ深ク被成候様成趣ニ而可然旨、物語候由之事、

但、拝郷右之序ニ咄候は、安芸守様（浅野吉長）抔ハ何之御由緒も無御座候得共、とかくおしたしミ被成懸候故、不被得止御内用も被承候儀之由、申候旨之事、

一、拝郷申候ハ、（平出）中将様和泉守殿江御越被成候義は、御家柄ニ而不被成義も可有之候得共、御由緒も有之事ニ候得は、外々之障ニも成申間敷義に候由、申候旨之事、

まず水野が御内用頼を引き受ける旨の返事をしたこと、御内用頼の依頼が成功した旨については、富山藩主前田利隆を経由せず、交渉にあたった富山藩家老が直接金沢藩主前田吉治へ伝えることを水野家家老が許可したと伝えられた。次に、水野への返礼の使者について述べられている。水野からの覚書では聞番よりも重職の者を指示してきていたが、家老では重職すぎるので、若年寄もしくは近習頭が良いとしている。家老では「表向御懸り候様ニ而如何ニ存候」とされており、御内用頼の関係が表立ってはならなかったことがわかる。音物については、品物の価値よりも親密な関係の維持が重要であると書状の内容を繰り返したうえで、広島藩主浅野吉長が水野との間に由緒はないものの、親しい関係を作り上げたために御内用頼を依頼できたと述べている。吉治が水野を訪問することについては、前田家には由緒があるために問題はないであろうと伝えている。御内用頼を依頼するためには、先例・由緒の存在や強い働きかけなどの特別な要因が必要であったとわかる。

なお、北島正元氏によると、水野は「清廉な古武士的風格」を持ち、老中在役中には定式の贈り物の他に金銀などの進物が贈られることはなかったとされる[17]。しかし、この史料に示されるように、実際には御内用頼の関係にともなって金銭の贈与を受けていた。これは北島氏の評が誤っていると考えるよりも、近世という時代の特質を示している

と捉えるべきである。

以上のような経緯を経た上で、水野を金沢藩家臣が訪問して口上を述べ、水野からは次のような返答があった。

［史料九］

御同氏出雲守殿より御達之趣ニ付及御挨拶之通御承知、預御使者被入御念忝存候、仰之通、于今余寒ニ候得共、弥御堅固御勤被成目出度存候、然は御内用之義ニ付、御由緒も御座候事ニ候得は、何成とも御家来より被相談候様可被仰付候、又此方よりも心付申儀ハ可及相談候、

どのような内容であっても金沢藩家臣が相談に来るように、また水野からも気がついたことは相談する、と伝えられた。御内用頼となる根拠として、両家の間での由緒の存在があげられている点は注目される。ここにも御内用頼という関係が特別な性格をもっていたことが示されている。

この後、閏正月二十一日に水野との間を取り持った前田孝始が金沢藩邸を訪れ、その際に金沢藩家老から孝始へ次のように伝えられた。

［史料十］

御自分様御勝手之儀御不如意之段、前々及承申候、此節柄ニて一統難義仕事故、定而弥御難儀可被成と私共毎度御咄申儀ニ候、中将様ニも右之通素被存候、何とも御勝手之御償ニも成候様成被致方も可有之候得共、此方も御聞及之通万端指閊申事のミ、其上外ニも障申義共故、等閑ニ被致候、依之、当分之御潤色ニも成可申哉と、乍少分金子弐百両内々より進贈被申候、此段宜相心得及御挨拶候様ニ被申候、

是以後も御勝手御指支之儀も候ハヽ、何時成共私共迄潜ニ可被仰聞候、少分之義ハ如何様ニも御示談可申候、

此度之二百両之内百両は追付進候様ニ可仕候、百両ハ夏中進可申候、

前田孝始に対して、この時に百両、夏の間に百両と合計で二百両を内々に贈呈すること、今後も金銭が必要な際に

は、少額であるならば援助を行うことが伝えられた。金銭を贈る理由として、孝始の財政状況があげられているが、実際には水野への御内用頼交渉の取り持ちへの謝礼であったのは言うまでもない。

3　御用頼の縮減

十七世紀半ばから数度にわたって、御用頼の規制が行われた。山本博文氏によると、家光の親政が始まった寛永後期になると、旗本と大名との交際に歯止めがかけられるようになった[18]。山本氏は延宝八年（一六八〇）に、旗本戸田重種が萩藩の御用頼を断ったことも明らかにしている[19]。大名と直接のつながりを持つ旗本や老中の存在は、幕府にとって好ましくなく、綱吉が将軍になるとともに制限されたと指摘する。しかし、第一節でみたように、天和二年（一六八二）の時点で、金沢藩は堀田正俊と「心易」関係であり、公儀向きの勤めなどについての指示をうけていた。綱吉将軍就任にともなう御用頼の規制は、ほとんど間をおかずに形骸化していたようである。また服藤弘司氏・千葉一大氏は、宝永六年（一七〇九）二月に「老中　公儀向御用頼銘々有之候得共、相止候間可被得其意候、向後は月番之老中江可被相伺候」との触出があり、老中への御用頼の依頼が禁止になったとする。この触出が金沢藩へも影響を与えたことは、第一節で指摘したとおりである。ただし前節でみたように、享保十二年（一七二七）には水野忠之が金沢藩の御内用頼となっており、この規制も形骸化したと考えられる。他に、服藤氏は享保十六年・元文五年（一七四〇）に奥右筆が諸大名の留守居と会うことを禁止されたため、奥右筆を御用頼とすることが事実上不可能となったとも指摘している。

このように、十七世紀半ばから十八世紀前半にかけて、御用頼はたびたび幕府によって規制されていたことが明らかにされてきた。一方で、藩の側にも御用頼を削減しようとする動きがあったことも指摘されている[20]。金沢藩においても、同様の動きがみられる。次の史料は、貞享三年（一六八六）のものである。

［史料十一］

前々御勤之儀、　御城坊主衆より　殿中日記写参候故、其上を以承合、御国へ言上仕候、当年ハ日記写不参候付、御勤之儀知兼可申旨奉存候、尤前田相模守（孝矩）殿御中間廻状之趣可被仰越旨御座候へ共、是とても委細ニハ御座有間敷と奉存候、御留守中ハ御広敷御出衆も稀御座候故、弥難知可有御座候、何とそ脇々頼申候而承出申様ニ仕度奉存候、戸田山城守（忠昌）殿御家来之内、此方聞番之者共江懇にいたし置度儀も御座候ハヽ、尋ニ越申候様ニ申者も在之由御座候、ケ様之者へ聞番之者常ニ親ク申通、　御城之御様子等承候様仕候而も苦間敷儀ニ御座候哉、奉得　御内意候、以上、

四月廿二日　　菊池弥八郎
井上勘左衛門

右紙面入　御覧候、

御真筆之御意書

不入事にて候、御老中方之儀ニ付はきと勤可申品、又一門中之儀ハ只今之むきにても如何ニも相知可申候、其外之儀ハ江戸中右之様子存知之事ニ候へは、承付不申とても如在とハ不被為事ニ候得ハ、表書之儀ニハ不入事ニ候、只今迄さへ、むり成事ニ候へハ、迚も出入衆之事、十ニ五六も知不申事耳ニ而可有之候、已上、

（「御在国中於江戸相勤申品々当年相伺被　仰出候帳」）

金沢藩では、以前は御城坊主から殿中日記の写を入手し、国元へ連絡していた。しかし、この年は日記の写が手に入らず、前田孝矩が廻状の内容を伝えてきていたが、それでは不十分であった。また藩主が江戸にいないために、藩邸を訪れる幕府役人も少なく、情報が不足していた。老中戸田忠昌の家中に金沢藩聞番との親密な交際を求めている

者がいたため、それを利用して江戸城内の情報を入手してはどうかと藩主前田綱紀へ提案している。菊池弥八郎・井上勘左衛門の両者は、江戸詰の金沢藩御用聞役である。史料中では明記されてはいないが、御城坊主からの殿中日記の入手ができなくなったのは、御城坊主の出入がなくなったためと考えられる。

この提案に対して、綱紀は無用であると返答している。現状でも老中への勤め向きを果たすことは可能であり、一門についての情報も十分入手できている。さらに出入の者が知っていることは、十中の五・六に過ぎないというのが、理由であった。前述のように、貞享三年には金沢藩は戸田忠昌を懇意の老中としていたと考えられるが、戸田の家臣との親密な関係の構築は不要とされており、坊主の出入がなくなったこととあわせ、出入を縮小する方針であったと考えられる。

次に、享保期の様子をみておきたい。享保六年（一七二一）に、会津藩は御用頼の縮小を計画し、他藩の調査を行った。次はその際の金沢藩の状況である。

[史料十二]

依而、加州様之御様子承合候得ハ、兼而水戸様御城附へ附届致置候間、日々之御城書承知いたし、他家之事ハ御末家御両方之御留守居共より申上来候、且御城坊主衆へ以前ハ懸合被差出候処、中頃此義相止候得共、差支之儀とも有之、近年は参次第、懸合ニ無之屹度致候料理差出候事之由、尤廻状之列も候由[21]、

従来は水戸藩の留守居から殿中沙汰書を入手しており、他藩の情報は富山・大聖寺藩の留守居から知らされていた。御城坊主とも関係を持っており、その後取りやめたものの、差し支えが生じたために、近年では再び関係を持つようになったとされる。[史料十二]でみたように、貞享三年には、御城坊主の出入はなくなっていたが、その後再開されていたことがわかる。

享保九年十一月十五日には、江戸藩邸の出入の者へ、次のように申し渡しがあった。

［史料十三］

一、左之通於江戸御心易御出入之御面々等江申達候趣ニ而、御用人より申談有之、
近年勝手物入打続候に付、要脚之運指支候、前々より御音物之儀は御断被申事に候得共、猶亦自今内々に而御贈答之儀も、今般一統どなた江も堅御断絶被申候、此段申入置候様被仰付候由、[22]

支出増加による財政悪化のため、贈答を中止するという内容である。この申し渡しは、単に贈答を控えるということだけではなく、出入衆との関係の縮小をもたらしたと考えられる。翌十年の藩主から江戸藩邸役人への指示には、次のようにある。

［史料十四］

享保十年正月十二日被　仰出

一、去年御在国之内は、御台所不人に付、前田帯刀殿（孝始）・本多帯刀殿（政淳）なと御用ニ付罷越候而も御料理も出不申、其外坊主衆被参候而も右之通ニ御座候由、御用人申聞候、去年は御在国之御間も無御座候故、右之通ニ而も相済申候得共何も不都合奉存候、当御留守中ハ、御台所ニ夫々役人も罷在候、帯刀殿又ハ坊主衆なと御用ニ付被罷越候節、御料理出候而宜可有御座と奉存候段、掃部を以相伺候処、左様有之候而は不興成義ニ候、両帯刀殿・坊主衆・御歩目付なと被参候時分ハ、軽ク御料理出候様ニと同人を以被　仰出候ニ付、御台所奉行江申聞、御留守中置候役人致僉議、書出候様ニ申渡、御用人江も右之趣申聞候事、

（「享保十二年三月江戸御留守居中之儀ニ付奉伺候品々」）

前年の藩主在国中[23]は、前田孝始や本多政淳、御城坊主が御用で藩邸を訪れた際に、接待の料理を出さなかったが、次の藩主在国時は、前田孝始や本多政淳、御城坊主が訪れたならば料理を出したいと、江戸詰の役人が藩主へ願い出た。本多政淳は本多政法の養子である[24]。これに対して藩主は、前田孝始・本多政淳・御城坊主・徒目付へ軽く料理を

出すようにと命じている。享保九年には藩邸を訪れた御用頼への接待が行われなかったこと、十年になると御用頼への接待が一部ではあるが再開されていたことがわかる。次に翌十一年の様子を見ておきたい。

［史料十五］

一、近年御旗本衆参会之儀ハ堅御停止ニ候、左候得は御出入之御坊主衆或用番抔ハ承合之、為御用於御長屋参会も可仕処、已前聞番等相勤候面々其外も、御屋形ニて度々参会之好を以無謂相親、且御出入之御役者共えも楽舞稽古ニ事よせ猥ニ馴親、不慎之行状も有之用相聞候、向後は聞番ニ候共、於御殿参会之外ハ一向付合可為無用事、(25)

享保十一年三月七日に江戸詰の者へ倹約を命じた覚書の一部分である。聞番などが役者などとみだりに付き合うことを咎め、江戸藩邸の外での会合を禁止した内容である。「近年御旗本衆参会之儀ハ堅御停止ニ候」とあり、旗本との付き合いがこの時にも禁じられていたことがわかる。前田孝始や本多政淳などへの接待を行うようにとの指示が前年にあったが、旗本全てを対象とした交際は再開されていなかった。(26)続いて翌十二年の状況を確認したい。

［史料十六］

一、此方様御用之儀ニ付御出之衆在之、時刻移候は、軽懸合之御料理又は御菓子に而も、様子次第出候様可仕候事、

一、坊主衆・御歩目付なと被参候時分同前之事、

（「享保十二年三月江戸御留守居中之儀ニ付奉伺候品々」）

藩邸を訪れたもの全員へ料理や菓子が出されていた。完全に享保九年以前の状態へ戻っていたことがわかる。

ここまで確認してきた御用頼の縮減について、もう一度まとめると、次のようになる。

貞享三年　　御城坊主の出入の廃止

享保六年以前　御城坊主の出入の再開
享保九年　出入衆との贈答の中止、前田孝始・本多政淳・御城坊主への接待なし
享保十年　前田孝始・本多政淳・御城坊主・徒目付への接待再開
享保十二年　出入衆全体への接待の再開

右のように、金沢藩の御用頼の制限は、貞享三年の御城坊主の出入の廃止から始まった。その後、享保六年には旧態に復していたが、同九年には出入衆への贈答や接待が中止され、さらに翌年には一部への接待再開、同十二年の出入衆全体への接待再開など、短期間で制限と緩和を繰り返しており、方針は一定したものではなかった(27)。

おわりに

貞享から享保にかけて、金沢藩は老中や旗本、御城坊主などを御用頼とし、情報の収集や江戸藩邸で処理できない問題が発生した際の相談などを行っていた。御用頼の旗本には、前田孝矩・前田孝始・本多政法・横山元知といった、藩主や重臣の親族が多く存在した。これは金沢藩の特徴としてあげることができる。

老中水野忠之に御内用頼を依頼した事例からは、御内用頼を引き受けるにあたって由緒や強い働きかけが必要と認識されていたことが明らかになった。老中を御用頼とすることは、ある程度一般的であったと考えられるが、それでも御用頼は特別な関係であると捉えられていたといえよう。

また御用頼との関係には、時期により差があったが、第一節や第三節でみたように、その濃淡は短い期間で変化しており、その背景に幕藩関係の変容を直接読み取ることは困難であると考えられる。

最後に本章では明らかにできなかった課題を二点示しておきたい。まず、本章では対象としなかった時期を取り上げることがあげられる。たとえば、元禄三年（一六九〇）には本多政法と横山元知が重要な相談の相手であったが、その祖父・曾祖父は、元和・寛文期に金沢藩政を主導していた人物であった。二つの時期をつなぐ期間についての分析は、幕藩関係における御用頼の意味を考えるうえで重要であろう。また本章では金沢藩に対象を限定したが、他藩の状況も明らかにする必要がある。老中など幕政を直接になっていた人物については、御用頼となっている藩の多少が、権力の大小に影響していたと考えられるためである(28)。

（1）　序章参照。
（2）　次田元文「「先手御用頼」と「御用頼」」（『岡山地方史研究』一〇七、二〇〇五年）。
（3）　千葉一大氏は、十八世紀初頭の盛岡藩「御頼之御老中」の立場は、山本博文氏が明らかにした「取次の老中」と同じであると指摘している。
（4）　服藤弘司氏は、老中・若年寄・御用取次・大目付など上級の幕府役人は「御懇意」、先手・目付・三奉行・奥右筆組頭など中堅の幕府役人は「御用頼」、徒目付・小人目付・与力・勘定・城坊主・中之口番など下級の役人は「（御）出入」と称されることが多く、公式には全体を「御用頼」と称したとしている（「解題（江戸表聞合書類）」『藩法史料叢書　金沢藩』創文社、二〇〇〇年）。先手は出入と称される事例も多いが、先手は下級役人とは言い難いため、出入は単純に江戸藩邸に出入りしていたものの呼称と考えた方がよい。ただし、各呼称ごとの差異については、服藤氏が述べる程度の分類が妥当なのではないかと考える。
（5）　「江戸御留守居伺等留帳」（「加越能文庫」金沢市立玉川図書館所蔵）。以下、特に記述のない史料は、全て同様。
（6）　原昭午『加賀藩にみる幕藩制国家成立史論』（東京大学出版会、一九八一年）、大野充彦「前田利常政権の成立――慶長期加賀藩政の動向」（『海南史学』二〇、一九八二年）、清水聡「慶長期加賀藩における幕藩制的秩序への編成過程――「取次」本多政重の創出とその政治的役割」（『立正史学』九五、二〇〇四年）。
（7）　横山長知は、元和・寛永期には本多政重とともに金沢藩政を主導する存在であった（清水「慶長期加賀藩における幕藩制的秩序への編成過程――「取次」本多政重の創出とその政治的役割」)。

(8) 服藤『藩法史料叢書　金沢藩』四七頁。本多は目付中川伊勢守・溝口源右衛門とともに抜群の功績があったとされている。

(9) 服藤『藩法史料叢書　金沢藩』、千葉一大「文化年間における盛岡藩への拝借金――その貸与と返納について」(『日本歴史』六二〇、二〇〇〇年)、「「取次」・「後見」・「御頼」・「懇意」――盛岡南部家の事例から」(『国史研究』一〇八、二〇〇〇年)。

(10)『加賀藩史料』第六編(石黒文吉、一九三三年)三三二頁。

(11) 六郷政慶は先手鉄砲頭であった。戸田忠真は戸田忠昌の次男であり、戸田家を継いでいたが、願書の提出先となったのは月番老中であったことが理由であり、懇意の老中などの立場を想定するべきではないであろう。

(12) 領国を「御預城地」と記すべきとの指示に対して、不快感が表明されており、大名の領国に対する意識を考えるにあたって非常に興味深い。

(13) 保谷徹氏は「大名文書の提出　受理システムと老中の回答――上田藩松平家文書「日乗」の検討から」(研究代表者加藤秀幸『近世幕府文書の古文書学的研究』、平成三年度科学研究費補助金一般研究(B)研究成果報告書、一九九二年)において、縁組など将軍―大名関係に関わる重事の際には、先手が願書の差出人に名を連ねる場合や提出の取次を行う場合があったことを明らかにしている。ただし、そこでの先手の役割は極めて形式的なものであったとされており、本事例での六郷の役割とは差があるように思われる。なお、この隠居に関しては、当初は老中井上正岑へ林信篤を通じて内談していたが、井上が死去したため、それ以後は綱紀の娘婿である広島藩主浅野吉長を通じて月番老中へ内談を行った(『加賀藩史料』第六編三二三頁)。

(14) この時点では、前田孝始は幕府の役職についていなかった。

(15)「江戸御留守居伺等留帳」。以下、[史料七]から[史料十]は、「水野和泉守様江御内用御頼之趣ニ付、始終之紙面写、大炊より御用人江被相渡候帳之控」。

(16) 留守居(ここでは聞番)は、藩において中堅クラスを構成していた物頭・平士クラスの階層の者から選任されていた(笠谷和比古『江戸御留守居役　近世の外交官』吉川弘文館、二〇〇〇年、七頁)。

(17)『近世史の群像』(吉川弘文館、一九七七年)二二〇頁。

(18)「徳川幕府初期の政治構造」(『幕藩制の成立と近世の国制』校倉書房、一九九〇年)。

(19)「大名の公儀向御用と御用頼の旗本」(『歴史と旅』二〇〇一年二月号、二〇〇一年)。
(20) 服藤『藩法史料叢書　金沢藩』。
(21)『会津藩家世実紀』第六巻(吉川弘文館、一九八〇年)五〇四頁。
(22)『加賀藩史料』第六編四九五頁。
(23) 藩主前田吉治は享保九年七月二十二日から同年十月二十一日まで在国していた。
(24) 本多は、この年の八月には使番となるが、正月の時点では小普請組に属しており、役職に関連した御用頼ではない。また金沢藩家老本多政敏の子であるが、その関係よりも本多政法の立場を継いだと考える方が自然であろう。
(25)『藩法集』四(創文社、一九六三年)八三頁。
(26) ただし、[史料四]のように六郷政慶との関係は続いており、ほかにも享保十年五月十一日の前田吉治長男宗辰の出生も六郷が月番老中へ届けている(『加賀藩史料』第六編五一七頁)。
(27) 本章では金沢藩の御用頼削減の原因として、金沢藩に支出削減の必要があったことを指摘してきたが、幕府の倹約政策も影響を与えていたと考えるべきであろう(服藤氏も、幕府の奢侈取締りにもとづく大名による留守居の取締りが、御用頼の奢侈・横暴な振る舞いの是正につながったと指摘している)。
(28) 山本博文氏は、土井利勝の権力の源泉として、将軍秀忠の信任とともに、大名の取次を行っていた上級旗本を掌握することによる大名の統制があったと指摘している(「徳川幕府初期の政治機構」『幕藩制の成立と近世の国制』九〇―九四頁)。また、権力が大きな人物へは、多くの藩が御用頼を依頼したことも間違いないであろう。

第二章　近世後期の鳥取藩御内用頼

はじめに

本章では、近世後期の鳥取藩の御用頼を対象として検討を行う。御用頼には、御用頼・御頼・出入など、さまざまな区分があった(1)。本章では、それらのうち、とくに御内用頼に注目して、分析を加えていきたい。

1　御用頼・御内用頼の概要

鳥取藩の「江戸御留守居日記」(2)（以下、「留守居日記」と略記）から、文化九年（一八一二）から幕末にかけての鳥取藩の御用頼をまとめると［表1］のようになる(3)。若年寄から表坊主や伊賀者に至るまで幅広い役人が御用頼とされており、これは他藩の事例と同様である(4)。［表1］は、「留守居日記」に御用頼として表記されている分であるが、ほかに御内用頼として表記される者も多い。それをまとめたのが［表2］である。一見してわかるように、両者の間には大きな違いがある。御用頼と御内用頼とで役職が異なっており、御内用頼には老中を始め幕政の中心を担う幕府役人が多く、

表1　鳥取藩御用頼一覧

若年寄
留守居
勘定奉行
浦賀奉行
大目付
目付
先手
表右筆組頭
屋敷改
町奉行与力
広敷番頭
徒目付
小人目付
表坊主
伊賀者

注）「江戸御留守居日記」より作成.

御用頼には若年寄や勘定奉行なども含まれるものの、下級の役人が中心となっている。さらに御内用頼については、次のような特徴があげられる。

① ほとんどの期間、老中が御内用頼となっている。複数の老中を御内用頼としていることも多いが、老中全員に依頼している年はない。［表2］には、便宜のために老中首座も附したが、御内用頼老中は老中首座とも一致しない。例えば、文政期には長期にわたり青山忠裕が老中首座であったが、鳥取藩の御内用頼老中は水野忠成であった。ただし、文化期は松平信明、文政から天保初期には水野忠成、天保後期には水野忠邦、弘化・嘉永期は阿部正弘といったように、各時期に幕政を

その他			
山本茂孫（田安家家老）	石谷清豊（田安家家老）	中沢舎人（田安家家老）	水谷又助（鳥見組頭）
土岐朝利（一橋家家老）	柳沢殖信（田安家家老）	村上義雄（田安家家老）	増井惣八郎（田安家家老）

「老中首座就任者に関する考察」所収第1表に基づく.

表2　鳥取藩御内用頼一覧

	老中首座	御内用頼		
		大老	老中	側用取次
文化9年	松平信明		松平信明	
10年				林忠英　平岡頼長　高井清寅
11年				
12年				
13年				土岐朝旨
14年	土井利厚			
文政1年				
2年				
3年			水野忠成	
4年				
5年	青山忠裕			
6年				
7年				
8年				水野忠篤
9年				
10年				
11年				
12年				白須政徳
天保1年			松平康任	
2年				
3年				
4年				
5年			大久保忠真	
6年	大久保忠真			
7年			水野忠邦	
8年	松平乗寛			
9年				
10年	水野忠邦			
11年				
12年				
13年				
14年	土井利位		土井利位	
弘化1年	水野忠邦		水野忠邦	
2年	阿部正弘		阿部正弘　牧野忠雅	
3年				
4年				
嘉永1年				
2年				
3年				
4年				
5年				
6年				
安政1年				
2年	堀田正睦		堀田正睦	
3年				
4年			久世広周	
5年	太田資始			
6年	間部詮勝　松平乗全	井伊直弼	太田資始　間部詮勝　松平乗全	坪内保之
万延1年	久世広周		脇坂安宅	
文久1年			内藤信親	
(略)				
慶応1年	本多忠民　水野忠精		水野忠精	

注）「江戸留守居方日記」より作成．老中首座就任者については美和信夫『江戸幕府職制の基礎的研究』第七章

リードしていた老中が御内用頼となっていた。ここから、ただ単に老中首座を御内用頼としたのではなく、実際に権力を持っていた人物を選び、御内用頼としていたと判断できる(5)。

②　文化から天保にかけては、側用取次や御三卿の家老も御内用頼となっている。将軍が家斉であった時期に特有の政治構造(6)が端的にあらわれているといえる(7)。

つづいて、御用頼と御内用頼の違いに触れておきたい。前述のように、老中は御用頼ではなく御内用頼とされていたが、これは老中を御用頼とすることが宝永六年（一七〇九）に公式には否定されたため(8)、御内用頼として関係を取り結んでいたものと考えられる。

次は、文政八年（一八二五）に御内用頼の林忠英が側用取次から若年寄に昇進し加増されたために祝儀を贈った際の、「留守居日記」の記事である。

［史料二］

一、判金弐枚　　若御年寄御用御頼
　　　　　　　　林肥後守（忠英）様
　右者今般御加増被蒙　仰候ニ付、御内々被進、御勝手江衛士（和田、鳥取藩留守居）御使者　相勤之、
　　但し、御側衆之節、御内用向御頼ニ而、格別御懇意ニ付、右之通り被進候事、
（「留守居日記」文政八年五月一日条）

林は側用取次であった時には御内用頼であり、格別に懇意であったため祝儀を贈ったと記されている。側用取次の間は御内用頼であったが、若年寄となったこの時点では御用頼となっていた。林は将軍家斉の信任が厚く、若年寄就任後も、それ以前と同様に重用され、家斉死去までは大きな権力を持っており、この時に御内用頼から御用頼へと変更されたのは、林の権力の変化が原因ではなく、役職を転じたためであったと判断できる。御用頼と御内用頼の違い

は、藩との関係の差ではなく、どの役職に就いているのかに起因するものであって、御用頼を勤めることを表向きにして良い役職の場合には御用頼とされ、それ以外の役職の場合には御内用頼とされていたと考えられる。

2　御用頼の依頼と日常的な交際

次は、天保十四年（一八四三）十月一日に、老中土井利位へ御内用頼を依頼した際の「留守居日記」の記述である。

［史料二］

一、　御老中土井大炊頭（利位）様

右は、向後御内御用向之儀御頼被（平出）仰込候ニ付、今朝御登　城前御勝手江八郎（真崎、江戸留守居）罷出、御用人枚田源之丞江致出会、左之御口上申述候処、御承知被成候旨御相答被　仰聞候、其段（平出）御前江申上候事、

寒冷之節弥御安全被成御勤珍重奉存候、将亦兼々御懇意ニは御座候得共、猶又向後御内々用向之儀御頼申度存候、此段以使者御頼申候、

土井の屋敷へ留守居真崎八郎が遣わされ、用人の枚田源之丞へ御内用頼の依頼を伝え、承知するとの回答を得た。依頼の口上も簡潔なものであり、また仲介者もたてずに直接申し込んでいるなど、非常に簡単なものであった。前章において、享保十二年（一七二七）の金沢藩から老中水野忠之への御内用頼依頼について検討した。その事例では、金沢藩は旗本に仲介を頼んでおり、さらに留守居よりも上位の役職者に交渉を担当させるようにと水野から指示されていた。それと比べると、土井への依頼は簡略であるが、この違いは時代の変化にともなうものと考えてよいのではないか。享保期よりも御内用頼が一般的なものとなっていたのではないかと思われる(9)。

つづいて御内用頼老中との日常的な交際について、確認していきたい。

[史料三]

一、越後縮七端　　御内用御頼御老中
　御肴代千疋　　水野出羽守（忠成）
　　　　　　　　　出会御用人
右は、兼而御内用向御頼ニ付、暑中為御見廻被進之、御勝手江衛士罷出御用人江出会、御口上取繕申述候処、
御相答同人を以被仰聞候、

（中略）

越後縮弐端　　御同人様御家老
　　　　　　　土方縫殿助（有経）

（中略）

一、御内用御頼御老中水野出羽守様より暑中為御見廻青鷺一籠三羽御到来被成、向方御家老土方縫殿助より衛士
宛ニ而相廻ル、返書遣し即刻衛士より（平出）御前江申上候処、御礼之御使者被（平出）仰付候事、

（「留守居日記」文政八年六月六日条）

御内用頼老中水野忠成や家老の土方有経へ暑中見舞いとして越後縮などが贈られている。暑中見舞いや寒中見舞いが御内用頼老中へ贈られることは非常に多いが、それ以外の老中に対して時候の挨拶が行われている事例はなかった。ただし、水野から鳥取藩に対しても暑中見舞いが贈られており、さらに贈られている品物もそれほど高価なものではなかったことから、水野と鳥取藩との関係はいわゆる賄賂的な性格を持つものではなかったと判断できるであろう(10)。

御内用頼老中が病気になった際に見舞いの使者が派遣されている事例も多く確認できる。これに関して、次の史料

を確認しておきたい。

［史料四］

一、御菓子重一組上干菓子・下生菓子、　　御老中御内用御頼無之
　交御肴一籠　　　　　　　　　　　戸田山城守（忠温）
　御目録
右は、久々御不快ニ付、右御様子致承知度、為御見舞御目録之通被進、御勝手江善右衛門（岡部、鳥取藩留守居）罷出、御用人河合勘左衛門江致出会、御口上取繕申述候処、両三日跡より追々御快方、四五日之内ニは御出勤可成筈、同人を以御相答被仰聞候、（中略）

但し、五月十五日より御引籠、今日迄日数五十五日ニ相成候ニ付、御見舞被遣候事、尤御内用御頼無之候共、五十日余御引籠ニ候得は、御見舞被遣候事、

（「留守居日記」嘉永二年七月十一日条）

老中戸田忠温へ病気見舞いが贈られた際の記述である。但し書きから、戸田は御内用頼ではなかったものの、病気が五十日を越えたために見舞いが贈られたことがわかる。一方、御内用頼老中の場合には病気になった場合には、すぐに見舞いの使者が派遣されていたことが「留守居日記」では確認できる。また、この戸田の事例以外には、御内用頼以外の老中へ病気見舞が遣わされたことはなかった。このように御内用頼老中とは、他の老中と比べると親密な交際が行われていた。

3　御内用頼老中の役割

嘉永二年（一八四九）、鳥取藩は御内用頼老中阿部正弘へ次のように願書を提出した。

［史料五］

一、　　御内用御頼
　　　阿部（正弘）伊勢守様

右は、左之御願書御内用掛詰合役山本丹治持参御勝手江罷出、御用人服部九十郎江出会差出候処、御落手被
成候旨、

私儀、先達而聟養子被（平出）仰出、養父（池田慶行）因幡守遺領も無相違被　仰付、難有仕合奉存候、右付年内引続五節句・元服・月次等可相願之処、日間無御座候付、無拠当春ニ相成候、然ル処、養父因幡守儀嫡子無御座、仮養子之儀は幼年ニ付家来一統末々迄何角心痛仕居候処、去夏中より養父因幡守病気罷在候折柄、格別之思召を以私儀聟養子被（平出）仰出、国民ニ至迄誠以難有安心仕候儀ニ御座候、乍去養子之儀ニも候得は、少しも早ク帰国仕、国政をも夫々申付候は、家来共始メ領中之者共ニ至迄悉く安堵可仕、左候得は領民気請は勿論、一体之政事向ニも相関、一統安心候筋ニも可相成と奉存候、右ニ付、当酉年之儀は参府年ニも御座候間、相願候儀も甚以恐入候得共、前文之訳柄茂御座候付、当春元服等被（平出）仰出候以後、暫時之内国許江之立帰御暇被下置候様奉願候度、尤も来戌年は拾七才ニも罷成候付、順年之御暇可被下置候得共、私家之儀は別段之御取扱も被成下、幼年之内国許江立帰御暇相願、政事向等取扱候先格ニ付、順年御暇以来立帰

御暇相願、暫時之内ニ而も不罷越候得は、何分ニも一体之気請ニも相拘候儀ニ付、何卒格別之（平出）御憐愍を
以、右内存之趣御聞済被成下候は難有仕合奉存候、此段幾重ニも御執成之程、偏ニ相願申候、以上、

二月　松平（池田慶栄）喬松丸

（「留守居日記」嘉永二年二月十七日条）

願書は、金沢藩主前田斉泰の四男喬松丸が鳥取藩池田家の家督を継承し、それにともなって国許への帰国を願うといった内容であり、阿部へ提出して受理されている。願書提出先の阿部は月番老中ではなく、御内用頼老中であった。願書は月番老中へと提出するのが一般的であるが、この史料からは御内用頼老中を窓口とする願書提出の流れも存在していたことが明らかになる。後日、この願書に対して、付札による回答がなされた。付札による回答であるため、この願書が阿部宅で表向きから提出されたものだったとわかる[11]。阿部へ願書を持参した山本丹治は「御内用掛詰合役」であり、御内用頼との交渉に担当者が設定されていたことも明らかになる[12]。

ほかにも、将軍への御礼を申し入れるにあたって、月番老中とあわせて御内用頼老中の屋敷へも藩主が赴き、その際に御内用頼老中へは願書を提出している事例があった[13]。ただし、このように御内用頼老中が願書の提出先となっているケースは、数例確認できたのみであり[14]、それほど多くはない。幕府への表向きの交渉を御内用頼老中を通じて行うことは、あまりなかったと考えられる[15]。

ほかに、どのような役割が御内用頼老中にあったのか確認しておきたい。次は嘉永六年八月九日の「留守居日記」である。

［史料六］

一、今日溜詰・同格国持・万石以上・庶流出仕と之御達ニ候得共、御三家方御登（平出）城之御達面ニ無之候故、越前様・津山様ニ而御登　城不被成候調之旨、昨夜申来候付、此御方様ニも御同様之御届書幷右之御振合をも書

一、　取取綴、今朝左之通取扱、

　　　　　　　　　御内用御頼
　　　　　　　　　　阿部伊勢守様

右は、御勝手江隼人（加賀美、鳥取藩留守居）罷出、御用人渡辺三太平江出会、委細打明ケ致内談候処、一存之御答も難申述、追而罷出得と同役共申談候得共、御差懸り之儀故、治定之御差図ニ及兼候間、兎茂角も御用番御勝手ニハ能御打合之上御取極メ可然旨申聞候、

（「留守居日記」嘉永六年八月九日条）

溜詰以下の諸大名へ江戸城に出仕するようにとの達が出された。御三家には登城が命じられなかったため、福井藩・津山藩も登城しないことを主張した。鳥取藩へも出仕するように通知されたため、福井藩や津山藩と同様の主張を企図した。そこで、内談のために留守居を御内用頼老中阿部正弘へ遣わした。鳥取藩がこのような行動を取ったのは、年頭賀式の拝謁礼で御三家や福井藩・津山藩など家門大名と同等の殊遇を鳥取藩が受けていたためであろう[16]。阿部の用人からは、すぐには返答はできないが、ともかく月番老中の屋敷を訪問して相談するようにとの返答があった。この返答に従って、留守居は月番老中久世広周の屋敷を訪ね、用人に相談している。

次のような事例もある。

［史料七］

一、　　　　　御内用御頼之廉ニ而
　　　　　　　　阿部伊勢守様
　　　　　　　　　　御用人
　　　　　　　　　　　渡辺十蔵

右は、御勝手江同人（鳥取藩留守居藤井熊太夫）罷出、御用人江出会、明朝御用番様江御元服御願書御先手衆を以御進達被成候旨取繕申
述候処、御承知被成候旨、
但し、御願書は不入御内覧、御口上計申述事、
（「留守居日記」嘉永二年四月十日条）

藩主池田慶栄元服の願書を月番老中松平乗全へ翌日提出する旨を、御内用頼老中阿部のもとへ連絡している。阿部に対しては願書の文面については連絡しておらず、口上を伝えたのみであった。

嘉永六年十一月に藩主の国許への暇の願書を提出した際の事例は次のようなものであった(17)。まず留守居が月番老中松平乗全へ願書を持参して内覧をうけ、問題はないとの許可を得た。その後、御内用頼老中である阿部正弘・牧野忠雅へも願書を持参した。この時、阿部・牧野の用人へ、「但し、御用番様江相伺候上御差支も無之候得は、明後十九日朝御進達之旨」と伝えている。御内用頼老中へ願書を差し出してはいるものの、内容に関する相談は行っていなかったことがわかる。

以上のように、基本的には藩から幕府への届けは月番老中が窓口であり、御内用頼老中の関与はあまりなかった。

さらに次の史料を見ておきたい。

［史料八］

一、　　御内御用御頼
　　　水野越前守（忠邦）様

右は、御掛りニ而御内御用御頼ニ付、定加役嶋村早兵衛御勝手江罷出、御用人兵馬江出会、印旛沼御普請御
用御奉書御用番様より唯今御渡ニ付、直ニ旅中因幡守（池田慶行）江申遣候旨、先此段各様迄申上置候段申述ル処、後刻
可申聞旨申聞ス、

（「留守居日記」天保十四年六月十九日条）

これは鳥取藩が印旛沼の普請を命じられた日の記述である。印旛沼普請は新田開発や江戸湾への物資輸送ルートを目的とした事業で、鳥取藩ほか庄内藩・秋月藩・沼津藩・貝淵藩に御手伝普請が命じられた。鳥取藩の担当は粕井村から花嶋村の七七八間とされ、工事にかかる費用は四万三千余両と見積もられていた[18]。右の史料中にもあるように、この時点で水野忠邦は鳥取藩の御内用頼老中だったが、具体的な相談は行うことはなく、普請を命じられた旨を連絡しただけであった。これ以降も印旛沼普請に関わる相談などは一切行われていない[19]。

この事例からも鳥取藩と御内用頼老中の関係は希薄なものだったと考えられる。ただし、月番老中へ届け出を行ったことや印旛沼普請を命じられたことなどを連絡したのは、御内用頼老中に対してだけであって、ほかの老中と比較すれば密接な関係であったとはいえる。

4　江戸湾防備に関わる御内用頼老中への交渉

ペリー来航への対応のため、鳥取藩は嘉永六年（一八五三）十一月十四日から江戸湾防備を命じられた[20]。これに関係して、御内用頼老中阿部正弘との交渉が行われた。

[史料九]

御内用御頼
阿部伊勢守《正弘》様

一、右は、左之御内慮御伺書壱通御勝手江善右衛門持参罷出、御用人山岡衛士江出会差出候処、御落手被成候旨、

同人を以被仰聞候、

相模守（池田慶徳）武州本牧御警衛被　仰付候ニ付、御場所御引渡被成下候様申上候処、其時ニ於御警衛被　仰付候儀ニ付、御場所御引渡は無之、本牧本郷村を持場と相心得、地勢篤と見分之上非常之手筈仕置候様、今般御書取を以被（平出）仰渡奉畏候、然ル処、異船渡来之儀は朝暮も難測儀ニ付、十里余之道程余時之繰出甚以無心元奉存候、先達而防禦筋之儀は、兼而厳重申付置候様被（平出）仰渡候趣も御座候付、行届不申迄も海陸之備向、得と於実地調練習熟為仕置、成丈手厚仕度、先手之人数・火炮、其外兵具・糧米等、兼而遣置度奉存候、依之、自由ヶ間敷候得共、右小屋地所御渡被成下候様仕度、左候得は陣屋を取建、且事柄ニ寄人夫幷水主等遣方之儀、如何相心得置可然哉、此段御内慮奉伺候様申付候、以上、

十二月十八日　松平相模守内

岡部善右衛門

（「留守居日記」嘉永六年十二月十八日条）

防備について伺書を阿部正弘へ提出した。鳥取藩は本牧本郷村を担当して、非常時に備えるように命じられていたが、担当地域に所領や陣屋地を与えられることはなかった。それに対して、異国船の来航は時期の予測が不可能であって、防備場所が遠距離では不安であり、兵員・武器などを本牧にあらかじめ派遣して防備体制を整えるために、防備担当地を下げ渡してほしいというのが伺書の内容であった。さらに同月二十七日条にも以下のような記述がある。

〔史料十〕

一、　御内用御頼

阿部伊勢守様

右は、左之通善右衛門持参、御勝手江罷出御用人太田三蔵江出会差出候処、御落手被成候旨、同人を以被仰

聞候、
相模守《池田慶徳》蒙　仰候御警衛場所之儀は、本牧本郷村を持場と相心得、地勢篤と見分之上、非常之手筈仕置候様
御書取を以被　仰渡候付、去ル十九日家来之者差遣見分談判為仕候処、是非当節より先手之人数一隊相詰
させ、台場をも別紙之ヶ所江築立、海陸之備向得と心得置不申候而は、兼而厳重申付置候様奉畏居候詮無
御座、甚心配仕候、依之、去ル十八日《平出》　御内慮奉窺候通、自由ヶ間敷奉存候得共、何卒急速格別之　御評
議被成下候様、猶亦各様迄申上候様申付候、以上、

松平相模守内

十二月廿七日　岡部善右衛門

十八日に提出した伺書に対する返答がなかったために、再び阿部に対して伺書を提出したようである。伺書の内容は、防備担当地である本牧の調査を行って台場を建設する位置を決めたことの報告とともに、十八日に願った本牧の下げ渡しを再度求めるものであった。この伺いに対する返答は確認できなかったが、翌年には防備の担当地域が鳥取藩へ下げ渡されることになり、正月十七日に代官から鳥取藩留守居へ本牧本郷村地内八王子山・十二天山などが引き渡された[21]。

この後、鳥取藩は安政元年（一八五四）十一月に本牧防備を免除され、翌年正月から品川台場防備についた[22]。これに関係して、再び阿部へ内願書を提出している[23]。その内容は、鳥取藩では防備を担当するにあたって、品川台場に近い大崎下屋敷に兵員を配備しようと計画した。しかし鳥取藩は同席の他藩と比較して江戸屋敷の数が少なく、大崎屋敷は手狭である。他藩では別に陣屋地が与えられているのであるから、鳥取藩でも大崎屋敷に添地をつけて陣屋地とし、別の場所に下屋敷を与えてほしいというものであった。

おわりに

ここまで、文化九年（一八一二）以降の時期を対象として、鳥取藩の御内用頼について検討してきた。文化九年から幕末に至るまで、鳥取藩は幕政の中心的な老中を御内用頼としていた。他の老中との関係と比較すると、御内用頼老中とは親密な交際が行われていた。御内用頼老中は、願書の提出先となったり、幕府への願い出の前に相談をうけるなどの役割を持ち、鳥取藩にとって老中の中で最も重要な存在であった。ただし、幕府への届け出は月番老中へ行うのが基本であり、御内用頼老中へ内々の相談を行った事例も少なかった。文化期以降の鳥取藩においては、御内用頼老中との関係は形式的な性格が強かったと評価できる。しかし、嘉永六年（一八五三）に鳥取藩が江戸湾防備担当を命じられてからは、多くの内願が行われるようになり、御内用頼老中との関係は重要性が増加した。

ここで、御内用頼となることが老中の側にどのような利点があったのか、考えておきたい。鳥取藩は御内用頼老中へ、月番老中への願書の提出について通知し、数は少ないものの内願も行っていた。これらを通じて、御内用頼老中は藩の動向を知ることができたと考えられる。これは幕政を運営していく上では有効だったであろう。鳥取藩は幕政の中心的存在であった老中を御内用頼としていたが、それは最有力者へ情報を集中させる結果をもたらしたと推測できる[24]。老中が御内用頼となることは、幕政の安定に寄与していたと評価できるのではないか[25]。

最後に、「御内用頼」という名称について触れたい。次は、文政八年（一八二五）に松代藩が、それまで「御内用御出入」であった徒目付神谷昇太夫を「表御出入」とした際、神谷が松代藩留守居へ差し出した請状である。

［史料十二］

御切紙拝見仕候、然は、是迄御内用御出入之処、梶川清次郎転役ニ付、右跡江繰上、御用向相勤候様被仰下、難有奉得其意候、右御請以参可申上筈ニ御座候得共、此節掛り御用筋ニ付、延引可被成間、先御請旁申上度、如斯御座候、御序之刻可然御取成奉願上候、恐惶謹言、(26)

神谷は御内用出入だったが、それまで表出入徒目付だった梶川清次郎が転役したため、(27)その跡へ繰り上がって表出入とされたことがわかる。鳥取藩のケースでは御用頼となることを表向きにできない役人が「御内用頼」とされていたが、松代藩では「御内用頼」とは「御用頼」のいわば補欠であった。(28)このように同じ「御内用頼」であっても、藩によってさまざまなケースがあったことには注意が必要である。

(1)ただし、第一章「はじめに」でも指摘したように、明確な区分はなかったのではないかと考えている。
(2)鳥取県立博物館所蔵「鳥取藩政資料」。
(3)文化九年以降を対象としたのは、同史料中で最初に御内用頼が確認できたのが文化九年であったためである。
(4)服藤氏が紹介する仙台藩ほかの事例（「解題（江戸表聞合書類）」『藩法史料叢書　金沢藩』創文社、二〇〇〇年、三三一—一一六頁）などを参照のこと。
(5)このように御内用頼を最有力老中へ依頼するのが、鳥取藩に限られていたのか、もしくは他藩も同様であったのかは、明らかにできていない。御内用頼を検討するうえでは重要な問題であり、今後の課題としておきたい。
(6)第四章において、側用取次や一橋家が内願を行う際に働きかけの対象とされていたことを、古河藩の事例から検討する。古河藩の事例では、将軍への献上品には鳥類も含まれていた。そこから推測すると、［表2］で他と比べて異質に感じられる鳥見組頭水谷又助には、将軍への献上を仲介する役割があったのかもしれない。
(7)本章の内容からは少し外れてしまい、また十分な論証はできなかったが、［表2］からは次の二点も注目される。
①　弘化元年（一八四四）から二年にかけて、老中に再任された水野忠邦が御内用頼となっている。老中再任時の忠邦は勝手掛に任じられないなど将軍からの信任も薄く、何の職務も果たしていなかったとされるが（藤田覚『水野忠邦　政治改革にかけた金権老中』東洋経済新報社、一九九四年）、鳥取藩は忠邦が再び幕政を担っていくと判断していたと推測できる。
②　井伊直弼が御内用頼となっている。これ以前に井伊直亮も大老に就任しているが、その時には直亮は御内用頼とはなっ

ていない。大老は一般的には名誉職であったとされており、そのために直亮へは御内用頼を依頼しなかったと考えられる。直弼が大老に任じられたのは安政五年（一八五八）四月だが、御内用頼となったのは翌六年十月であった。直弼の大老就任について、当初は実際に職務を行うのかどうか不明であったために御内用頼とせず、政権を担うことが明らかになってから、御内用頼を依頼したと考えられる。

（8）服藤「解題（江戸表聞合書類）」七五頁、千葉一大「「取次」・「後見」・「懇意」――盛岡南部家の事例から」（『国史研究』一〇八、二〇〇〇年）一二頁。

（9）明和二年（一七六五）に仙台藩が藩主伊達重村の中将昇進のための運動を行った際、御内用頼の老中・側用人は密事を連絡しようとせず、ある程度の情報しか伝えてこないと述べており、その頃には御内用頼が特別な関係ではなくなっていたと推測できる（『大日本古文書　伊達家文書之八』東京帝国大学、一九一二年）八六頁、藤田覚「政治と根回し」（『泰平のしくみ』岩波書店、二〇一二年、一一三―一五〇頁）。

（10）ただし賄賂的な性格の関係であったとしても、贈り物の価値よりも、日常的な交流の頻度の方が重要視されていた（本書第四章）。

（11）保谷徹「大名文書の提出――受理システムと老中の回答　上田藩松平家文書「日乗」の検討から」（研究代表者加藤秀幸『近世幕府文書の古文書学的研究』平成三年度科学研究費補助金一般研究（B）研究成果報告書、一九九二年）。

（12）山本は留守居や家老ではなく、どのような役職の者であったかはわからなかった。

（13）「留守居日記」嘉永二年四月十一日条。

（14）ただし、「留守居日記」中には、願書を出したことだけが記されており、その内容はほとんどの場合、不明である。

（15）深井雅海氏は、元禄―宝永期においては諸大名が幕府に請願を行う際の窓口が、御用頼や月番の老中であったことを指摘している（「元禄―正徳期における「側用人政治」」『徳川政治権力の研究』吉川弘文館、一九九一年、四〇頁）。

（16）笠谷和比古「武士の身分と格式」（朝尾直弘編『日本の近世』第七巻、中央公論社、一九九二年、五章）二一一頁。

（17）「留守居日記」嘉永六年十一月十七日条。

（18）『鳥取県史』第三巻（鳥取県、一九七九年）四八二頁。

（19）免除の働きかけが行われなかったのは、水野が印旛沼普請を推進する中心的な人物であったためであろう。さらに水野は、そのような働きかけを行いにくい相手でもあった（岩淵令治「江戸藩邸の多様な出入」『江戸武家地の研究』塙書房、二〇〇四年、六一九頁)。
(20)『鳥取県史』第三巻五六三頁。
(21)『鳥取県史』第三巻五六五頁。
(22)『鳥取県史』第三巻五六九頁。
(23)「留守居日記」安政二年六月七日条。
(24)ただし、鳥取藩以外の藩が御内用頼をどの老中にしていたのかを明らかにする必要がある。
(25)山本博文氏は、土井利勝の権力の源泉として将軍秀忠の信任とともに、大名の取次を行っていた上級旗本が彼の周囲に集まったことをあげ、それによって土井は大名の統制を行っており、出頭人としての地位をさらに固めていたとしている(「徳川幕府初期の政治機構」『幕藩制の成立と近世の国制』九〇—九四頁)。御内用頼老中も同様の性格を持っていたとも推測できる。
(26)「当番日記御留置　御留守居方」(長野市立真田宝物館所蔵「真田家文書」。本章では国文学研究資料館所蔵の写真帳を利用した)文政八年四月二十一日条。
(27)「当番日記御留置　御留守居方」文政八年四月十八日条。
(28)ただし松代藩においても、老中や奥右筆などが御内用頼となることを禁じられていたために御内用頼とされたと推測される場合も多い。

第三章　天保改革期の御用頼取締

はじめに

老中などの上級役職者から江戸城玄関番のような下級の役人に至るまで、多様な幕府役人が御用頼となっていたこと、彼らの働きによって幕府と藩との関係が円滑に運営されていたことなどが明らかとなっている(1)。一方で、御用頼に対しては取締が数度にわたって行われたことも指摘されている(2)。本章では、御用頼取締のうち天保改革期のものを取り上げ、取締の経緯と目的、さらに藩にとっての御用頼の意義や御用頼と藩との結びつきの特徴を明らかとしていきたい。

天保改革期の御用頼取締については、服藤弘司氏が『幕末御触書集成』(3)に所収されている達・触などにもとづき検討している(4)。服藤氏は天保改革の御用頼取締について、「御用頼制に深く根を下した悪弊（藩財政の破綻・大名家が持つ儀式などのしきたりの破壊・大名家臣および幕府役人の風儀紊乱――筆者注）打破のためには、到底大名の自主的な改革に委ねることはできず、幕府が公権力を行使し、その改革に取り組まんとした」(5)としており、幕府が取締の主体であったと理解している。また取締の目的として、御用頼が藩の財政を圧迫し、各藩の主体性を損なっている状態の打破をあげるが、同時に取締が藩と御用頼の役人との自由な関係を否定する公権力による不当な干渉であるとも評している。

この評価についても再考したい。

1　取締の概要

取締は、天保十一年（一八四〇）二月二十三日に、御用頼の表坊主による諸藩への過分な要求を規制する達[6]が出されたことで始まった。さらに同月晦日に出された達には、「近来万石以上之面々、家督其外祝儀等之節、饗応手重之向も有之、殊ニ坊主共多く立入、取持をもいたし候様子相聞[7]」とあり、諸藩で祝儀などがある際に、その場へ多数の御城坊主が取持として入り込んでいた様子が窺える。

取締の概要を、服藤氏の研究にもとづいて確認しておきたい。天保十二年十一月から同十四年六月にかけて、徒目付、小人目付、玄関番、中之口番、表坊主、数寄屋坊主、百人組与力・同心を対象に、御用頼に関する取締が行われた。取締方法は二種に分類できる。まず徒目付と小人目付に対してとられた方法がある。徒目付と小人目付の御用頼を目付が掌握し、役替や死去により欠員が生じた際には、それに代わる御用頼に誰が就くのかを目付が決定する方法で、服藤氏は「跡役主導権行使型」と名付けている。玄関番、中之口番に対しても同様の方法がとられ、これについては徒目付が掌握・決定していた。もう一つは、表坊主、数寄屋坊主、百人組与力・同心に対してとられた方法であり、「定員法定型」と服藤氏は呼んでいる。これは藩の石高により、御用頼人数の定数を定めるというものである。『幕末御触書集成』で確認できる取締の範囲は、前述のように徒目付、小人目付、玄関番、中之口番、表坊主、数寄屋坊主、百人組与力・同心である。これ以外の役人の御用頼は取締の対象とならなかったのか、ここで確認しておきたい。

[史料一]

一、御先手御用頼、是迄水野采女様（重明）ニ有之候処、御転役ニ付、跡御代り内藤遠江守様（正令）江御頼之儀、此程伺済ニ付、今日繁之丞（藤田、松代藩留守居）遠江守様江罷越、御用人熊谷由右衛門江面会、以来御用向御頼之御口上申述御使者相勤候処、御返答ニハ、近頃新古之無差別、御頼新別割ニ相成居候間、御同役御評議之上御挨拶可被成旨、同人を以被仰聞候、罷帰り其段主水殿江申上、[8]

松代藩の御用頼であった水野重明が転役したために、代わりを内藤正令へ依頼した。水野は先手弓頭、内藤は先手鉄砲頭である。依頼に対して、内藤は「近頃新古之無差別、御頼新別割ニ相成居候」という状況なので、同役と評議を行った上で回答すると返事をした。御用頼となった順序に関わらず、誰が御用頼となるかが改めて定められ、そのため松代藩からの依頼についても同役からの許可が必要となったという意味であると考えられる。先手同士の間で御用頼就任の割り振りを決定する改革がこの頃行われたとわかる。

このように天保改革期の御用頼取締では、先手についても何らかの改革が行われていた。非常に広範な役人が対象とされた取締であったと考えられる[9]。

2　取締の目的と展開

取締の目的は何だったのか。あらためて天保十一年（一八四〇）二月二十三日の表坊主取締の達を確認しておきたい。

[史料二]

表坊主取締方之儀、先年相達候趣も有之候処、兎角風儀宜からす、諸家江手広ニ立入、贈物多分ニ請、驕慢致、小身之面々江毎度失礼之儀有之、或ハ御役筋へ罷出、懇意ニ立入候抔申触、かさつ不法之事共有之、且又身分をも不顧、諸道具幷身分不相応ニ召仕、奢侈超過致し、其上諸家江初而御目見・家督・其外祝儀事等之節、子供ハ勿論親類共をも頼申込、剰料理向席画抔之事ハ前々之振合も有之処、銘々勝手儘之致取計、諸家及迷惑、不相当之取持其外諸家へ立入等之儀共有之由ニ而、先年申渡候趣令忘却、右之次第不届之儀ニ付、急度吟味を遂、厳重可申付候得共、先此度は格別之宥免を以、不及其儀候、先年申渡候趣相心得、此以後聊ニ而も身分を不弁始末相聞候ハヽ、無用捨咎可申付候間、此段一同ニ可申渡儀ニ候、且又其方共是迄不心附罷在候段、不念之至りニ候、取締方之儀能々可申合候、

幕府が問題としているのは、①表坊主が諸藩からの贈物によって驕慢している、②諸藩と懇意であると言いふらして、幕府の役人へ不法の振る舞いをしている、③身分にふさわしくない奢侈な生活をしている、④祝儀がある時などに諸藩に対して勝手な振る舞いをして迷惑をかけている、といった点である。この達の中で触れられている先年の達とは、寛政二年（一七九〇）に出された表坊主の勤め向きに関するものであり[10]、その内容は、身分不相応な生活をしない、御用頼就任のための働きかけを諸藩に対して行わない、御用頼人数の増加を藩へ願い出ないなどであった。天保十一年の達は、寛政二年の達を改めて発したものであった。

つづいて、宇和島藩と表坊主との間で行われた御用頼削減交渉の経過を確認することにより、御用頼取締が実際にはどのように行われたのか、藩にとって取締はどのような意味があったのかを明らかにしていきたい。

取締の情報は、宇和島藩へは天保十二年九月に留守居廻状によって伝えられた[11]。表坊主を対象とした改革があり、贈物が許されるのは、同朋頭・表組頭・火之番役一人、物書役一人、六尺のみと定められたという内容であった[12]。すでに八月には出入本丸表坊主村山長古から、定められた出入人数を知らせる書状がもたらされており、十月には出入西丸坊主津川からも同様の書状がもたらされた[13]。

翌年五月二十二日、宇和島藩留守居矢嶋郡治は村山を呼び出し、前年の幕府からの達にもとづき、宇和島藩は出入の坊主を組頭二人（内一人は明き）・平坊主二十一人とすると伝えた。これに対して、表坊主は定数の再考を要望し、六月三日には村山から矢嶋へ、その旨が書状で伝えられた。表坊主の要望は、組頭の出入を一人にすることには同意するものの、平坊主については寛政の時と同様に二十五人としてほしいというものであった(14)。この要望を宇和島藩は拒否した。節倹を第一に考えるようにというのが改革の趣意であり、寛政改革時以上に省略できることは省略すべきであって、出入の人数についても寛政改革の際と同数にすればよいというものではない、というのが理由であった。

宇和島藩からの返答をうけ、表坊主は村山を通して再度の要望を次のように矢嶋へ伝えた。

[史料三]

（前略）御同朋并組頭共は、御改革取締被仰渡候ニ付、諸家立入坊主衆是迄人数も格別相増居候向は相減可申、尤少給之者共（平出）公務為助成、往古より公にて立入候事故、寛政之度を的当ニ仕、掛り大目付衆・御目付衆江申談、寛政度ニ復し候儀は不苦ニ申聞候ニ付、其段堀田摂津守（正衡）殿江申上、諸席々江御頼割付申上候儀ニ御座候、御家之御用弁之御頼之儀ニ付、御勝手次第、強而相願候筋ニは無之候、享保・寛政江万事相復し候様にと申被仰出、右ニ元附勘弁仕、寛政之振合を以附札仕、相願候儀ニ御座候、御書面之趣ニ而、被（平出）仰出候趣不相弁様相聞、組頭共奉恐入候旨申聞候、箇様申上候も奉恐入候得共、一体仲間共御頼之義は、御献上物其外諸御取持、公儀江御対し候重き御勤、品々御取持仕候義ニ付、一同気受宜無之而は御不弁と存、且又五人・七人御減少相成候迚、御名目而已ニ而、何之御省略之御響ニも不相成候哉ニ乍恐奉存、其上御側迄罷出、常々御用途被伺居候微禄之者江、御大名方御助力無之候而は取続も仕兼候義ニ付、御助力御座候も是又御仁道之一ツ、此度之御趣意ニも相叶候哉ニ奉存候、右御受迄如此御座候、以上(15)、

要点を確認したい。まず出入の人数について、寛政改革時と同様の定員を求めている。これは取締担当の大目付・

目付の許可を得ており、若年寄堀田正衡へも伝えてあると主張している。さらに、自分たちは献上物など大名が幕府に対して果たすべき重い勤めの取り持ちを勤めているのであって、関係が悪化すると藩にとって都合が悪いのではないかとも主張しており、自分たちが藩が幕府との関係を円滑にするための重要な役割を果たしているといった、出入坊主の意識が示されている。最後に、出入の人数を五人や七人程度減らしても実際の節約の効果はないこと、自分たちは小禄であり藩からの援助がなければ生活が困難であることを述べて、出入定数の再検討を願っている。

宇和島藩は、この要求も次のように拒絶した。

[史料四]

(前略)内証向ニ於而は寛政之時代とハ大ニ変り、文化以来国元度々洪水等ニ而永荒之地所多く、収納ニ於而は前々と違減少致候得共、是は天災ニ而致方無之、右ニ付而は内証向ハ厳敷省略致候得共、近年来於而世上華美増長ニ而、省略向不任心底、此後国中窮民扶助も不行届、難渋差迫り、公務を欠候様成行候而は不容易義ニ付、内々ハ不一通省略相尽候得共、同席中者皆々大家之義、於当家ハ御承知之通小身ニ而、何程倹約相尽候迚、目立候程之義更ニ無之、此ニ細之義を相省候迄ニ而行届兼、此上は他向附届等を減少致候外無之と内向取調も有之候得共、前々より之仕来有之、容易ニ相変兼居候、去年以来追々被(平出)仰出候趣も有之、可成無益之失墜を相省、専質素節倹相尽、公務を初、武備ハ勿論領民扶助之手当急務之事ニ付、第一ニ心掛候様被(平出)仰出、重々難有義ニ付、弥省略相立候儀無之而は、被(平出)仰出候御趣意ニも相悖ニ付、急候様ニと内許も致候得共、此上余ニ省略手段無之、其内御大家ニ而も、御仲間内を初以下々迄、御用向御頼之人数、先ニ御減少ニ成候義ニ相聞候へは、当家ニ於而も乍心外不得止事、人数減少之義ニ相聞候事ニ御座候、既ニ有馬(頼徳)様・細川(斉護)様・松平肥前守(鍋島直正)様ニ而、御仲間内御減少ニ成候ニ付、有馬様ニは寛政之度は当時御頼人数よりハ三人も増居候ニ付、右之度ニ御引戻し之御吟味ニ候は、新ニ壱人御立入被仰付度旨被仰立候処、御同人様ニは御承知も無之、寛政之度よりも御省略被成候御吟味ニ而、右御三方様より御目付佐々木三蔵(一陽)様江御問合被成候処、御尤之御取計ニ有之、締り合被仰付候、御仲間内江可被仰聞置候旨御返答御座候趣は、同席内心得ニも可相成候ニ付、御通達も有之、此度之被　仰出は、寛政之度ニ無之義も色々被(平出)仰出有之、且又主人ニ而御老中様之内江御内談ニも被及候処、此度之御主意ハ一同省略ニ相成候義第一ニ致候様との御主意ニ付、如何体ニも省略出来候義は不苦旨と致承知候事故、省略相立候義は可成省略致し、急務第一ニ心掛候様と之御趣意ニ相心得申候、用向御頼之人数は相定り候義も無之、是迄は其時代々々ニ而、勝手々々ニ御頼候事ニ而、何人と申規定致候義ハ無之事と被存候、此度ニ当り候而は、寛政之度より内証向一倍差迫り居、公務を始、武備等之手当不行届処より、諸向用頼迄も人数相減し、右ニ応し万端省略第一ニ心掛、聊ニ而も御趣意ニ相叶候様致度取調ニ御座候、尤御仲間内五・七人減少致候迚名目而已ニ而、格別之省略筋ニも相成間敷旨被仰聞、右様御存被成候処は至極御尤之義ニ御座候得共、右様之訳ニ無之、此度省略之吟味は御仲間内計之事ニ無之、諸事省略第一ニ心掛ケ候様被　仰出ニ付、用頼減少之義は御徒目付を始、御小人目付、百人組与力・同心、其外共人数減少之取調ニ御座候間、御仲間内計前体ニ差置候而は、何レも為用弁相頼置候向ニ不引合ニも相成、其上不揃ニ而は省略之一緩ニも相成候ニ付、不得止事、及御掛合候義ニ御座候、(後略)[16]

内容を要約すると、次の六点にまとめることができる。㈠宇和島藩では文化年間以来の水害などのため財政状況が悪化しており、倹約を進めてきた。しかし世間の華美な状況により思うようにいかず、同席の大名と比べ石高も小さいので、他家への付け届けを減らすほかなかったが、前々からのしきたりで、それもできなかった。㈡去年以来の仰出、つまり天保改革の開始によって、幕府への勤め・武備・藩政を第一に心がけるようにとの幕府からの指示があった。さらなる省略を実施しなければ、幕府の指示に反することになるので、御用頼の削減が必要である。㈢他藩でも、目付の許可をうけて、表坊主を始めとする御用頼を減らしている。㈣藩主が老中と内談を行い、節約を第一に考えるというのが改革の主意であり、可能であれば、どのようにでも省略してよいとの話を聞いた。㈤御用頼には本来は人数の定めなどはない。現在は寛政期よりも財政が逼迫しているので、御用頼についても人数を減らし、改革の趣意に叶うようにしなければならない。㈥御用頼の削減は、徒目付、小人目付、百人組与力・同心も対象であって、坊主のみを削減しないわけにはいかない。

結局、宇和島藩があげている御用頼削減の理由は、天保改革の趣旨にもとづいて倹約をするために必要、という一点に集約されるものであった。この宇和島藩の通知に対する表坊主の返答は残されておらず、これで決着が付いたと考えられる。

3　天保改革終了後の御用頼再増加

水野忠邦が老中から退き、天保改革が終了した後の弘化二年（一八四五）になると、徒目付の御用頼については取締が廃止され、旧態に復したことがすでに指摘されている[17]。ここでは松代藩の百人組与力の御用頼を取り上げて、天保改革終了後の様子を確認しておきたい。

［史料五］

一、御用番壱岐殿《小山田》江左之通申立、

百人組与力御用頼之儀、近年一組壱人宛御頼ニ相成候様罷成候処、是迄御頼ニ相成居候者之内、誰と申名差御断ニも致兼、歳暮被下御目録弐人或は三人・四人御座候而も壱人分弐百疋被下、相廻候処、難渋之趣組々同心を以度々相願、何卒先年之通銘々被下置候様仕度旨、相願申候、外様方追々先年之通相済候旨申聞候間、御高並承り候処、追々御聞済ニ相成候由ニ御座候、尤只今迄は組々御頼人数不同御座候間、御頼之者之内死

去、又は隠居等仕候ハヽ、三・四人有之処は跡代り不相伺□□□（虫損）、与力弐人宛御頼ニ相成候様仕度奉存候、
先当時之処は兼而御頼御座候名前之者、今年より前々之通御歳暮被下候様仕度奉存候、此段奉伺候、以上、
十二月　　御留守居(18)

百人組与力の御用頼は、取締によって人数が定められ、一組あたり一人となった。しかし、それまで御用頼であった者に対して、名指しで御用頼を断ることはできなかった。そのため歳暮に一人分二百疋を渡し、それを数人で分けるというかたちをとっていた。この状況を改めて、取締以前のように一人ずつに歳暮を贈ってほしい、と松代藩へ百人組与力が願い出た。他藩では既に以前と同様になっていることも伝えられ、留守居が同格の他藩へ問い合わせたところ、そのとおりであった。そこで、松代藩でも一組あたり与力二人ずつに御用頼を依頼すること、当面は取締前の御用頼全員に再び依頼することを留守居が家老へ申し出た。

これに対して、勘定方からは反対意見が出された。勘定方の反対意見と、留守居からの反論、その結果は次のようなものであった。

[史料六]

一、百人組与力江被下物之儀ニ付、当廿三日相伺候処、御勘定吟味申上候趣有之、猶又御尋ニ付、左之通申上、
百人組与力御頼人数之儀ハ、御勘定吟味申上候通、（平出）公儀より御達ニ而、御一統相極候儀ニ御座候得共、乍憚御達之品ニも寄可申哉、一体諸家御家之御都合次第御用向御頼之訳ニ而、何も（平出）公義より御世話有之筋ニは無之と申訳柄ニも御座候哉、大広間・溜詰御席始御同席御高並ニ而も、追々不残以前ニ相復申候、然ル処、（平出）此方様計御達御守御並外れニ而、いつ何時大手等可被蒙　仰も難計、其筋何様之御指支出来可申哉、外様ニ而も御達之儀御承知ニ而、右様御取扱御座候間、御賢慮被成下候様仕度奉存候、此段御尋ニ付申上候、以上、

十二月

一、右之通申上候処、左之通被仰渡之、
　百人組与力御用頼、近年壱組壱人ツヽに相成候処、御並方も有之、無余儀付、以来組弐人ツヽ、御頼、当歳暮
　より御目録被下候様仕度旨、伺之通可被相心得候、
　　但、当時三人之組両組有之処、右ハ是迄御頼ニ付其儘被下、転役・死去等之節本文之通可被相心得候、

留守居からの申し出に対して、勘定方から、百人組与力の御用頼の人数は幕府の達によって一律に定められているという意見が家老へ提出された。それに対して留守居は次のように反論を行った。御用頼は各藩の都合によって依頼するものであって、幕府から指示される筋合いのものではない。また、大広間詰・溜詰・雁間詰の他藩は、残らず取締以前の状態に戻している。現在、松代藩だけが達を守っているが、松代藩が大手門の門番を担当する場合に支障が出てしまうかもしれない[19]。他藩も達については知っていながら、以前と同様に戻している。以上のように勘定方と留守居の両者からの意見が出された結果、この年から百人組与力に対して一組あたり二人に歳暮を贈ると決定し、御用頼が再拡充されることになった。

こうして天保改革期の御用頼取締のうち、百人組与力に対する規制も、徒目付同様に弘化二年には事実上廃止同然となっていた。また［史料六］からは、御用頼を取締以前の状況に戻さなければならなかった理由がわかる。大手門の門番となった場合に備えて百人組与力の御用頼が必要であると主張されているように、藩が幕府への勤めを果たすうえで、御用頼が欠かせない存在と考えられていたためである[20]。

4　御用頼選定への幕府役人集団の関与

第二節で取り上げた御用頼削減交渉では、宇和島藩は個々の御用頼表坊主とではなく、表坊主の代表者と折衝を行っていた。このような事例は他にも見ることができる。次は、天保四年（一八三三）に松代藩が西丸玄関番の御用頼を関根伝左衛門から柳川五左衛門に変更した際の様子である。

［史料七］

一、西丸御玄関番関根伝左衛門退役ニ付、左之通、
　奉願上候覚
　　御屋敷様御用向御出入仕候
　　　　西丸御玄関番
　　　　　関根伝左衛門
右伝左衛門儀病気ニ付、退役仕候、依之、此段御届申上候、
　右ニ付、代り御出入之儀奉願候、
　　　西丸御玄関番
　　　　柳川五左衛門
　　　　　宿所青山千駄ヶ谷
　　　　　　立法寺前七軒町
右前書伝左衛門退役仕候間、代り御出入之儀は、何卒御執成を以、右五左衛門江被　仰付被下置候様奉願候、

尤内々仲ケ間共申合之上奉願候間、何分ニも御聞済被成下、願之通被　仰付被下置候様、一同奉願候、右之段御届為御願参上仕候、以上、

西丸
御玄関番
巳二月
同御出入惣代
内田辰右衛門
座間百人様
小松儀兵衛様(21)

これまでの出入であった西丸玄関番の関根が退役したため、柳川を出入としてほしいと、松代藩留守居の座間・小松へ願いが出された。願書の差出者は、新たに出入となる柳川本人ではなく、西丸玄関番全体と出入物代であり、ここでも藩の交渉相手は個人ではなく、玄関番の代表者であった。また誰が新たに御用頼となるのかは玄関番のなかで事前に選ばれ、それを玄関番仲間で承認したうえでの願い出であった。御用頼の選定の主導権が、藩ではなく玄関番の側にあったとわかる(22)。

おわりに

ここまで確認してきたように、天保改革期の御用頼取締においては、宇和島藩と御用頼の坊主との間で直接に交渉が行われ、それによって削減が決定されていた。幕府から達が出されたことが契機ではあったものの、削減のための

交渉は、幕府の意嚮を背景として藩自身が積極的に行っていた。御用頼取締は幕府の思惑だけにもとづくものではなく、藩の側にも、悪化した財政を改善するため御用頼を削減したいとの要求があった。

本来、御用頼は藩が自らの利便のために依頼するものであったが、財政悪化により、御用頼にかかる経費が藩にとって過剰な負担となってしまっていた。そのために御用頼を削減して経費を減らす必要があった。しかし御用頼の幕府役人は、自分たちが幕府に対する重要な勤めを取り持っていると主張して、削減に強く反対した。しかも幕府役人は集団化しており、御用頼選定の主導権を持っていた。そのため、藩の側から一方的な御用頼削減を宣言した場合の反発は大きなものとなることが予想されたであろう。このような状況であるがゆえに、藩は独自の判断のみでは削減に踏み切れず、幕府によって削減を保証される必要があったと考えられる。つまり天保改革期の御用頼取締は、服藤氏が指摘するような幕府による不当な干渉ではなく、藩の要望を背景としたものであったと評価すべきである。

ただし松代藩の事例で確認したように、天保改革が終わると取締以前の状態へと戻った。たとえ財政的な負担が過大であったとしても、幕府との関係を円滑に運営していくためには御用頼の活動が欠かせなかったためである。これは幕府の制度が御用頼の存在を前提として構築されていたことを如実に表しているといえよう。

(1)　序章参照。
(2)　綱吉―家宣政権期には、老中が御用頼として幕藩間の交渉に関与することが禁止された（千葉一大「「取次」・「後見」・「御頼」・「懇意」――盛岡南部家の事例から」『国史研究』一〇八、二〇〇〇年、山本博文「大名の公儀向御用と御用頼の旗本」『歴史と旅』二〇〇一年二月号、二〇〇一年）。寛政期には、御城坊主を対象に、御用頼となり倣慢無礼・分不相応の行状をとることを禁止する申し渡しがあった（服藤弘司「解題（江戸表聞合書類）」『藩法史料叢書　金沢藩』創文社、二〇〇〇年）。
(3)　岩波書店、一九九二―九七年。

（4）「解題（江戸表聞合書類）」。
（5）「解題（江戸表聞合書類）」九〇頁。
（6）『徳川禁令考』前集二（創文社、一九五九年）二六五頁、一〇二九。
（7）『幕末御触書集成』第三巻（岩波書店、一九九三年）三二九頁、二八九六。
（8）「日記　府　御留守居方」（長野市立真田宝物館所蔵「真田家文書」。本章では、国文学研究資料館所蔵の写真帳を利用）弘化元年十一月五日条。
（9）服藤氏は触れていないが、『幕末御触書集成』にも、先手の御用頼取締が行われたことを窺わせる史料が含まれている（『幕末御触書集成』第三巻、二九一四）。
（10）服藤「解題（江戸表聞合書類）」七九―八五頁。
（11）同朋頭とは表坊主を支配する坊主衆である。表組頭・火之番役は表坊主の分掌であり、物書役も表坊主の分掌と考えられる。六尺は表坊主の指揮をうけ、物品の運送などの雑役を担当した。
（12）「留守居廻状　同席触」（宇和島伊達文化保存会所蔵「宇和島藩伊達家史料」、本章では、「宇和島藩伊達家史料」は東京大学史料編纂所所蔵の写真帳を利用した）。
（13）「矢嶋幷瀧本宛津川書状」、「矢嶋郡治宛村山長古書状」（ともに「宇和島藩伊達家史料」）。定められた御用頼坊主の具体的な人数は、次の通りである。
本丸表坊主　六十万石以上、三十九人。五十―二十五万石、三十四人。二十四―十五万石、二十九人。十四―十万石、二十三人。九―五万石、十二人。四万石以下、九人。
西丸坊主　六十万石以上、十九人。五十―二十五万石、十七人。二十四―十五万石、十六人。十四―十万石、十五人。九―五万石、五人。四万石以下、三人。
（14）寛政改革時に表坊主の御用頼が取締の対象となったことは、服藤氏により指摘されているが、定数が定められたかどうかは言及されていない。
（15）「館入御坊主人数定関係覚」（「宇和島藩伊達家史料」）。
（16）「館入御坊主人数定関係覚」（「宇和島藩伊達家史料」）。なお、［史料三］に引用した箇所では、出入について「立入」と表記されており、［史料四］に引用した箇所では、「用頼」と表記されている。ここからは「出入」・「立入」・「用頼」が同じものを指すとわかるが、それぞれの呼称がどのような場合に用いられるのかは明らかにできなかった。

(17) 服藤「解題（江戸表聞合書類）」九〇頁。

(18) 「日記　御在府　御留守居方」（「真田家文書」）弘化二年十二月二十三日条。

(19) 百人組与力が大手門の門番を担当していたためである。

(20) 勘定方が御用頼人数を元に戻すことに反対している点に、御用頼取締の理由が財政的な問題であったことが端的に表されている。

(21) 「日記　御在邑　御留守居方」（「真田家文書」）天保四年二月二十八日条。

(22) これ以外に、小人目付などでも同様の事例を確認することができた（「日記　御在府　御留守居方」（「真田家文書」）天保八年九月十三日条）。ただし家督相続に合わせて御用頼関係を譲ることも多く、その場合には、仲間による承認などの文言は史料上確認できなかった。また坊主については、幕府役人の側による御用頼選出が寛政二年（一七九〇）に御用頼取締の目的で開始されたことを、服藤氏が明らかにしている。

第四章　文政期古河藩の幕府向内願交渉
——御内用役の活動を事例として

はじめに

本章では、藩と幕府との関係の実態、とくに内々といった性格が強い、言い換えると賄賂をともなうような関係を明らかにしていきたい。賄賂を伴うような関係は、当然制度に規定されたものではないが、藩と幕府との関係の全体像を明らかとするためには、その解明は欠かせないものと考えられる。

具体的には、文政三年（一八二〇）から八年の古河藩御内用役の活動に注目する。この時期は家斉が将軍であった時期であり、いわゆる大御所時代に含まれる。文政期に古河藩御内用役であった鷹見泉石は「鷹見泉石日記」と総称される日記を残しており、そのなかに御内用役の役務日記が含まれている。その内容は幕府要人などへの賄賂的な働きかけが中心をなしている。本章では、この日記を史料として用いる(1)。

なお、「鷹見泉石日記」を用いた研究に、岡村実氏の「将軍への献上品——上席家老の内用日記(2)」がある。ただし岡村氏の論文は、鷹見泉石が金品を贈った相手のうちの代表的な人物と贈られた品物をあげるにとどまっており、働きかけの目的やその意味については、ほとんど触れられていない(3)。

1　御内用役の活動概要

まず、「鷹見泉石日記」および鷹見泉石について説明する。(4)鷹見は、今回取り扱う文政三年（一八二〇）から八年の時期には古河藩の用人を勤めており、文政五年十一月十一日からは御内用役も兼任した。なお、泉石は弘化三年（一八四六）に隠居した後に名乗ったものである。そのため、本来ならば鷹見忠常と記述すべきであるが、泉石として広く知られているので、本章でも鷹見泉石と記述する。「鷹見泉石日記」は、鷹見の残した日記の総称であり、その数は合計で一二五冊あり、寛政九年（一七九七）から安政四年（一八五七）までの時期の物が残されている。本章では、『鷹見泉石日記』第一巻を用い、そこに所収された日記の内、「御内用日記（文政三―七年）」、「（文政五年）御内用日記(5)」、「文政七年御内用日記」、「文政八年御内用日記」を利用する。以下、「鷹見泉石日記」と表現した場合には、これらを一括して指すこととする。「（文政五年）御内用日記」以下は、鷹見泉石が記述した日記である。これに対して、「御内用日記（文政三―七年）」には冒頭に「長兵衛方留写」とある。長兵衛とは、文政三年から江戸家老であった小杉克長である。(6)小杉は文政七年に御内用役を解任されており、そのときに鷹見が小杉の日記を借り受けて写し留めた物であろうと考えられる。(7)この日記は、実務役人の備忘録といった性格の物であって、御内用役としての役務が内容の中心である。以上の日記に含まれる時期は、文政三年（一八二〇）六月十日から同八年三月十八日までである。(8)

この時期は、古河藩では藩主が土井利厚から利位へと代わった時期にあたる。利厚は享和二年（一八〇二）に老中に就任し、文化十四年（一八一七）からは老中首座であった。その後、本章の対象時期である文政五年（一八二二）六月二十四日に老中在任のまま死去した。利位は利厚死後、文政五年八月に家督を継ぎ、奏者番、寺社奉行、大坂城代、京都所司代、西丸老中、本丸老中を歴任し、天保十四年（一八四三）には老中首座となった。本章が対象とする時期では、

表3　古河藩御内用役の役職別接触回数推移（回数）

	文政3年	4年	5年①	5年②	6年	7年	8年	合計
老中	4	10	5	31	146	132	48	376
若年寄		1			2	2		5
側用取次	20	34	64	29	179	153	33	512
小納戸頭取	15	52	39	10	31	22	1	170
奥右筆組頭				3	17	3	2	25
大奥	1							1
勘定奉行				2		1	1	4
他幕府役人				5	6	12		23
一橋家		39	48	32	141	21	6	287
大名（同席）					3	3	3	9
大名（その他）		19	6	2	9	27	3	66
親類		2		1	9	18	3	33
その他	12	16	15	4	34	57	39	177
合　計	53	173	177	119	577	451	139	1689

注）『鷹見泉石日記』第一巻より作成.「5年①」は6月23日まで,「5年②」は6月24日以降.

文政六年五月に奏者番に就任している。

　最初に、御内用役がどのような相手を活動の対象としていたのかということを、概観したい。御内用役である鷹見・小杉が接触を持った相手と回数は［表3・4］のようになる。[9]［表3］は接触のあった相手の役職別の回数をまとめたものであり、［表4］はそれを全体に占める割合で示したものである。

　［表3・4］は、古河藩内部以外の人物との間で、屋敷の訪問、物品・書状の往来があった場合をカウントした。史料をあげて具体的に確認しておきたい。

［史料一］

一、出羽様（水野忠成）より縞縮二反、土方（有経）より手紙添被下候、

（「御内用日記（文政三―七年）」文政三年六月十四日条）

　老中水野忠成から、縞縮が水野の家老である土方有経より手紙とともに送られてきている。この事例の場合、土方は水野の代理として送っていることが明らかであり、水野との接触と判断した。この例のように代理であることが明示されない場合も多いが、家臣との接触があった場合には、その主君との接触が行われたと判断できる。そのため、接触相手としては藩・家を単位として考え、当主・家臣・家族などには分類しないこととした。また、文政五年は藩主土井利厚の死去をも

表4　古河藩御内用役の役職別接触回数推移（割合）

	文政3年	4年	5年①	5年②	6年	7年	8年	合計
老中	8%	6%	3%	26%	25%	29%	35%	22%
若年寄		1%			0%	0%		0%
側用取次	38%	20%	36%	24%	31%	34%	24%	30%
小納戸頭取	28%	30%	22%	8%	5%	5%	1%	10%
奥右筆組頭				3%	3%	1%	1%	1%
大奥	2%							0%
勘定奉行				2%			1%	0%
他幕府役人				4%	1%	3%		1%
一橋家		23%	27%	27%	24%	5%	4%	17%
大名（同席）					1%	1%	2%	1%
大名（その他）		11%	3%	0%	2%	6%	2%	4%
親類		1%		1%	2%	4%	2%	2%
その他	23%	9%	8%	3%	6%	13%	28%	10%

注）『鷹見泉石日記』第一巻より作成．小数点以下は四捨五入した．「5年①」は文政5年6月23日まで，「5年②」は6月24日以降．

って分割した。これは藩主の違いによって御内用役の活動にも変化が生じることが想定されるためである。

［表3・4］からは、老中・側用取次・小納戸頭取・一橋家が御内用役の接触の代表的な相手であったと指摘できる。藤田覚氏は、文化末年以降のいわゆる大御所時代の幕政の実権の所在として、将軍家斉実父である一橋治済・将軍側近・奥右筆組頭をあげている(10)。古河藩の御内用役が接触を行っていた相手についても同様の傾向があり(11)、御内用役の活動が幕府の実力者に対する働きかけであったと容易に推測できよう。

ただし、［表3・4］からだけでは、御内用役の活動の実態は見えてこない。次節からは、具体的にどのような活動が行われていたのかを確認していきたい。なお、土井利厚が藩主の時期と土井利位が藩主の時期とに区分して検討する。

2　土井利厚藩主期の御内用役の活動

前述のように、『鷹見泉石日記』第一巻に含まれる期間の内、文政五年六月まで古河藩藩主は土井利厚であり、老中首座であった。ここでは藩主が老中といった幕閣内部に位置する場合の御内用役の活動を見ていきたい。
まず、利厚藩主期の御内用役の活動を［表3・4］から確認したい。接触があった相手で目立つものは、側用取次・小納戸頭取および一橋家である。側用取次の職掌の内で特に重要なものは、将軍と老中以下の諸役人との間を取り次ぎ、また将軍の命をうけて人事・政策の立案・審議に参加することであり、将軍の相談役としてその決定に影響力を行使できた(12)。この時点での側用取次は六人であり、そのうち平岡頼暢・林忠英・蜷川親文の三人に対して接触があった。小納戸頭取は、小姓と同様に将軍の側に勤務した小納戸の統率を行う役職であり、表役人との間に介在して、政務以外の諸事に関わり、奥向きの諸務に広く関係した(13)。ただし、［表3・4］においては小納戸頭取と表記したが、実際にはこれらはすべて中野清茂である。中野清茂は、文政十三年に隠居したのちに号した中野石翁として知られる。養女は将軍家斉の側室お美代の方であり、それによって大きな権勢を得ていた。一橋家の当主治済は家斉の実父である。このように、この時期の御内用役は、将軍本人と近しい人物に対して頻繁に接触を行っていたと指摘できる。次に、これらの人物との接触の様相を具体的に確認していきたい。

［古河藩加増をめぐって］　文政五年（一八二二）三月に古河藩は一万石の加増をうけた。この加増に関連して、御内用役であった小杉の活動が確認できる。文政四年十一月二日、小杉は一橋家用人峰岸小膳を訪問し、加増の内願書を提出した(14)。それに対する峰岸の対応は、次のようなものであった。

［史料二］

一、小膳様より御逢被成度旨ニ付罷出候処、先日差上候拙者内願之趣、神田橋様（一橋治済）被入御聴候処、御承知、尤至極ニ思召、神田橋様ニも御含も被為有候間、当冬ハ間も無之故、来春ハ御取計可被成、心配不致候様ニと、内々申聞候様、御沙汰之旨被仰聞、奥へ罷出、御内々申上候、

（「御内用日記（文政三―七年）」文政四年十一月十六日条）

先に提出した内願書への一橋治済の意向を峰岸から伝えられた。その内容は、加増願いは承知したが、この冬の間に実現させるのは不可能である。ただし、来春には取り計らうので心配しないように、というものであった。小杉は治済の意向を藩主土井利厚に報告した。この働きかけは「内願」であって、治済の意向も「内々」に小杉へと伝えられたことがわかる。つづいて文政五年閏正月一日条には次のようにある。

［史料三］

一、小膳様より御呼出ニ付、罷出候処、兼て御心願、去月廿八日神田橋様御登城ニて御咄合被遊候処、御十分御模様宜敷間、且神田橋様より御書壱封御渡被成、委細申上差上候、

（「御内用日記（文政三―七年）」）

この年の正月二十八日に治済は将軍家斉と古河藩の加増について相談を行い、結果が良好であった旨が峰岸から小杉へ伝えられ、治済からの書状も小杉へと渡された。

この後、閏正月二十一日に峰岸を訪問し、加増の願いについての手紙を再び提出した。翌二十二日にはその旨が治済へと伝えられ、それに対する治済の反応がよかったことが古河藩へと伝えられている。二月六日には治済と家斉の間で相談を行い、小杉には二月十日に次のように伝えられた。

［史料四］

一、小膳様より御呼出ニ付、罷出候処、去六日、神田橋様御登城被遊候付、兼て御心願之儀、猶御伺被仰上候処、来月御大礼後、御沙汰可被遊御含之由、為御安心、御内密御洩シ被遊候旨、今朝御沙汰之由被仰聞、申上候処、小膳様え御直書ヲ以、御内々御礼被仰達、拙者持参いたし候、

（「御内用日記（文政三―七年）」）

小杉が呼び出されて峰岸を訪ねたところ、かねてからの心願、つまり加増の沙汰が来月にあるであろうという治済からの話が伝えられた。治済は六日に登城した際に、古河藩からの願い出について家斉と話し合い、家斉から大礼が済んだ後の来月に沙汰する考えであるとの返答を受けた。これに対し利厚から御礼が直書で送られた。家斉の意向は(15)

「御内密御洩シ」として治済へ伝えられ、利厚からの直書も「御内々」に出されており、これらの交渉が公的なものではないと認識されていたことがわかる。

三月二十八日に利厚が登城し、そこで正式に一万石加増の申し渡しがあった。次はその前日の日記である。

[史料五]

一、殿様、明日御用之儀ニ付、御登城被成候様、御達有之候、

一、右ニ付、雉子橋様《(峰岸小膳)》・中野様《(清茂)》へ御吹聴罷出、雉子橋様御当番ニ付、以書面申上、駒三郎迄範之助遣候、

（「御内用日記（文政三―七年）」）

利厚に登城を命ずる達があり、その旨を峰岸と中野清茂へ吹聴している。二十八日には峰岸、二十九日には中野を御礼のために小杉が訪問している。家斉に直接つながる存在である治済と中野を最重要視していたことがわかる。治済本人に対しては四月五日に加増御礼の品が贈られ、同時に峰岸本人と家族・家臣に対しても御礼の品が贈られた。しかし、これらは同月七日に一部が返却されることとなった。

[史料六]

一、小膳様御呼出ニ付罷出候処、神田橋様え御上ケ物、余り御丁寧過候由ニ付、御馬代黄金弐枚幷御手箪笥御返却之旨被仰聞、幷小膳様御家内え之御贈物も御返却、尤少々御頂戴被成候様被仰出候旨、被仰聞、

（「御内用日記（文政三―七年）」）

治済への贈物のうち黄金二枚と手箪笥が返却され、同時に峰岸の家族・家臣への贈物も返却された。理由としては、贈物が丁寧すぎたことがあげられている。本来、治済は古河藩への加増に関与できる立場ではないので、この時の贈物は義務的なものではなく、治済の働きに対する内々の御礼といった性格のものであり、御礼の品を受けとったことが目立つ訳にはいかなかった。そのため、古河藩からの贈物が丁寧すぎることは好ましくなく、返却されたのであろ

う。ただし、四月七日に峰岸を小杉が訪ねた際には、治済が受けとるであろうと伝えられたために、手箪笥を預けている。十一日には、治済が手箪笥を受け取り、「殊之外御満足之御沙汰」であったと峰岸から伝えられた。ここからは、先に贈物の一部が返却されたのは、一時に多くの品が贈られて目立つことを恐れたためであったとわかる(16)。このように治済の古河藩加増への関与は、あくまでも内々の働きであって、表に出てはならない性格のものであったことは明らかである。

さて、この時の加増に際しては、将軍家斉に対する御礼も御内用役である小杉が贈っている。加増の申渡しのあった直後の四月三日の「御内用日記（文政三―七年）」には次のような記述がある。

[史料七]

一、御本丸え、

目白かハリ一

（中略　贈物の品名の書き上げ）

此度之御礼、中野様御手より被差上、殊之外御満足被仰出候旨、被仰下候、

御本丸つまり将軍家斉本人へ御礼の品が贈られた。品物は中野清茂を経由して贈られ、家斉からは満足の旨が伝えられた。この時に贈られた品物は、植物や動物の珍品であって、加増に対する公的な御礼ではなく、自藩への融通に対する内々の、つまり賄賂的な贈物であった。五月にも御礼の献上が次のように行われている。

[史料八]

一、枝珊瑚

御加増ニ付、御内献此節御上ケ被成可然哉、林様《(忠英)》より御噂之旨、御意ニ付、御同所様へ申上候処、明日御差合無之由、翌日御内献相済被仰下候付、御礼罷出候、

（「御内用日記（文政三―七年）」文政五年五月一日条）

加増に対して、枝珊瑚の献上を行うべきであるとの話が側用取次の林忠英より伝えられた。利厚が同意したため、林へその旨を伝えたところ、翌日ならば差し支えがないと伝えられ、実際に翌日に献上が済んだことが小杉へ林から伝えられた。この献上も「内献」であって、内々の御礼といった性格であった。

内々の献上は、将軍の世子である家慶に対しても行われた。五月十二日に側用取次の平岡頼暢に呼び出されて小杉が出向いたところ、西丸つまり家慶へも、今回の加増に関連して献上を行っても問題はないとの話を聞いた(17)。家慶附の側用取次である蜷川親文とも内談し、蜷川からも献上すべきである旨が伝えられた(18)。

以上のように、自藩への加増に対して、将軍などへ賄賂的な性格を持つ御礼を行っていた。将軍への内々の献上は、この時以外にも多数の事例がある。次にその事例を確認しておきたい。

［将軍家斉への取次］　将軍家斉へ献上を行う場合には、間を取り持つ人物が必ず存在していた。事例を一つ確認したい。

［史料九］

一、中野様より平作御使ニて、此節椿之上花、孫鍔ニ植候儘、数品御望ニて御ねたり、直植木屋共へ被仰渡差出、入上覧可被下候旨也、右椿もはや外ニは無之、平作も御断申上候由、中野様被入御覧候分を直御上相成候様申上、御承知有之、

（「御内用日記（文政三―七年）」文政四年三月五日条）

中野清茂から連絡があり、家斉が椿を望んだため中野から植木屋へ連絡を行い、家斉の上覧に入れた、ということが伝えられた。史料の後半部は、中野が家斉へ上覧に入れた椿を土井家からの献上品としてくれるよう依頼したということであろう。史料中の平作は、中野の出入の植木屋であり、猟官活動の取次をしたことで知られる(19)。この後、「御内用日記（文政三―七年）」三月十日条に次のような記述がある。

［史料十］

表5　将軍・将軍世子への献上取次回数

人　名	文政3年	4年	5年①	5年②	6年	7年	8年
中野清茂	4	18	8	2	2	2	
林忠英	1	3					
平岡頼暢			4				
一橋治済						1	
合　計	5	21	12	2	2	3	0

注）『鷹見泉石日記』第一巻より作成．5年①は文政5年6月23日まで，5年②は6月24日以降．

一、乙部罷越、中野様御口上、椿上花思召叶候品無之、鶺鴒之替り出候処、思召叶候付、御貫被遊度候由、持参ニ付、入御覧、御献上之儀、御籠等迄任相頼遣候、同十二日御献上済、御満足之旨、中野様より御手紙来、御受出ス、

五日に献上された椿には家斉の気に入るものはなかった。しかし、代わりに差し出した鶺鴒は家斉の気に入った。これらの話が中野から小杉へ連絡された。中野からの口上を伝えている乙部とは、おそらく奥坊主の乙部立益であろう。この献上については、鶺鴒を入れる籠などに至るまで、中野へ依頼している。献上を行うタイミングや品物の選定、実際の献上などを中野がすべて取り仕切っていた。この献上が各藩ごとに定められた表向きのものではなく、将軍家斉本人の要求にあわせた賄賂的なものであったことも明らかである。

家斉・家慶への献上の取次を依頼した回数を人物別にまとめると、[表5]のようになる。利厚の藩主期には、中野清茂・林忠英・平岡頼暢が献上の取次を行っていた。平岡は文政五年閏正月十七日から西丸側用取次であり、また利厚の甥にあたる(20)。取次の依頼回数は、文政三年は五回だったが、四年は二十一回、五年は利厚が死去した六月二十三日までで十二回と、非常に高い頻度となっていた。また利厚が「永々御引込」となった際に将軍への取り成しを中野が行っている事例もある(21)。

このように頻繁に将軍への取次を依頼していたため、当人との間でも親密な関係を維持することが必要であった。[表3]からは側用取次や小納戸頭取に対して、非常に多数の接触があったことがわかる。この回数の内には将軍への取次を依頼した場合も含まれているが、それを除いても非常に頻繁に接触がなされていた。

古河藩御内用役が自藩への加増のための働きかけを行い、将軍へも賄賂的な献上を活発に行っていたことを確認してきた。本節で対象とした時期には、藩主利厚は老中首座であり、幕府役人の最高位にあった。その利厚が家斉との間で私的な関係を取り結ぶための努力を払っていたという事実は、将軍家斉本人の持つ権力の強さとともに、将軍と親密な関係を維持することが、老中にとっても必要であったことを示している。

また、将軍へ献上を行う上で、将軍の側近の存在も非常に大きいものであった。幕府官僚制の頂点である老中首座であっても、将軍との関係を維持するためには、側用取次や小納戸頭取の中野など奥向きの役職者との間に親密な関係を持っている必要があった。これが奥向きの役職者の政治的地位の上昇をもたらしたであろうことは、容易に予想できる。利厚の藩主期に、御内用役が唯一接触をもっていた老中は水野忠成であったが、水野が側用人出身であり、老中就任後も奥兼帯であったことも、奥向きの役職者の存在の大きさを示している。

3　土井利位藩主期の御内用役の活動

文政五年（一八二二）六月、土井利厚が死去し、八月に利位が家督を継いだ。これによって御内用役の活動にも変化が生じた。［表3］からは、御内用役の活動が文政六年以降急増したことがわかる。この増加の原因は、一つは文政五年六月から小杉に加えて鷹見の活動の分も加わったためであるが、もう一つの理由として、老中に対する接触の急増があげられる(22)。全体に占める割合では、側用取次にはあまり変化が無く、小納戸頭取中野清茂が二十％台から十％以下へ、また一橋治済が二十％台から文政七年以降には五％程度と激減したのに対して(23)、老中は、利厚が藩主であった頃には十％以下であったものが、三十％前後へと激増した。それほど多くはないものの、利厚期には全くなかった奥右筆組頭や勘定奉行との接触が行われるようになったことも注目すべき変化である。では、なぜこのような変化が生じたのであろうか。その理由を明らかとするために、御内用役の具体的な活動について確認していきたい。

［幕府役職就任運動］　利位が家督を継いだ直後から、利位の奏者番・寺社奉行就任のための働きかけが始まった。最初に確認できるのは、文政五年十一月二十三日の次の記述である。

［史料十一］

一、神田橋様《一橋治済》より、御内願之御模様宜趣、小膳様《峰岸》より御手紙来、御礼旁御直書持参、

（「御内用日記（文政三―七年）」）

領地加増の時と同様に、一橋治済に内願を行った。この史料からは、どのような内容の内願であったのかは不明であるが、同年十二月五日条に「御奏者番御心願、年内ニもと猶御内願、御直書雉子橋《峰岸小膳》へ被遣、拙者持参候処、御留守付奥様へ上置候」とあり、内願の内容が奏者番への就任希望であったことが明らかとなる。利厚期の加増の際と同様に、この内願も峰岸から治済へと伝達された(24)。当然、将軍家斉へと伝えられることを期待して、治済へ伝えられたのであろう。この内願に対して、十二月九日に、年内は無理であり来春になるであろうと峰岸から小杉へと伝えられた。翌年正月四日条には、次のようにある。

［史料十二］

一、神田橋様より御答礼、雉子橋より年始御状来、翌日御礼御自書持参之処、今朝御内沙汰ニハ、兼て御内願筋之儀、御模様宜御調、御初筆ニ出候旨、併急々之儀ニハ相成間敷哉、御心得ニ御沙汰被成候旨ニ付、御書を以御礼、拙者持参候、

（「御内用日記（文政三―七年）」）

治済からの年賀の答礼と峰岸からの年始状が送られてきたため、小杉が御礼の手紙を持参して峰岸を訪問した。その際、峰岸から、かねてから内願していた奏者番就任がうまくいきそうな状況であると伝えられた。すぐに就任する

ことは不可能である旨も伝えられたが、こうして奏者番への就任が実現に向かっていると明らかとなったため、さらなる役職就任を目指した働きかけが始められた。

[史料十三]

一、御奏者番御心願御模様宜候間、猶寺社奉行見習御一緒ニ御沙汰之義、小膳様え　御内談書、拙者持参、

以手紙致啓上候、兎角春寒退兼候得共、被成御揃、弥御壮健被成御入、奉賀候、此間は差上物之義、御披露被成下、御受納被下置、殊ニ御懇之御挨拶、御内御沙汰之趣、奉恐入、重畳難有仕合奉存候、段々御取成故と、厚奉拝謝候、扨又、極御内々、全貴所様迄御賢慮相伺度奉存候ハ、私義御奏者番心願之義、御屋形様御引立被下置、以御取成、御模様宜旨、追々奉伺、冥加至極、身ニ余リ難有仕合奉存候、然ル上ハ、可奉申上儀ニ無御座候へ共、先年御奏者番・寺社奉行見習同日被仰付候例も御座候付、不調法之身分ニて申上候段ハ貴所様御積之程も恥入恐入候得共、何卒心願ニ御座候、（中略）乍去家督間も無御座、御奏者番奉内願候さへ恐入候得は、是迄ハ貴所様えも不申候得共、此節ニ至何分一箇之心中難止（マヽ）思止、無拠御内蜜、貴所様迄御相談申上候間、何分御勘考被成下、聊無御腹臓、思召被仰下候様、偏ニ奉願候、若し御序ヲ以、被仰上も可被下候は、誠以難有仕合奉存候、左候ハヽ、書取ヲ以、猶又奉願候様ニも可仕候哉、（下略）

（「御内用日記（文政三―七年）」文政六年正月二十二日条）

奏者番と同時に寺社奉行見習にも就任したいという利位の内談書が、峰岸に提出された。この内談書では、奏者番と寺社奉行見習に同時に就任した先例[25]があることが主張され、自分も同様に二つの役職に同時に就任できるよう働きかけてほしいと願っている。なお、自分は家督を継いだばかりであるため奏者番を願うことさえ恐縮していたが、今になって寺社奉行見習への就任といった希望を抑えられなくなったとある。当然、寺社奉行への就任は最初から望んでいたことではあろうが、こういった私的な心情も伝えられており、峰岸が古河藩と非常に近しい存在であったと推

察できる。

このように寺社奉行見習就任への運動が開始されたが、これが利位のすこしでも早い昇進への要望のあらわれであるのは明らかであろう。譜代大名の幕府役職昇進の典型的なコースとして、奏者番→寺社奉行→大坂城代→京都所司代→老中という道筋がある。最初の段階である奏者番に就任の見込みがたった時点で、早くも次のステップである寺社奉行への就任のための運動が開始された、ということになる。

この働きかけに対して、正月二十五日に峰岸から返書がもたらされた。

[史料十四]

一、雉子橋より、御尤ニハ候へ共、此節ニては八重ニ成候姿ニて先達御心願之方万一障ニ成候てハ不宜、追て之方可然被仰下、上へ御直御受も来候付、御答左之通、（「御内用日記（文政三―七年）」文政六年正月二十五日条）

奏者番にも就任していない今の時点で、寺社奉行見習への就任を願い出てしまうと、奏者番就任の妨げになってしまう恐れもあり、時期を待った方がよいとして、内願を拒否する旨が伝えられた。利位から峰岸への返書には、「此節之処ハ、先々御見合被下、貴君様御胸中ニ御秘置被成下度相願候」とある。ここからは、内願の拒否が一橋治済の判断にもとづくものではなく、峰岸の判断によるものであったとわかる。

このように峰岸から拒否されたものの、寺社奉行見習就任の働きかけは、対象を変更して、さらに続けられた。

[史料十五]

一、布施蔵之丞様へ、御内々ニて御奏者番被仰付、直寺社奉行御兼帯、又ハ御見習被仰付候御振合、承合候様長蔵（小杉克長）方へ申聞候間罷越、御逢之上申上候処、其御仁才次第之事候と被思召候由、松平紀伊守（信道）様ハ京大火之節御取計宜故、寺社奉行御見習と申事と候由、又寺社御四人御五人之訳も、聢といたし候事も無之由、御取調ニは御手も込候由、当時迠は寺社御兼皆様、御昨今故御五人ニても可然事ニ被仰聞候、万石以上之御役替ハ

都て御老中御直調之由、尤御銘々様御入札抔ニ相成候由、御噂有之候、

（「（文政五年）御内用日記」文政六年正月二十七日条）

奥右筆組頭である布施蔵之丞に対し、奏者番就任と同時に寺社奉行・見習を兼帯することについて問い合わせた。布施からは、兼帯の可否は仁才次第と回答があり、人数的には利位の寺社奉行兼帯に支障はないと伝えられた。この布施への問い合わせも、治済への働きかけと同様に「内々」のものであった。布施については「（文政五年）御内用日記」文政五年十一月九日条に「布施蔵之丞様へ鴨一番、以来御内用向御頼、森川弥五兵衛申渡候事」とあり、この時点で古河藩の御内用頼であったとわかる。

布施からは、大名の役職については老中が直接人選を担当しており、老中の投票によって決定されているとの噂も伝えられた。この情報を得たために、これ以降老中への働きかけが開始された。

［史料十六］

一、出羽様《水野忠成》へ時候勤、土方《有経》へ頼、

寺社御奉行様御四人、或ハ御五人、又ハ御見習之御方様被為在候御儀も被成御座候は、定て其節之御模様被為有候御事と奉被察候へは、何共可申上様無御座候得共、当時寺社御奉行御兼帯御昨今御方様多ニも被為在候御儀ニ付、万一大炊頭様《土井利位》御奏者番等被仰付候御儀も御座候節や、寺社御奉行御見習勤被為仰付候御場合ニは相成間敷哉、左候ハヽ、聊御手助被成候御義も御座候へは御養家旁御忠孝も相立、誠ニ以重々難有仕合思召候、（中略）何とか御含も被成下候は、冥加至極重畳難有仕合奉存候、幾重ニ宜様、奉願候、

（「御内用日記（文政三―七年）」文政六年正月三十日条）

老中水野忠成へ時候伺いと称して小杉が訪問し、家老の土方有経に利位の寺社奉行兼帯への協力を依頼している。寺社奉行・見習の人数について、その時々の事情によるのであろうと小杉は述べているが、これがさきに布施から入

手した情報にもとづいているのは明らかであろう。

文政六年以降に接触があった老中としては、［表6］にあげたように水野忠成が最も多かった。これは当時の幕府政治の指導的存在が水野であったことを端的に示している。しかし［表6］からは、水野以外の老中に対しても接触が持たれていたこともわかる。役職者の選定にあたって老中による投票が行われるという情報が布施から伝えられたためと推測される。

本節の最初に指摘したように、利厚が藩主であった時には、御内用役が老中に対して行った接触は、数・割合ともに非常に少なかった。理由としては、利厚が老中首座であって、他の老中に気を遣う必要があまりなかったことが考えられる。

このような老中との関係は、利位が家督を継いだ当初も同様であった。

［史料十七］

一、寒中御見舞、御老中様へハ出羽様計へ長蔵方御使者ニて被進、外は夫ニも及間敷被申聞候得共、御先代より御懇意ニ付、例年冬被進候古河醴被進可然申談、達御聴、台交御肴積ニ候事、尤御本丸方計被進候事、

（「（文政五年）御内用日記」文政五年十一月二十四日条）

これは、利位が家督を相続した直後の年末の記事である。この時、本丸老中に対してのみ寒中見舞いが行われたこと、本丸老中については利厚の時からの例があるために醴を贈ったが、本来ならば水野忠成のみに贈ればよいとの判断がなされていたことがわかる。このように布施からの情報入手以前には、老中への働きかけは御内用役の活動において重要な位置を占めていなかった。

さて、奏者番就任と同時に寺社奉行見習への就任も目指した働きかけは結局成功せず、文政六年五月二十九日に利位は奏者番のみに就任した。しかしその後、文政八年五月二十四日には利位は寺社奉行へ就任している。二月十九日

表6　古河藩御内用役の老中との接触回数

	水野忠成	青山忠裕	阿部正精	大久保忠真	松平乗寛	松平輝延	酒井忠進
文政3年	4						
4年	10						
5年①	5						
5年②	19	4	3	3	1		
6年	79	16	22	10	6	4	9
7年	81	18		17	7	3	6
8年	20	5		15	3	3	2
合　計	218	43	25	45	17	10	17

注）『鷹見泉石日記』第一巻より作成．5年①は文政5年6月23日まで，5年②は6月24日以降．

条には、次のような記述がある。

［史料十八］

一、記兵衛方、今早朝中野播磨守（清茂）様え罷出候由、右は御内願之趣、此間御話被申候処、御序能御噂被仰上候処、至極左様可有之義之旨、上意有之候由、昨日申来、此節御上物有之可然旨ニ付、御礼被参候よし、

（「文政八年御内用日記」）

中野清茂へ内願について伝えておいたところ、中野から家斉へその旨が伝えられ、それが認められたことがわかる。この内願が寺社奉行就任を指すことは間違いないであろう。また、中野から家斉へ献上を行うようにとの指示がなされている点も興味深い。

以上、一橋治済・奥右筆組頭布施蔵之丞・小納戸頭取中野清茂・老中に対する、奏者番・寺社奉行への就任運動を確認してきた。史料をあげることはしないが、他にも側用取次土岐朝旨・林忠英・水野忠篤・蜷川親文を対象として働きかけが行われていた。

［江戸城門番役をめぐる活動］　次に江戸城門番役の担当にかかわる御内用役の活動について確認したい。

［史料十九］

一、布施蔵之丞様へ罷越、明後日之御跡固、二月松平主殿頭（忠侯）様御暇後、内桜田御番所此方様へ参可申哉如何、御内々伺候様、長蔵方被申聞、依之、御肴代金

三百疋持参、八木介添也、取次へ申込候処、御用人御留守ニて直ニ御逢有之、内々申上候処、御跡固聢とハ御覚無之候得共、此方様へは参問敷、内桜田も御手明之御方有之候ハヽ、何れ御手明之方へ可被仰付旨、御内話有之、

（「（文政五年）御内用日記」文政六年正月八日条）

小杉に命じられた鷹見は奥右筆組頭の布施を訪問し、二月の島原藩主松平忠侯の帰国後に、内桜田門の門番役が古河藩に命ぜられる可能性があるかどうかを尋ねた。それに対して布施からは、確証はないものの古河藩に命ぜられることはなく、無役の藩があったならばそのうちのいずれかの藩に課せられるであろう、と内々に伝えられた。なお、鷹見は肴代金として三百疋を持参しているが、これが情報に対する謝礼であることはいうまでもないであろう。

[史料二十]

一、近々松平主殿頭様御暇ニ候へハ、内桜田番所如何可有之哉承合、布施様へ罷越候処、何共相分兼、久世《広運》様抔御損毛多故、未タ聢と相分不申候、戸田日向守《忠延》様も不被成御勝、御不幸ニも相成候へハ、秋元《久朝》様抔も御心遣被成候、申聞候付罷帰、老衆へ達申上候、右ニ付、猶又左之通今夕罷越申談置候様老衆被申聞候付、罷越申述置候処、明夕承合遣候様御用人申聞候、

一、今朝も御内々御問合被申候内桜田御門番之儀、近々松平主殿頭様御暇被仰出候ハヽ、御代如何可有御座候哉、大炊頭《土井利位》ニ御家督後、未御役場も相勤不申候得共、打続領分水損、且居屋敷替、殊更日光御社参、忝被仰出も御座候得は、何程御手軽之儀被為有候ても、莫太之物入可有御座候間、此節御門番等之御沙汰蒙リ候儀無御座候得共《マヽ》、後々之手操も宜、難有仕合奉存候、若御手心等も難相成御儀ニ御座候ハヽ、大手方・桜田等之内蒙仰候ハヽ、難有奉存候、右ハ明夕参上仕候てハ、手後レニも相成可申哉ニ付、今夕猶又御内々厚申上候様被申付候間、幾重ニも宜御含之義奉願候、

（「（文政五年）御内用日記」文政六年二月十一日条）

二月十一日、鷹見は布施を訪問し、内桜田番所の門番について状況を尋ねた。布施からは、状況は不明である旨と

久世・戸田など他の大名の情報とが伝えられた。鷹見は古河藩の家老へ報告した後、その日の内にふたたび布施を訪れて、要望を申し入れた。その内容は、古河藩では利位の家督後、役を負担していないが、領地の水損・江戸藩邸の屋敷替えといった問題を抱えている。特に日光社参にともない多額の出費が予想され、門番役を割り当てられなければ、今後の財政状態が良くなると考えられてありがたい。門番役の回避が難しいならば、大手門・桜田門などの担当を命じてもらえればありがたい、というものであった。大手門は十—十五万石、内桜田門は五—九万石の譜代大名の担当であり[26]、他の門と比較すると石高の多い藩が担当するものであった。藩の格式を高めるために、大手門・桜田門を希望したのであろう。

また、小杉筆の「御内用日記（文政三—七年）」文政六年二月十一日条には、「土方へ御門番御逃之事申頼候」とある。老中水野忠成の家老である土方有経へも同様の申し入れを行っていた。同月十三日条には次のようにある。

［史料二十二］

一、出羽へ伺、土方へ逢候処、御屋敷替、且御社参ニ候得は御泊城ニも可相成候間、御門番等ハ御逃之由、申聞候事、

土方から、古河藩が屋敷替えを行ったことや日光社参の際に将軍が古河へ宿泊することなどの負担がある点を考慮して、門番役は割り当てられないであろうと伝えられた[27]。同月二十四日には、土方へ西丸大手門の門番役も命じないように依頼している。

本節では、利位が藩主となって以降の御内用役の活動を確認してきた。利厚藩主期には御内用役の役割が藩と将軍との間を結ぶものであったことを、前節で指摘した。利位が藩主となってからは、藩と将軍との間を結ぶという役割に加えて、藩と老中以下の幕府役人との間を結ぶという役割も生じた。この変化をもたらしたものは、藩主の幕府における役職の変化である。利厚は老中であり、本節で確認した働きかけのうち、藩主の役職昇進運動が必要でなかっ

たのはいうまでもない。さらに、門番役担当の回避のような活動は、利厚は自らが幕閣内部の存在であって、幕府の政策決定を行う立場にあったので、幕府役人に対する内々の働きかけを行う必要はなかった。これに対して、利位は文政五年の家督襲封から六年までは幕府役職についておらず、六年以降も奏者番であって、幕政に関与する立場になく、そのために老中を初めとする幕閣に対して、内々の働きかけを行う必要があった。利位が藩主になってから、奥右筆組頭との接触が始まったのは、そのことを示す典型的な事例である。奥右筆は江戸城の老中御用部屋に出入りでき、老中・若年寄と内談を行うなど、政策判断に介入する実権を持っていた(28)。利位に藩主が代わったため、奥右筆組頭からの幕府内部情報の入手が始まったのである。

4　日常的な関係維持の必要性

藩主が利厚から利位へと変化し、それによって老中を初めとする幕府役人に対する働きかけの重要性が増したことを前節で明らかとした。この変化により、藩と将軍を結ぶ役割を担っていた一橋治済に対する働きかけは、その重要性が低下したと考えられ、実際に、[表3・4]からは、文政七年に治済との接触が回数・全体に占める割合ともに減少したことがわかる。このように自らへの接触が減少したことに対して、治済はどのような反応を示したのであろうか。それは次の史料に端的に示されている。

[史料二十二]

一、都甲駒三郎より昨日呼出候間、球英罷越候処、雉子橋《峰岸小膳》へ是迄長兵衛《小杉》方追々御使者等被出候儀、兎角御内願等之御用向有之候節ハ重々被出、被差上物幷御贈物等、左様之節ハ格別之儀ニて、平常ハ御疎遠之義有之候ハ、

全何見掛候御用御座候節而已之様ニて、一体御厚情と申儀ニは無之様相見候由、寛敬様《（土井利厚）》より之御書ニも、御互ニ御子孫迄御懇意可被成との御事ニ有之候処、且御先代中は別段球英御使ニて御贈物等も有之候処、当御代ニ相成候ては、御手元より球英等被遣候て御尋之儀も無之、表向一通之御附合之様有之候儀は、思召之儀ニ有之候哉、又ハ中ニて御役人共取計方之事ニ候哉、委細御直申上呉候様被仰聞候由、球英申聞候付、伝四郎へ参申達候、

（「文政七年御内用日記」文政七年五月三日条）

一橋家用人峰岸小膳の家臣都甲駒三郎から、峰岸の意向が伝えられた。内願などの用件がある時には、小杉が繰り返し峰岸を訪問して、献上や贈物をしている。しかし、それ以外の時には疎遠であって、あたかも用件がある時だけの関係のようである。これでは自分と古河藩の関係は決して厚情とはいえない。先代の利厚からの書状には互いに子孫まで懇意にしようとあり、その頃には贈物もされていた。利位に代替わりしてからは、使者の交換もなくなり、表向きだけの付き合いになってしまっているが、それは利位本人の考えによるものなのであろうか、という内容であった[29]。これは単に峰岸本人の意思を示すだけではなく、一橋治済からの不満の表明ととらえるべきであろう。このように不満が直接的に伝えられたことに対して、古河藩は利位から自筆で謝罪を申し入れ、さらに小杉を御内用役から解任することによって、問題の解決を図っている。

同様の問題は、側用取次との間でも生じていた。

[史料二十三]

一、御用取次様方、御勝手通被仰入候処、其後御疎遠之由、山本五郎左衛門申聞候由、以来取扱方、長兵衛方相談有之、

（「（文政五年）御内用日記」文政六年九月八日条）

側用取次へ勝手通を申し込んだにもかかわらず、疎遠となっている旨が側用取次平岡頼暢の家臣である山本五郎左衛門から伝えられている。前述したように平岡は利厚の甥であったため、側用取次の中に古河藩への不満が生じてい

ると連絡してきたのであろう。一橋治済や側用取次といった将軍との間を結ぶ存在との関係が、利位が藩主となってから疎遠となったことが端的に示されている。

以上の二つの事例からは、内々の関係を維持するためには、日常的に関係の継続が必要であったことが明らかとなる。そのため、途切れることなく金品を贈り続ける必要があり、活発な活動を御内用役が行っていたのである(30)。

おわりに

本章では、古河藩御内用役の活動の実態を検討した。古河藩御内用役は活発な贈賄活動を行っており、その目的は加増や藩主の幕府役職昇進をはじめとする自藩の利益獲得であった。贈賄の対象者は、将軍家斉・家斉実父一橋治済・側用取次・小納戸頭取中野清茂および老中が中心であったが、これらの人物が当時の幕府の権力者であったということは、多言を要さないであろう。

ただし、藩主の立場によって、働きかけを行う相手は異なっていた。藩主が老中を務めていた土井利厚であった頃には、将軍家斉とそこに直接つながる人物に対して中心的に働きかけがなされていたが、利位へと藩主が代わると、老中や奥右筆といった幕閣に位置する人物も重要な対象者となった。藩主が代わったことにより、幕閣の内部情報が入手できなくなったためである。

これは本章で取り上げたような贈賄活動の対象が、藩によって異なっていたであろうことを示している。古河藩御内用役の活動においては、藩主の昇進のための働きかけが非常に大きな比重を占めていた。土井家が老中まで昇進できる家格であったためである(31)。他藩の事例も確認し、どのような相手が贈賄の対象となっていたのかを明らかとすることが、文政期の幕府権力の所在や藩のもつ幕府権力者とのつながりを分析するためには不可欠である。さらに、時期によって変化が生じているのか、生じているのならば、その意味はどのようなものであるかを検討する必要もある。

(1)『鷹見泉石日記』第一巻（吉川弘文館、二〇〇一年）として刊行されたものを用いる。
(2)「泉石」第二号、一九九二年。ほかに、伊東多三郎『日本近世史』二（有斐閣、一九五二年、二〇四頁）や藤田覚『大江戸世相夜話』（中央公論新社、二〇〇三年）「大御所の犯罪」（一〇一―一〇三頁）も「鷹見泉石日記」を用いて、古河藩の贈賄について触れている。
(3) 一橋治済宛の土井利位の寺社奉行就任心願書が紹介されているだけである。
(4) 山口美男「解題」（『鷹見泉石日記』第一巻）に依拠した。
(5) 内容には文政六年の分も含まれている。
(6) 岡村「将軍への献上品――上席家老の内用日記」四一―四二頁。小杉も御内用役を兼帯していたと考えられる。
(7)『鷹見泉石日記』第一巻八五頁の「「御内用日記（文政三―同七年）」解説」では、「この日記の終わる文政七年五月四日以降のある時期」とされるが、「文政七年御内用日記」五月九日条に「一、長兵衛方御内用手留四冊被相渡、受取置候」とあり、この「御内用手留」が「御内用日記（文政三―同七年）」のもとであると考えるのが妥当であろう。
(8)「文政八年御内用日記」は、その最後に「酉九月十四日」とあるが、日記としての記述は三月十八日で終わっている。
(9)「鷹見泉石日記」中では、名前ではなく地名で記されている人物も数例ある。たとえば一橋治済は「神田橋様」と記される。これら地名で記された人物については、それが誰であるのかを特定するようにしたが、たとえば「永田町様」のように明らかとできなかった人物もいる。また名前の表記があってもそれが誰なのか判断できなかった人物もいる。それらについては、その他として分類した。また「中ノ口番三人」などと記されている場合には、一回として数えた。
　なお、地名で表記される人物のなかに、「雉子橋様」がある。岡村氏や『鷹見泉石日記』第一巻二一四頁の「「文政七年御内用日記」解説」は、「雉子橋様」を御三卿清水家の当主徳川斉明としているが、これは誤りであり、「雉子橋様」は一橋家用人峰岸小膳である。小杉筆「御内用日記（文政三―同七年）」文政六年四月九日条に、鷹見泉石の目通り許可への礼状が「雉子橋様」宛に出されたことが記されており、同日の鷹見筆「（文政五年）御内用日記」に、鷹見が峰岸のもとへ出向く許可が小杉へ書状で伝えられたという記述があることから明らかとなる。
(10) 藤田覚『近世政治史と天皇』(吉川弘文館、一九九九年）第十章「武家官位の「価格」」二八九—三一二頁。
(11) ただし古河藩御内用役は、老中に対しても多くの接触を行っている。
(12) 側用取次の職務については、深井雅海『徳川政治権力の研究』(吉川弘文館、一九九一年）第三編第二章「徳川幕府御側御用取次の基礎的研究」による。
(13) 松平太郎『校訂江戸時代制度の研究』(武家制度研究会、一九一九年）三六一—三六五頁。
(14)「御内用日記（文政三—同七年)」同日条。
(15) 二月二十八日、家斉が従一位・左大臣に、家慶が正二位・内大臣に叙任された。
(16) 峰岸への贈物についても、文政六年四月六日に峰岸が古河藩下屋敷を訪ねた時に、改めて贈られている。
(17) これは実際には、献上を命じられたと考えるべきであろう。
(18)「御内用日記（文政三—同七年)」文政五年五月十二日条。
(19) 伊東『日本近世史』二、二〇四頁。
(20)「御内用日記（文政三—同七年)」文政五年閏正月十七日条。
(21)「鷹見泉石日記」文政五年七月十七日条。
(22) 小杉の接触相手だけで見ても、老中が増えている。
(23) ただし、文政七年に小杉が御内用役を解任され、別の人物に代わったために「鷹見泉石日記」中で一橋治済との接触が記述されなくなったという面もあり、古河藩全体としては、ここまで大きな変化があったとは断言できない。
(24)「御内用日記（文政三—同七年)」文政五年十二月七日条。
(25) この先例は［史料十五］中に記されている松平信道のことである。松平は天明八年（一七八八）四月十五日、奏者番と寺社奉行見習に同時に就任した。
(26) 松平『校訂江戸時代制度の研究』二〇〇—二〇二頁。
(27) 古河藩上屋敷はそれまで大名小路にあったが、呉服橋門内へと移動している。
(28) 本間修平「徳川幕府奥右筆の史的考察」(服藤弘司・小山貞夫編『法と権力の史的考察』創文社、一九七七年）五五四頁。
(29) なお、史料中に出てくる球英とは荻嶋球英という人物であり、土井利厚・利位の側に仕えていたものと推測される。

（30）これは、藩が持つ政治的ネットワークを分析する際には、ある特定の事件の展開に注目するだけでなく、その藩が日常的に構築していた関係にも注意を払う必要があることを示している。

（31）古河藩土井家の江戸城中での殿席は、雁間であった。雁間詰の大名は幕府役職に就任することが多く、例えば、天保六年の老中と奏者番・寺社奉行兼任者はすべて帝鑑間・雁間の出身者に限られていた（松尾美恵子「大名の殿席と家格」『徳川林政史研究所紀要』昭和五十五年度、一九八一年、三一七―三一九頁）。

第五章　会津藩主松平容敬の交際と政治化

はじめに

ペリー来航以前に、対外政策を中心的な契機として、水戸藩主徳川斉昭や鹿児島藩主島津斉彬などの家門・外様有力大名がグループを形成し、政治的活動を始めていたことはよく知られる。ただし、従来指摘されてきたのは斉昭や島津ら一橋派へとつながる動きが中心であり、それ以外の大名の動向はあまり取り上げられてこなかった。本章では、譜代・家門である溜詰大名に注目し、そこにもグループ形成の動きがあったのか否かを検討したい。具体的には会津藩主松平容敬を取り上げて、その交際関係を分析する(1)。

1　交際の様相

松平容敬は会津藩の八代目藩主であり、文政四年(一八二一)に家督を相続した。公式には六代目藩主容住の次男とされているが、実際は美濃高須藩主松平義和の次男である。義和は水戸徳川家出身で、文化元年(一八〇四)に高須藩主松平義居の末期養子となり家督を継いだ。その後、容敬は会津藩から容住の実子として幕府に届けられた。表向きは文化三年誕生とされたが、実際には享和二年（一八〇二）の生まれである。死去は嘉永五年（一八五二）で、養子の容保が相続した[2]。

容敬は日記を記しており、「松平容敬日記」（東京大学史料編纂所所蔵謄写本。以下「日記」と記述）として残されている[3]。「日記」は容敬が家督を継承した翌年の文政五年八月十五日から死去前年の嘉永四年末までの三十年間分が現存する。内容は公用・私用の両方が含まれているが、藩における政務の具体的な記述はない。「日記」は容敬自らが毎日記述していたものであり[4]、容敬の毎日の行動を知ることが可能である。さらに、三十年間にわたって書き続けられているため、時間の推移に伴う変化を検討することもできる。

まず、容敬の交際の実例を「日記」に則して確認しておきたい。

[史料一]

掃部頭《（井伊直亮）》殿千駄ヶ谷屋敷へ宮内大輔《（松平頼胤）》一同参ル、玄蕃《（井伊直元）》殿ニも被参候、茶屋二階ニ而料理出ル、相済而四人一同庭内乗切致ス、二返程、

（「日記」文政十一年六月五日条）

[史料二]

夕九ツ半時之供触ニ而、為年賀藤堂和泉守《（高猷）》殿、加藤遠江守《（泰幹）》殿、立花左近将監《（鑑賢）》殿、松前志摩守《（章広）》殿、佐竹右京大夫《（義厚）》殿、是ニ対面有之、菓子出ル、帰之節送被致候、松平伊豆守《（信順）》殿、宗対馬守《（義質）》殿、井伊右京亮《（直経カ）》殿、佐竹壱岐守《（義純）》殿、松平伯耆守《（宗発）》殿廻勤、七ツ過帰ル、

（「日記」文政十二年正月七日条）

[史料一]では、彦根藩主井伊直亮の屋敷を高松藩主松平頼胤とともに訪問し、彦根藩世子井伊直元も加わって食事などを行っている。[史料二]では、合計十家の屋敷を年賀挨拶のために訪問している。ただし、実際に大名本人と対面しているのは佐竹義厚のみであり、ほかの九家では大名本人とは対面していない。「日記」中での容敬の交際

は、①［史料一］の井伊直亮・直元・松平頼胤や［史料二］の佐竹のような、大名本人との対面、②［史料二］での佐竹以外とのような、対面のない屋敷訪問、③直書の往来、の三種類に分類できる。

交際の実態と特徴

［表7］は天保六年（一八三五）正月から三月の具体的な交際の様子である。ここからは大名との間で対面や直書の往来が活発に行われていることを確認できる。

表7　天保6年1-3月の松平容敬の交際

1月2日	年賀廻勤30家、対面なし
	高松藩主松平頼胤が来邸、対面
	館林藩主松平武成が来邸、対面
1月3日	高須藩主松平義建が来邸、対面
1月4日	年賀廻勤12家、対面なし
1月5日	年賀廻勤17家、松平頼胤・金沢藩主前田斉泰と対面
1月7日	年賀廻勤10家、対面なし
1月9日	年賀廻勤12家、対面なし
1月16日	秋田藩主佐竹義厚が来邸、風邪のため対面なし
1月21日	水戸藩主徳川斉昭より贈物が来る
2月4日	年賀廻勤8家、対面なし
2月9日	徳川斉昭を訪問、対面、放鷹を行う
2月11日	年賀廻勤1家、対面なし
	松平義建を訪問、対面、能を鑑賞する
2月13日	徳川斉昭へ直書を付して会津製会席を贈る
2月14日	徳川斉昭より返書が来る
2月15日	忍藩主松平忠堯への習礼指導
2月22日	年賀廻勤3家、対面なし
3月9日	年賀廻勤9家、対面なし
3月11日	松平義建が来邸、対面
3月21日	松平頼胤とともに徳川斉昭を訪問、対面
3月22日	徳川斉昭へ直書を送る
3月26日	井伊直亮とともに松平忠堯を訪問、対面

注）「松平容敬日記」より作成.

交際の頻度について、天保六年・七年を例として確認したい。天保六年の在府期間は一一五日、天保七年は二六三日であった。両年の他大名屋敷への訪問回数および対面の回数、直書の往来回数をまとめると［表8］のようになる。六年と七年とでは屋敷訪問の回数が大きく異なるが、これは大部分を占める年賀挨拶の有無が大きく影響している。六年の一一四名のうち、それが年賀の挨拶であったのは一〇二名であり、八十九％を占める。七年は正月の時点で容敬が会津に滞在していたために大きな差が生じている。

つづいて、交際相手の身分的特徴について、天保六年・七年を例として検討したい。［表8］で

表8　天保6年・7年の松平容敬の屋敷訪問・対面・直書往来回数

［天保6年］

	屋敷訪問		対面		直書往来	
大名	107名	116回	13名	31回	3名	10回
女性	7名	7回	0名	0回	0名	0回
旗本	0名	0回	2名	2回	0名	0回
林述斎	0名	0回	1名	1回	0名	0回
城坊主	0名	0回	8名	12回	0名	0回
鷹匠	0名	0回	1名	1回	0名	0回
茶道頭	0名	0回	1名	1回	0名	0回
陪臣	0名	0回	4名	5回	0名	0回
不明	0名	0回	4名	4回	0名	0回
合　計	114名	123回	34名	57回	3名	10回

［天保7年］

	屋敷訪問		対面		直書往来	
大名	37名	67回	17名	34回	9名	36回
女性	6名	6回	0名	0回	3名	3回
旗本	0名	0回	4名	4回	0名	0回
林述斎	0名	0回	1名	2回	0名	0回
城坊主	0名	0回	4名	5回	0名	0回
陪臣	0名	0回	3名	4回	0名	0回
輪王寺宮	0名	0回	1名	1回	0名	0回
合　計	43名	73回	30名	50回	12名	39回

注）「松平容敬日記」より作成．それぞれの項目で複数回数えられているものもある．城坊主については取持として来邸したが対面が確認できなかったものもあり，その場合は回数に入れなかった．

明らかなように、両年ともに大名が大部分を占めており、大名が容敬の交際相手の中心であった(5)。屋敷を訪問した相手には女性も含まれるが、これは主に大名家に嫁いだ将軍の娘であった。彼女たちが大名社会において一定の地位を保持していたことが窺える。

旗本・坊主・鷹匠(6)などの幕臣も含まれる。坊主と鷹匠は水戸藩小梅屋敷で放鷹を行った際のもの、旗本は前田斉泰邸を訪れた際に取持として臨席したもの、坊主は松平頼胤・前田斉泰・徳川斉昭邸を訪れた際および斉泰の訪問を受けた際に取持として臨席したものである。陪臣は前田家と水戸徳川家の家老であり、それぞれ前田邸・水戸徳川邸を訪れた際の接待役である。取持や接待役としての対面は交際の対象と捉えられないため、本章ではこれらは交際とは考えない(7)。

容敬の交際の中心を占めていた大名について、再び天保六年・七年を例として細かく検討したい。なお検討対象とするのは対面および直書の往来があった相手のみとする。直書の往来については、容敬との間で直接意思が交換されているので、対面したのと同様の性質を持つと判断できるが[8]、屋敷の訪問のみの場合は儀礼的関係だけであり、実質的な意味を持つ交際とは捉えられないためである。

取持を除く対面や直書の往来があった人数は、天保六年は十四名、七年は二十三名であった。具体的な相手は［表9］の通りである。分類すると、親族・同席・老中・その他の四種類に分けられる。このうち老中との対面は参府・帰国にあたっての挨拶といった義務的なものである[9]。したがって交際相手は親族と同席がほとんどすべてであった。

以上、天保六・七年を例として、容敬の交際相手を確認したが、「日記」から全交際回数および親族・同席との交際回数をまとめると［表10］のようになり、一貫して親族・同席が交際相手の中心であったとわかる。

藩と藩との間をつなぐ役割を果たしていた留守居組合には、親類・同席・小組（国持大名を中心として小大名が加わるもの）・向組（上屋敷が近い藩同士）の四種類があり、なかでも同席の組合が活発な行動を行っていた[10]。容敬の例からは、大名個人の交際も留守居組合の活動と同じ傾向を示しているものの、親族の比重が高いという点を特徴としてあげることができる。

交際の特徴

［同席との交際］　会津松平家は近世期を通じて溜詰で変化はないため、本章で同席と示した場合はすべて溜詰を指す。［表10］

表9　天保6年・7年の松平容敬の交際相手

分　類	人　名	備　考
親族	松平義建	高須藩主，容敬兄
	前田斉泰	金沢藩主，容敬正室兄
	佐竹義厚	秋田藩主，容敬元正室弟
	保科正丕	飯野藩主，会津松平家分家
	松平斉厚	館林藩主
同席	井伊直亮	彦根藩主
	井伊直元	彦根藩世子
	松平頼恕	高松藩主
	松平頼胤	高松藩世子
	酒井忠学	姫路藩主
	松平忠堯	忍藩主
	松平定永	桑名藩主
	松平勝善	松山藩主
老中	大久保忠真	小田原藩主
	松平乗寛	西尾藩主
	水野忠邦	浜松藩主
	太田資始	掛川藩主
	松平宗発	宮津藩主
その他	安部信古	岡部藩主
	九鬼隆都	綾部藩主
	徳川斉昭	水戸藩主
	毛利斉広	萩藩主
	林述斎	幕府儒者

注）「松平容敬日記」より作成。松平斉厚は近親関係ではないが，死去に際して親族として対応に当たっているため，親族に分類した．

から、天保十年までは同席との交際回数が常に親族や老中を上回っており、全交際中で大きな比重を占めていたとわかる。

溜詰について、野田浩子氏の研究[11]に依拠して確認しておきたい。溜詰は江戸城黒書院溜之間を殿席とする大名であり、その勤めには、毎月二度の月次登城のほか、月二回の間之御機嫌伺登城、江戸城近辺での火災発生時の登城、歴代将軍の御霊屋へ将軍が参拝する際の先立などがあげられる[12]。溜詰は将軍の政治顧問であると一般的には説明される[13]。野田氏もそれを継承して、老中から幕政について説明を受けることも溜詰の職務だったとする。ただ、野田氏の挙げる事例は幕末期のものであり、「日記」においてはそういった活動は確認できない。溜詰は幕政に関与できる立場にはないと考えるべきであって、「元老待遇程度の意味[14]」と捉えるのが妥当であろう。

右のような勤めを果たすため、溜詰は相互の関係を友好的な状態に保つ必要があった。例えば、先立は二名で行うものであるために協力は欠かせず、病気などの場合には代理を依頼する必要があった。新たに溜詰となった場合には、諸儀式の作法を学習する習礼が必要になる。

[史料三]

下総守殿（松平忠堯）より頼ニ付、掃部頭殿（井伊直亮）・宮内大輔殿（松平頼胤）一同越中守殿（松平定永）も可被参之処、痞癪気ニ付不被参、上野見明院へ相越ス、（中略）夫より　御霊屋御位牌所へ越、習礼有之、

（「日記」天保四年二月十二日条）

前年二月に溜詰になった忍藩主松平忠堯から依頼され、彦根藩主井伊直亮・高松藩主松平頼胤とともに習礼の指導を行った。井伊直亮・松平頼胤および桑名藩主松平定永は全員溜詰である。これ以外にも習礼の指導を行っている事例は「日記」中に多数あらわれる。儀礼作法の確認は留守居が担う部分も大きいが[15]、実際に儀礼に参加するのは大名自身であるため、大名本人同士での協力は不可欠であった[16]。

同席との交際の特徴を示す、次のような記述もある。

表10　松平容敬の交際回数と同席・親族の割合

	同席			親族			同席＋	老中	その他	合計		在府日数
	人数	回数	割合	人数	回数	割合	親族の割合	回数	回数	人数	回数	
文政5年	3	15	28%	3	12	22%	50%	0	27	27	54	136
6年	2	8	25%	4	7	22%	47%	0	17	16	32	118
7年	4	13	24%	5	12	22%	45%	4	26	28	55	294
8年	5	35	35%	8	21	21%	56%	5	39	30	100	260
9年	6	11	34%	4	8	25%	59%	4	9	21	32	114
10年	4	25	46%	4	13	24%	70%	5	11	17	54	177
11年	7	63	58%	5	27	25%	83%	0	19	19	109	360
12年	3	16	46%	4	8	23%	69%	4	7	14	35	85
天保元年	5	27	40%	5	16	24%	63%	8	17	23	68	246
2年	4	14	35%	5	16	40%	75%	4	6	16	40	114
3年	11	85	74%	4	15	13%	87%	2	13	25	115	294
4年	10	87	76%	6	16	14%	90%	2	10	26	115	114
5年	9	62	56%	4	10	9%	65%	4	34	27	110	234
6年	4	16	37%	4	10	23%	60%	3	14	13	43	115
7年	9	51	72%	2	12	17%	89%	5	3	19	71	264
8年	6	19	50%	5	11	29%	79%	6	2	18	38	125
9年	8	19	36%	3	14	26%	62%	6	14	24	53	294
10年	5	15	41%	5	13	35%	76%	2	7	17	37	124
11年	3	5	17%	5	13	43%	60%	7	5	17	30	144
12年	4	8	26%	6	16	52%	77%	6	1	15	31	115
13年	2	7	12%	10	36	62%	74%	5	10	21	58	275
14年	4	12	24%	8	22	44%	68%	4	12	25	50	145
弘化元年	3	5	9%	9	32	58%	67%	5	13	28	55	264
2年	6	28	45%	8	23	37%	82%	7	4	24	62	118
3年	7	16	16%	10	54	52%	68%	11	22	39	103	294
4年	5	22	25%	14	50	57%	83%	1	14	30	87	360
嘉永元年	5	9	25%	5	17	47%	72%	4	6	18	36	84
2年	7	21	23%	11	39	43%	66%	13	18	34	91	294
3年	4	23	27%	14	47	55%	81%	9	7	27	86	125
4年	10	35	32%	11	57	52%	84%	8	10	33	110	264

注）「松平容敬日記」より作成.「割合」は回数について全体に占める割合.

［史料四］

兼約ニ付、刑部大輔《(松平勝善)》殿より被為借用候由ニ而、桜田《(井伊)》より琉国楽器品々来ル、此方より小石川宮内殿《(松平頼胤)》方へ明日相廻ス積リ也、

（「日記」天保四年四月八日条）

松山藩主松平勝善・井伊[17]・松平頼胤・容敬の間で楽器の貸し借りが行われている。この四人は全員溜詰である。このような溜詰を単位とする交際が行われた例は多く存在しており、溜詰としてグループ化していたことは明らかである。

なお溜詰には溜詰格と呼ばれる格式もあり[18]、「日記」でも溜詰とは区別して記述されるが、交際相手としては溜詰との間に差はない[19]。

溜詰ではなくなると、その時点で交際は終了する。井伊直亮を例として確認しておきたい。直亮は天保六年（一八三五）十二月に大老に就任し、溜詰から外れた。直亮は容敬の交際相手として非常に大きな位置を占めていた。例えば天保五年は二十回、六年は五回の交際を数え、これはそれぞれ全体の五分の一、八分の一程度を占めていた。それに対して、直亮の大老就任後の天保七年には二回、八年は一回、割合では三十八分の一、三十七分の一と激減した。交際の内容も変化し、天保七年四月十五日に井伊邸を訪れた際には、「逢之式老中通、別儀無之、自分之時候見舞をも申置」と老中との対面の作法にもとづいて挨拶が行われている。直亮の場合には、世子の直元・直弼が溜詰であったためか、交際関係が完全に途切れることはないが、他の場合にはなんらかの理由で溜詰を外れると同時に交際は完全になくなった。

［親族との交際］　「日記」中で交際が確認される親族は次の二十八名である。

容敬血族　高須藩―松平義和・義建・義恕・義比・容保、三上藩―遠藤胤昌・胤統、浜田藩―松平武成・斉厚・武総、土浦藩―土屋彦直・寅直

容敬姻族　秋田藩―佐竹義厚・義尹、秋田新田藩―佐竹義純、金沢藩―前田斉泰・慶寧・慶栄、大聖寺藩―前田利義、中津藩―奥平昌服・昌高

松平分家　飯野藩―保科正丕・正益・咸六郎

旗本　石河貞明

不明　保科主税・岩之丞

以上が交際のあった親族すべてである。それぞれと容敬との関係や交際の回数は［表11］のようになり、生家の高須藩松平家、正室生家の前田家・佐竹家、会津松平家の分家である保科家の四家の当主・嫡子が大半を占めていた。(20)

［老中との交際］　大名は幕府との良好な関係を維持するために、取次・御用頼の老中と交際していた。(21)　容敬の事例では、［表10］にあげたように、老中とはほぼ毎年対面がある。ただし弘化二年（一八四五）より前は、すべて参府・帰国時のものであって、私的な交際関係と考えることはできない。

老中を御用頼としたことが確認できる唯一の事例は、弘化三年の阿部正弘である。この年、高須藩主松平義建三男の鉎之允（のち容保）が容敬息女敏姫と結婚して容

表 11　松平容敬の親族との交際回数総合計

藩　名	人　名	回数
高須	松平義和（容敬実父）	23
	松平義建（容敬実兄）	160
	松平義恕（義建長男）	44
	松平義比（義建次男）	16
	松平容保（義建四男）	2
三上	遠藤胤昌（松平義和三男）	55
	遠藤胤統（胤昌養父）	4
浜田	松平武成（松平義建三男）	6
	松平斉厚（武成養父）	1
	松平武総（武成養子）	2
土浦	土屋彦直（松平義和弟）	13
	土屋寅直（彦直長男）	4
秋田	佐竹義厚（容敬正室弟）	48
	佐竹義尹（義厚弟）	1
秋田新田	佐竹義純（佐竹家分家）	1
金沢	前田斉泰（容敬継室兄）	68
	前田慶寧（斉泰長男）	33
	前田慶栄（斉泰四男）	7
大聖寺	前田利義（斉泰三男）	4
中津	奥平昌服（容敬養女夫）	13
	奥平昌高（昌服父）	4
飯野	保科正丕（松平家分家）	104
	保科正益（正丕長男）	20
	保科咸六郎（正益長男）	8
旗本	石河貞明（保科正丕弟）	2
不明	保科主税	3
	保科岩之丞	1
合　計		646

注）「松平容敬日記」より作成．松平容保はのち容敬養子であり，養子後の回数は除いた．

敬の養子となった。阿部を容敬は四回訪問しており、そのうち二回は容保の婿入りに関係したものであった。「日記」弘化三年八月四日条には次の記述がある。

［史料五］

銈之允同導、御用番戸田山城守殿《(忠温)》江為逢相越、銈之允五ツ時参、同氏銈之允事御席次第・御目見得相願度、且其節某義も右之御礼申上度旨申述ル、夫より阿部伊勢守殿《(正弘)》へ為逢同導相越、先例は御用番計ニ候得共《(マヽ)》、兼而用頼ニ付、臨時ニ如斯、

この事例以外で阿部が御用頼であったことは確認できず、阿部との関係は容保の婿入りに限定された臨時のものだった可能性もありうる。

2　交際の変化

容敬の交際回数の変遷を［表10］で確認しておきたい。文政五年（一八二二）から天保五年（一八三四）までは漸増しており、天保六年に半減している。文政から天保中期はいわゆる大御所時代にあたり、華美な風潮の影響で容敬の交際も拡大していったのであろう[22]。天保五年は老中水野忠成が死去し、水野忠邦が本丸老中になった年である。天保改革の開始は家斉死去後の天保十二年からだが、忠成の死去により質素を重んじる雰囲気が生じており[23]、天保六年からの交際回数の減少はその影響と考えられる[24]。天保九年には、留守居組合を対象とする遊興取り締まりが行われており[25]、大名自身の交際も影響を受けたであろう。忠邦が天保十四年に失脚すると風儀取り締まりは弛緩した。弘化期に入ると回数が回復しているのは、その影響であろう。天保五年からの減少の主な原因は、同席との交際が減ったことであ

り、弘化二年（一八四五）からの増加は、親族との交際が増えたためである。これら同席・親族との交際の変化については、後で検討することにし、その前に交際の変化を考えるうえで注目される事例を取り上げたい。

水戸藩主徳川斉昭・名古屋藩主徳川斉荘との交際

徳川斉昭が天保後期以降、伊達宗城や島津斉彬などの外様雄藩大名と活発に交流し、海防問題などについて意見交換を行っていたことはよく知られる。ただし、従来は指摘されてこなかったが、それ以前の時期に斉昭は溜詰大名とも交際関係を持っていた。

斉昭の先代の水戸藩主徳川斉脩と容敬との間では、文政九年（一八二六）に一度の対面、同十二年に書状の往復があったのみであり、親しい関係にはなかった。斉脩は同十二年十月に死去し、斉昭が襲封した。斉昭と容敬との交際が最初に確認できるのは、「日記」文政十三年九月二十七日条である。

［史料六］

水戸中将《（斉昭）》殿より以使者、故中納言《（徳川斉脩）》源哀《（公脱カ）》殿遺物来ル、脇差祐定、代金十五枚、一腰、

斉昭から斉脩の遺品が容敬に贈られており、これを契機に両者の交際が始まった。その回数は［表12］のようになり、天保九年（一八三八）まではほぼ毎年交際があった。天保五年までは容敬・斉昭のみの交際であったが、天保六年に次のような変化が生じた。

［史料七］

御兼約ニ付、四ツ時之供触ニ而松平右京大夫《（頼胤）》殿一同水戸殿江参上、初中奥ニ而御逢有之、夫より御庭見廻リ、涵徳亭ニ而菓子出ル、又々御庭廻リ、宰相《（徳川斉昭）》殿御庭之内ニ而御一同ニ来、
（「日記」天保六年三月二十一日条）

この時、容敬は高松藩主松平頼胤とともに斉昭を訪問している。また天保九年五月十一日に水戸藩邸を訪れた際に

は、松平頼胤および庄内藩主酒井忠器とともに赴いている。松平頼胤・酒井忠器は溜詰である。

斉脩没後の水戸藩内には、後継者に将軍家斉の子を迎えようという動きがあり、斉昭の藩主就任後も対立が続いていた。さらに天保九年は戊戌封事をまとめるなど、斉昭が幕政に対する発言を活発に開始した時期でもあった。溜詰の家門・譜代大名との関係を親密にすることにより、藩内の反対派や幕府への影響力を高めようとしていたと推測できる。斉昭が雄藩大名と交流を開始したのは、天保十年前後からであった。佐賀藩主鍋島斉正や宇和島藩主伊達宗紀とは同九年、福井藩主松平慶永とは同十四年、鹿児島藩世子島津斉彬とは弘化二年から交際があったことを確認できる(26)。容敬との交際は、雄藩大名と関係を持つ以前から始まっており、斉昭が襲封直後は溜詰大名を交際相手としていたとわかる。容敬と斉昭との交際は天保十年以後はなくなっている。天保十五年正月に斉昭が幕府から隠居・謹慎を命じられ、同年十一月に謹慎解除となった後も容敬との交際は再開されなかった。これに対して宇和島藩主伊達宗城・島津斉彬とは謹慎解除後から文通を開始しており、斉昭の交際対象は溜詰大名から雄藩大名へと変更された。

水戸藩と同様に御三家である名古屋藩主徳川斉荘との交際も確認しておきたい。両者の交流は、天保十四年五月九

表12　松平容敬の水戸・尾張徳川家との交際回数

	水戸	尾張
文政5年	0	0
6年	0	0
7年	0	0
8年	0	0
9年	1	0
10年	0	0
11年	0	0
12年	2	0
天保元年	5	0
2年	3	0
3年	5	0
4年	0	0
5年	13	0
6年	10	0
7年	1	0
8年	0	0
9年	5	0
10年	0	0
11年	0	0
12年	0	0
13年	0	0
14年	1	3
弘化元年	0	2
2年	1	1
3年	2	0
4年	1	0
嘉永元年	1	0
2年	1	0
3年	0	0
4年	1	0

注）「松平容敬日記」より作成．水戸徳川家のうち，文政9年は斉脩，天保14年以降は慶篤．

日に容敬が名古屋藩邸を訪問したのが最初であった。この時の状況について、「松平容敬年譜」（東京大学史料編纂所所蔵謄写本。以下「年譜」と記述）には、次のような記載がある。

［史料八］

又尾張家へハ表立候御勤向計ニ而、格別御親ミも不被為在候処、或時故大納言斉荘卿より無屹度御城坊主を以、御家柄と申、御席柄と申、是迄御疎遠ニ御打過被成候儀、誠ニ御不本意ニ思召候、以来ハ御心易御出被進候様被成度との御事ニ而、右ハ表立此方様より御願被成候御振合ニ無之候而ハ御都合も調兼、国持之御方々様何れも最初は右之御都合ニ候とて、類例抔相認、御城坊主より差出候処、今更願立抔と申様成引立候儀にて彼方へ罷出候と申ハ御不本意之事ニ思召候間、無其儀罷出不苦儀ニ候ハヽ、兎も角もと御意有之、猶又御城坊主へ申談、彼方様御役向へ打合候上、土津様（保科正之）御代ハ勿論、徳翁様（松平正容）御代迄も御家御三家様方御出も有之、御親敷御間ニ被為在候由之処、追々御疎遠ニ被為成候間、以前之通被成度との趣を以、御相談相整、其後両三度も御出被成候処、毎度御能抔被仰付、格別ニ御饗応有之候、

これ以前の会津松平家と尾張徳川家とは疎遠であり、両家の交流は儀礼的なものだけだった。これに対して斉荘から以前と同様に親密に交際したいとの提案があった。交際を始めるにあたっては、会津藩側から願い出る必要があるとされたが、容敬がそれを容認しなかったため、初代藩主保科正之・三代目藩主松平正容のころの状況に復すという形式をとることで交渉は成立した。手続きを省略してでも関係を持ちたいとする斉荘の強い要望の存在が窺える。

「年譜」五月十三日条から、このときの状況を詳しく知ることができる。

［史料九］

尾張様へ松平讃岐守（頼胤）様・酒井雅楽頭（忠学）様・松平隠岐守（勝善）様折々御出、御茶之御会抔有之組ニ而、既ニ讃岐守様御出之節、御溜席之儀ハ格別之事ニ候間、別而御懇意被成度、此方様・井伊玄蕃頭（直元）様をも御招被成度旨、大納言（徳川斉荘）様御咄

有之候由、讃岐守様御直ニ御咄被成候儀も有之、其後於御城、近く尾張様へ御当家様始御同席様方之御内御招被成、御茶被遣、以来御懇意被成度御内意之由、坊主衆御直ニ申上、猶御聞番共方へモ罷出、右之趣申入、近々御招も可有之御様子ニ候処、（後略）

高松藩主松平頼胤・姫路藩主酒井忠学・松山藩主松平勝善の溜詰三人が名古屋藩邸へ出向いて茶会を行うグループを作っていた。斉荘には溜詰大名と懇意にしたいといった希望があり、容敬や彦根藩世子井伊直元をグループに加えようと考え、その旨が頼胤を通して容敬へ伝達された。

［表12］に示したように、これ以後も斉荘との交際は年に数回のペースで続き、弘化二年に斉荘が死去すると終了した。斉荘の跡を継いだ慶臧が十歳と幼年であったことが原因と考えられるが、慶臧成人後も再開しておらず、容敬との交際が斉荘個人の要望によるものだったことがわかる。斉荘は将軍家斉の十一男であり、天保十年に田安徳川家から尾張徳川家を相続した。名古屋藩内には分家である高須松平家の松平秀之助を藩主に迎え入れようという主張が強く、斉荘の襲封に対しては反対が多かった[27]。また天保十三年には、斉荘は藩内不安定のために老中水野忠邦から叱責を受けている。こういった状況下で家督を継いだ斉荘にとって、有力大名と親密な関係を持つことは藩内の反対者を抑えるために有効であり、特に容敬は秀之助の叔父にあたるため、その動向は家督問題には極めて大きな影響を持っていたと考えられる。斉荘からの積極的な交際の要求に対して、容敬は斉荘からの招待を断ることもあるなど[28]、この交際に対して積極的ではなかった。

以上のように、天保期には徳川斉昭・徳川斉荘は溜詰大名との交際を進めていた。斉昭・斉荘はともに藩内に反対派を抱えて地位が不安定であったため、藩外に支持者が必要であったという背景が存在した[29]。

房総防備役の影響

十八世紀末からの外国勢力の接近に対して、幕府は海防体制の整備を進めた。弘化四年（一八四七）には江戸湾の防備強化のため、従来の川越藩・忍藩に加えて会津藩・彦根藩が房総防備役を命じられた。会津藩にとって房総防備は大事業であり、容敬の交際にも影響があった。

目立つのが老中阿部正弘との関係である。阿部は老中首座であり、海防掛でもあった。防備役となって以後、参府時の挨拶など以外での訪問が、弘化四年一回、五年二回、嘉永二年（一八四九）七回、三年三回あった。従来の老中との交際は、前述したように参府・出府時の挨拶のみであり、大きな違いが生じている。長崎奉行や浦賀奉行といった幕府役人とも対面などが行われるようになった。黒田斉溥や九鬼隆都など大名との関係にも変化が生じた。以下、時系列で個々の事例を確認していきたい。

弘化四年二月十五日、会津藩は防備役を命じられた。「松平容敬手控　房総御備場御用一件」（東京大学史料編纂所所蔵謄写本。以下「手控」と記述）同日条によると、防備役を江戸城において命じられた容敬は、直後に阿部へ対面を申し込み、大砲の拝借や外国情勢などについて「心得ニ可相成筋ハ寄々伺置度、何レ殿中又ハ御宅へも致伺候申述候義も可有之」と申し入れた。三月二日、容敬は阿部を訪問したが、その際の様子は「昼前阿部伊勢守殿へ逢、申込参リ用談致候事」[30]というものであったが、房総防備に関連した話し合いが行われたと考えられる。ここで重要なのは両日ともに容敬から阿部へ対面を申し入れたということである。それまで老中に対して容敬から働きかけたことは、前述した容保の縁組の際だけであり、異例の出来事であった。

三月四日には福岡藩主黒田斉溥を訪問して、長崎警備の状況について話を聞いた[31]。その内容は、警備にあたる人数や砲弾の材質など、多岐かつ詳細なものであった。隠居の黒田斉清も話に加わっている。七日には斉溥が会津藩邸を訪れた。さらに十七日にも容敬は斉溥を訪問し、長崎警備について細かく情報を尋ねている。なお、黒田家と容敬の交際は、文政八年（一八二五）異国船打払令が出された際に、林述斎に紹介されて始まった(32)。その後は関係が途絶えていたが、防備役に任じられたことによって旧知の黒田に情報を求めたのであろう。

井伊家との交際にも、防備役に関わるものが増加した。この年、井伊直亮と一回、直弼と四回の対面があったが、そのうちの四月十一日・五月三日は防備役に関する相談が行われたことが確認できる。

三月二十日の登城時には、浦賀奉行戸田氏栄に逢い、異国船来航時の対応について質問している。さらに四月十六日、戸田が会津藩邸を訪問した。

［史料十］

浦賀奉行戸田伊豆守（氏栄）為相談入来之義此間申入置候ニ付、従退出入来、一ト先客座敷ニ而出会、料理膳出之、終而小書院ニ而面談、数刻ニ及、其内人払、終而権兵衛（萱野）出、密談、畢而吸物・御酒差出之、又々一寸出座、会釈、

（「手控」弘化四年四月十六日条）

人払いのうえで、容敬と戸田の二人で数刻に及ぶ相談が行われ、続いて会津藩家老萱野権兵衛を加えた三人での密談があった。旗本である戸田に対して、容敬自身が中心となって対応していることがわかる。なお、この戸田との関係は、長崎奉行と長崎警備担当の佐賀藩・福岡藩との関係と類似したものである。

六月九日に登城した際には、もう一人の浦賀奉行である浅野長祚とも面会した(33)。七月一日に浅野も会津藩邸を訪れ、戸田との場合と同様に人払いのうえで容敬と面談した。翌五年正月十六日・三月四日にも浅野と対面し、相談を行った(34)。ただし五年は防備役に関わる交際は、ほかには確認されない。

以上のように、会津藩が房総防備役を命じられたことによって、老中や浦賀奉行が容敬の交際相手となり、容敬本人が彼らと接して、防備役を遂行するための具体的な活動を行うようになった。それまでの交際と比較して大きな変化であり、容敬の幕政への参加意識を高める結果をもたらしたと考えられる。

よく知られるように、嘉永二年五月に幕府は外交問題について広く諮問を行った。対象は寺社奉行、町奉行、勘定奉行、大小目付、海防掛、長崎奉行、浦賀奉行、海岸防備役担当大名であり、会津藩と彦根藩も含まれた。この年、阿部と容敬との間では、書状の往来が五回、対面が三回と活発に交流があったが、これも諮問に関係したものであろう。諮問の詳細な内容や会津・彦根両藩の対応については、藤田覚氏や守屋嘉美氏が分析を行っている(35)。ここでは、主に綾部藩主九鬼隆都と容敬との関係を通じて、この問題に触れてみたい。

九鬼とは容敬の襲封直後から交際があり、その様子は「年譜」には次のように記される。

[史料十一]

九鬼式部少輔様隆都主、御家之儀、恭定様（松平容頌）御代より御代々御懇意ニ而、折々御出被成候処、御当代ニは大番頭御勤、山鹿流兵学御研究被成、公辺へ被仰立、四ツ谷角筈原ニおいて三御番頭御組ニ人数調練等をも御催被成、武備之儀深く御心を被尽候御方之由、房総御固御用被為蒙仰候以来ハ、別而繁々御出被成逢等被仰入、御存意書被差上候儀抔も有之、

会津松平家は第五代藩主松平容頌以来、九鬼家とは代々懇意であったとされる。元治元年（一八六四）には、容敬の跡を継いだ容保へ、隆都を継いだ隆備が書状を送っており、そこには「尊家ハ実父以来格別御懇命、私儀別而蒙　御懇意命、愚意も毎度及言上(36)」とあり、隆都の実父隆郷(37)以来の関係であったことがわかる。

[史料十一]には、九鬼と容敬との交際が、会津藩が房総防備役に任じられてから一層活発になったことも記述される。その理由としては、九鬼が大番頭であったこと、山鹿流兵学に通じており(38)、四ツ谷角筈原で調練を行うなど軍備に熱心であったことがあげられる。このうち後者については、九鬼が対外情勢や軍事技術の知識を持っており、防備役を果たすためにその知識を求めたということを示していると考えられる。九鬼が行った番士・同心の調練を見学させるために会津藩の家臣が派遣される（「日記」嘉永二年七月二十七日条）、会津藩邸に九鬼父子を迎えた際に陣方調練

を行い評価を受ける（「日記」嘉永二年十月六日条）などの事例もあげられる。

九鬼は嘉永二年の幕府の諮問に応じて建議書を提出しており、その内容で注目されるのは次の箇所である。

［史料十二］

相房枢要之御警衛は会津・彦根之両家へ被仰付候儀は、至当之御義ニは御座候得共、其事情内外伝聞仕候処、両家共格段之存込ニ而、万端手厚ニ御備向行届候処より、其費用莫太之事ニ而、実以永続之処如何と甚心痛之容子ニ相聞へ申候、（中略）相房之地ハ、外様国持之内海備之大患無之衆へ被仰付、両家は本牧より内之持場被仰付、（中略）実以彦根・会津之両家ハ、御当家ニ而ハ左右之大臣、無此上柱石之家柄之義ニ御座候へハ、江府近き御警衛不被仰付候而ハ、自ら御普《〔譜〕》代・旗下之士気も危ミ可申哉、旁両家年番に被仰付候而、武蔵国御警衛被仰付、[39]

相房の警備は外様の国持大名で領内に海岸を持たない藩に担当させ、会津・彦根両藩は江戸内海の防備へ移すべきであると主張する。理由として、両藩の財政難および幕府の柱石たる両藩を江戸から遠ざけることによる譜代大名・旗本の士気の低下をあげるが、前者が主眼なのは間違いないであろう。九鬼がこの建議書を提出したのは八月十七日、十八日頃と考えられるが、七月十五日に九鬼と容敬が会談していることが「日記」で確認できる。会談の詳細は不明だが、九鬼の建議に関わるものと考えてよいであろう。

彦根藩城使宇津木六之丞の井伊直亮宛上書には、彦根藩の建議書について、「内海御固メ之義ニ付被仰立之御書付案文、式部様《（九鬼隆都）》・素水《（山鹿）》・拙者三人、御人払ニ而評義之上」[40]とある。建議書の文案に九鬼とその家臣である山鹿素水が関与していた。このように九鬼の建議は、親しい関係にあった会津・彦根両藩の意向を受けたものであった。

以上のように会津・彦根藩の防備役免除の働きかけが行われたものの、両藩の防備役が免除されることはなかった。両藩には阿部に対する不満が残ったと推測できる。

親族との交際の変化

親族との交際が全体に占める割合は、文政年間中は二十％強であり、天保三年（一八三二）には十％台まで低下した。その後、天保後期に五十％まで増加し、嘉永までその水準が維持された。回数では、文政期から天保後期までほとんど変化がなく、天保十三年頃から増加した。前述のように、風儀取締の影響で同席との交際が天保五年から減少した一方、親族との交際は変化しなかった。これは親族という性格上、規制の対象とされにくかったためと考えられる。天保十一年以降には、交際回数が同席を上回り、容敬の交際の主要な相手となった。

交際のあった親族の名前は先に挙げたが、そのうち注目される数名について詳しく取り上げたい。

遠藤胤昌は容敬の実弟であり、近江三上藩主遠藤胤統の世子だった。胤統は天保十二年八月に若年寄となった。同年までの胤昌と容敬との交際は最大でも年に二回だったが、翌年以降は五回程度と回数が増加した。これは胤統が若年寄に就任したためであるのは間違いないであろう。さらに幕府の海防諮問があった嘉永二年（一八四九）には、年間六回と多くの交際があった。胤統が阿部正弘の支援によって地位を維持するなど、阿部と政治的に近い存在であったためと考えられる。交際の内容にも次のような影響があった。

[史料十三]

三田屋敷へ参ル、（中略）遠藤式部（胤昌）少輔兼約ニ付参ル、（中略）兼而約定ニ付、於教場江戸番頭隊揉練為見之、

（「日記」嘉永三年四月七日条）

会津藩下屋敷で行われた江戸番頭隊の演習に胤昌を招き、ともにに見分した[41]。ほかに翌年七月にも、胤昌を招いて演習を行っている[42]。

つづいて、松平義建・義恕、前田斉泰・慶寧、奥平昌高との交際を見ていきたい（[表13]）。この五人は遅くとも弘化期には、徳川斉昭・島津斉彬などの大名グループに加わっていた。奥平は斉彬の大叔父であり、斉彬と近い関係に

表13　注目される親族と松平容敬との交際回数

	高須藩		金沢藩		三上藩	合計
	松平義建	松平義恕	前田斉泰	前田慶寧	遠藤胤昌	
文政5年	2	0	0	0	0	2
6年	1	0	3	0	0	4
7年	1	0	0	0	0	1
8年	3	0	0	0	0	3
9年	1	0	0	0	0	1
10年	2	0	0	0	0	2
11年	4	0	7	0	0	11
12年	1	0	0	0	0	1
天保元年	2	0	3	0	0	5
2年	2	0	3	0	0	5
3年	6	0	0	0	2	8
4年	4	0	2	0	1	7
5年	5	0	1	0	1	7
6年	6	0	1	0	0	7
7年	7	0	0	0	0	7
8年	4	0	4	0	1	9
9年	9	0	0	0	1	10
10年	5	0	0	0	1	6
11年	4	3	0	0	2	9
12年	4	2	0	0	2	8
13年	9	5	0	3	5	22
14年	7	2	0	4	3	16
弘化元年	10	4	1	4	3	22
2年	8	3	2	4	2	19
3年	17	9	1	3	5	35
4年	10	10	9	4	4	37
嘉永元年	2	4	4	4	3	17
2年	7	2	8	1	6	24
3年	6	0	9	6	4	25
4年	9	0	13	0	9	31

注）「松平容敬日記」より作成.

あった。前田父子は斉彬からグループへの参加を勧誘されており、嘉永元年には斉昭を訪問している(43)。松平義建については、弘化三年（一八四六）五月二十二日の斉昭宛斉彬書翰に「此間は摂津守（松平義建）江御意之趣、難有奉存候、時節も到来いたし候ハヽヽ、御目通り奉願度(44)」とあり、この時までには斉昭たちのグループに加わっていたと確認できる。また嘉永二年五月二十二日の斉昭宛斉彬書状には、次のようにある。

［史料十四］

市ヶ谷（松平義恕）も此度は四ツ谷（名古屋藩）御相続被仰出、重畳之儀奉存候、小子ニも兼而懇意ニも仕候事故、暇乞旁先日罷越候間、誠ニ不入事ニは候得共、若や国家御一助ニも可相成やと、西洋諸国之光景幷ニ海岸防御一条細々申上置候、御引移後も追々可申上候間、（中略）又摂津守江も細々申聞候処、同人ニも厚引請候様子ニ御座候間、御前よりも市ヶ谷は勿論、摂津守江も被仰下候ハヽ、別而可然、[45]

中略部以降から、嘉永二年の時点でも義建と斉彬とが親しい関係にあったと確認できる。中略部より前の箇所には、義恕と斉彬がかねてから懇意であり、西洋諸国や海岸防備の情報を話し合っていたとあり、義恕が名古屋藩主となる以前から斉彬と交流していたことがわかる。

以上、天保末期から嘉永期にかけて、容敬の親族のうち、遠藤胤昌は老中阿部正弘と近い存在となっていたこと、松平義建・義恕、前田斉泰・慶寧、奥平昌高が徳川斉昭・島津斉彬たちのグループに加わっていたことを確認した。斉昭らのグループは、西洋諸国の接近に対する危機感を結束の基本としており、房総警備を命じられた容敬が彼らとの交際を活発に行うようになったことは注目される。天保末期からの親族との交際の増加は、容敬の政治活動の活発化を示すものと捉えられる。「日記」からは、容敬と彼らが対外問題などについての意見を交わしていることは確認できない。しかし、斉昭らのグループの形成も、書物の貸借や時候見舞いなどの非政治的な交際から開始しており、容敬との交際も政治集団化の可能性を持ったものであったと考えられる。ただし、周知のように会津藩は一橋派へとつながる斉昭らのグループに加わることはなく、それと対抗する南紀派へ加わっていくことになる。

同席との交際の変化

同席との交際が全体の中で占める割合は、文政年間中はほぼ五十％以下だったが、天保三年（一八三二）頃から七十％程度まで増加し、同八年頃から減少に転じて五十％を下回った。回数でも天保三年に急増し、同八年に激減した[46]。激減の背景には前述したように水野忠成の死去にともなう風儀引き締めの雰囲気があったと推測できるが、具体的な契機は天保七年四月二十一日に容敬と高松藩主松平頼胤との間で行われた内談にあった[47]。

［史料十五］

前々ハ他席より御同席方ニ被為成候御方ハ稀成事ニ候処、其後追々帝鑑之間等より被仰付候御方々有之、自然と御風儀もなたれ、寒暑其外平日ともに御見舞等ニ託し、御重・御肴様之物なと御直書を以御贈答有之、（中略）右様之儀有之不相済儀と兼々御配慮被遊、讃岐守（松平頼胤）様へ御会集之節ハ、時ニ御内談も被為在候へとも、御立場柄も有之候ニ付、暫時節を御待被成候処、追々御立場も被為進候ニ付、御内談之上御同席中へ御示談被成、右様之御習俗追々御改ニ相成候、

（「年譜」）

帝鑑間をはじめとする他の殿席から溜詰へ移る人数の増加にともない、贈物などが増えてきたことを憂慮し、贈答を減らす取り決めがなされた。会津・高松両藩ともに財政状況が悪化しており[48]、出費を減らす必要があった。「御立場柄も有之候ニ付、暫時節を御待被成候処、追々御立場も被為進候ニ付」という箇所は、これまでは溜詰の先任に井伊直亮がいたため、容敬・頼胤が積極的に発言できなかったが、井伊が大老に就任して溜詰を外れたために、席内での容敬・頼胤の発言力が高まったことを示す。

［姫路藩酒井家との交際の変化］　［表14］に示したように、容敬は襲封時から溜詰の姫路藩主酒井忠実と交際していた。「年譜」にも次のようにある。

［史料十六］

酒井鷺山様雅楽頭忠実朝臣、は勝而御律儀成御方ニ候処、御代初之頃御先輩にて、御勤向等之儀御懇切ニ御世話被成進候ニ付、其節之儀思召候而度々御往来・御文通等有之、御隠居之後迄不相替、御参府之節抔ハ毎度御土産物等被進候、

家督を継いで溜詰になったばかりの容敬に先輩である忠実が勤め向きなどを世話していたこと[49]、天保六年の忠実隠居後も交際が続いたことが記される。「日記」からも、家督翌年の文政五年（一八二二）正月十八日に増上寺での先立の

習礼で、忠実と奥平昌高から指導を受けたことが確認できる。〔表14〕からわかるように、その後も忠実との交際は活発であり、忠実隠居翌年まではほぼ毎年関係が続いた。弘化二年（一八四五）四月七日に当時の藩主酒井忠宝を訪問した際にも、隠居の忠実が同席している(50)。忠実世子の忠学とも多くの交際があったが、忠学が家督を継いだ天保七年にその回数が激減した。これは前述した交際簡略化の影響とも考えられるが、その後も酒井家との交際は減少したまま回復することはなかった。

〔忍藩世子松平忠矩初登城に関する問題〕　嘉永三年（一八五〇）に忍藩世子松平忠矩の初登城により発生した一連の騒動を取り上げたい。これについては、吉田常吉氏が『井伊直弼』(51)において簡潔にまとめているが、溜詰同士の関係の変化を考えるうえで重要であるため、史料をあげて確認したい。

嘉永二年十二月、忍藩主松平忠国が房総警備の功績により溜詰格から溜詰となり、世子忠矩の初目見登城も溜詰大名の嫡子の格式で行うことになった(52)。初登城に際しては先任者などに同道されるのが通例であり、忠国が同道することになった。溜詰の初登城の格式について、嘉永三年三月八日に忍藩は老中へ伺書を提出した(53)。その内容は、忠矩登城時の控所についてと、忠国が病気で同道できない場合には同席の者に代理を頼んでもよいのかの二点だ

表 14　姫路藩酒井家と松平容敬との交際回数

	忠実	忠学	忠宝
文政 5 年	5	0	−
6 年	7	0	−
7 年	6	0	−
8 年	3	0	−
9 年	3	0	−
10 年	10	0	−
11 年	28	0	−
12 年	0	0	0
天保元年	9	0	0
2 年	3	0	0
3 年	13	4	0
4 年	8	19	0
5 年	3	20	0
6 年	0	2	0
7 年	1	7	0
8 年	0	1	0
9 年	0	1	0
10 年	0	1	0
11 年	2	0	0
12 年	0	2	0
13 年	0	0	0
14 年	0	1	0
弘化元年	0	0	0
2 年	1	−	3
3 年	0	−	1
4 年	0	−	2
嘉永元年	0	−	0
2 年	−	−	1
3 年	−	−	0
4 年	−	−	2

注）「松平容敬日記」より作成．数値の「−」は未出生または死去．

った。老中からは「其方若病気之節は、伺之通同席之内江同道之儀相頼不苦候」(54)と同席による同道を認める返答があった。この返答を受けて、忍藩では井伊直弼へ同道を依頼したが、直弼は返事を保留し、在国中だった容敬と松平頼胤へ書状を送り、依頼について相談した。

それに対する容敬・頼胤の返答は、依頼を受けてはならないというものであった。次は、七月二十日付の直弼宛容敬書状である。

[史料十七]

同席ニ而同道之一条、是迄本席ニ而も、初而　御目見之節親類同道ハ毎々有之候先例ニ而、委曲先便被仰越候通り、於貴家も度々御礼有之、愚家迚も先例度々有之候へとも、同席中を頼ミ同道致し候例ハ曾而無之、将又殿中之進退差引ハ、先輩之同席毎々相頼候ハ格別、同道とてハ往古より無之事と被存候、高松迚も同様と被存候、然レハ、同席ニ而同道ト申義、此度下総(松平忠国)より新例相始メ候義ニ相成、何レニも不可然、(中略)乍併事済ニ相成候義、今更取返シ不相成と心弱ク聞流し候てハ、後来之規矩も崩、同席之瑕瑾ニ御座候、(中略)将又辰ノ口ニいたし候ても、一向同席中之是迄之振合をも不相弁、只深ク思慮無く、伺之書面へ寄り指図いたし候事と被存候間、(後略)(55)

ここで容敬が主張したことは、(一)同道は親類に頼むのが先例であって、彦根藩・会津藩・高松藩でもそのようにしてきた。忍藩が望むように同席に依頼するということは例がない。(二)この依頼を受け入れてしまうと溜詰にとって瑕瑾となる。(三)辰ノ口つまり阿部正弘は溜詰の先例も知らず、深い考えもなく忍藩へ指図した、という三点である。

頼胤は七月末に直弼へ書状を送り意見を伝えた(56)。その内容は容敬の意見と同様のものに加えて、(一)容敬が在府していたにも関わらず、忍藩が阿部へ伺い出たのは納得できず、自分へは知らせがなく驚いている。(二)頼胤・容敬・

井伊の三人で相談して阿部へ申し入れるべき、といったものであった。忠国および阿部への不満とともに、彦根・会津・高松の三藩が溜詰の中心的存在であることを強く意識していた点が注目される。これらの意見を受けて、直弼は藩主である直亮へ相談した。八月十日付谷村可順宛直弼書状[57]から、直亮の意見がわかる。その内容は、容敬や頼胤とは異なり、阿部と相談して判断すべきというものであって、親類の同道を忍藩に依頼させてはどうかといった案であった。この案が基本線となり、八月十二日に忍藩から阿部へ親類へ同道を頼みたいという伺書が提出された[58]。これらの状況を知らされた容敬は、九月四日の直弼宛書状に次のように記している。

[史料十八]

下総不快之節ハ松大蔵少輔（松平忠慎、小幡藩世子、帝鑑間詰）同道之心組ニ相決候よし、先々姿宜相調一段之事ニ御座候、（中略）しかし如貴慮最初之伺書を立候申ニ（マヽ）も無之候得共、小子ニも文段甚不申落入、何か申訳負惜ミ之様ニ相聞、其上承置と計之答振ニ而は、初之同道間違之段、全不消様ニも相取レ、不明白様ニ御座候、此段ハ全不行届・不取調・間違と申義、明白ニ致置度事ニ御座候、（中略）控席云々之義、愚存之趣申上候処、段々御賢慮之次第被仰下、逐一奉領候、至極御尤成御事、前以詰問も厳酷ニ過候義ニ御座候へハ、猶御様子次第万一如何之挙動ニも及候ハヽ、其節ハ機会御遁シ無之、急度御詰問可然奉存候[59]、

同席による同道という事態が回避されたことは、ある程度評価する。しかし提出された伺書の文面は全面的に承服できるものではないため、忍藩に誤りがあったことを明白にさせたいとする。さらに今後忍藩が間違った行動を取った場合には、その機会を逃さずに詰問するべきだと主張する。この書状からは、忍藩が先例と異なる行為をしたことが問題なのではなく、忍藩を批判すること自体が容敬の狙いであったと判断できよう。九月十七日の書状でも容敬は忍藩への非難を繰り返した[60]。そこには「辰ノ口抔へ如何手ヲ廻し置候事哉、実ニ油断ならざる事ニ御座候」とあり、阿部の存在を強く意識していた。

以上の騒動後、嘉永四年七月頃に彦根藩・会津藩・高松藩の留守居の間で意見がまとめられた。

[史料十九]

> 三家之義、当主・嫡子とも月次出仕之節は、（平出）御座之間ニ而　（平出）御目見被　仰付、尤三家之外高位・先官之同席御座候共、三家之分は当主・嫡子とも上座ニ被成下度、左候ハ、旧来溜詰引続之家も相立、勤向申合筋之取締ニも宜御座候、（中略）重き御政事ニ相成候而は、溜詰ニも御沙汰有之候御席柄之訳ハ、最初御格別之御家柄、御三家ニ限り候より始り候義と奉恐察候ニ付、溜詰起発之義を御汲分御座候ハヽ、御官位ニ不拘御上座被　仰付候とも可然事之様奉存候、[61]

登城時の席次について、彦根・会津・高松三藩の当主と嫡子は、官位の高下に関係なくほかの溜詰の家よりも上位にするべきとする。理由としては、溜詰はこの三家から始まったのであり、他家とは異なる格別の家柄であることがあげられる。注目すべきなのは、溜詰が重要な政治課題について相談を受ける地位にあると主張されている点である。先にもふれたように、実際には溜詰は幕政に関与していなかったが、溜詰である彦根・会津・高松が、自分たちは幕政に参加しうる存在であると主張していること自体が重要である。高松藩留守居の主張にも次のような箇所がある。

[史料二十]

> 溜御詰と申御一席、相立候年暦之義不相弁、推察而已之義ニ御座候得共、（平出）御三家之御先祖様方ニは、（平出）御大政ニも被為預候ニ付而、（平出）出御之砌は御次江御詰被遊候御儀も可被為在、其後御代を経、平日（平出）御大政ニは不被為預御時世ニ至り候而も、唯一通りの御家門・御譜代とも違ひ候御家柄、[62]

三家は現在では幕政に関わっていないが、先祖は幕政に参加しており、将軍出御の際には次の間へ詰めることもあったと主張する。[63]こういった主張を行う以上、三家と同等の格式を持つ他家の存在を容認することは理論上不可能であり、そのために忍藩に対して激しい批判がなされたのであろう。

この騒動では、彦根・会津・高松の三藩は幕政に参加できるという主張があらわれたが、背景には会津・彦根両藩の江戸湾防備役の担当があったと考えられる。先にみたように、両藩では防備役を命じられたことによって、藩主自らが政治課題に携わり、幕政への参加意識を高めていた。また嘉永二年の幕府による諮問において、会津・彦根両藩の建議は全く容れられなかったが、これは老中阿部正弘に対する不満と自分たちの幕政における地位向上の要求を発生させた。これらの結果、三藩は幕政に自分たちが参加するための手段として、溜詰は幕政に参加できる地位であるという由緒を前面に押し出すようになったと考えられる。

阿部に対する強い反感の存在も注目される。当時の阿部は、徳川斉昭・島津斉彬などのいわゆる雄藩大名と協力する姿勢を示していた。溜詰は高い家格を持ちながら、政権において重要な地位を占めておらず、阿部の雄藩大名との協調方針へ不満を持っていたと推測される。忍藩松平家の溜詰への昇格は阿部により決定されたものであり、そのために阿部に対する反発が忍藩への非難として噴出したのが、この騒動であった。

嘉永三年四月に井伊直弼が家臣にあてた書状には、次のようにある。

[史料二十二]

其上、当年は会津・高松共御暇ニて同席不人ニ付、兼々両侯より我等へと勤向万端伝達之義共も有之、別而会津ニは色々兼々申談し被置候事共候間、乍不及、当年は万端我等引受居候事、(64)

以前より容敬・頼胤から溜詰の勤め向きについて伝えられてきた。今年は二人とも在国中であるため、溜詰のことは全て自分が引き受けるべきだ、といった考えが示されている。また嘉永四年に直弼が家督を継いだ際、彦根藩の上屋敷が焼失中だったため、溜詰全員を招待しての披露は延期されたが、容敬・容保父子と頼胤のみを招いての披露は行われた(65)。これらの事例から、彦根・会津・高松の三藩を他の溜詰から区別しようとする意識が明らかになる。

以上のように、嘉永期には彦根・会津・高松の三藩は、自分たちこそが本来の溜詰であるといった意識を強め、溜詰の他藩を排斥しようとする動きを見せていた。容敬襲封直後の文政年間から天保中期にかけての容敬と酒井忠実との親密な交際と対照的である。

容敬の交際相手のなかで溜詰が天保中期以降に比重を下げたこと、姫路藩酒井家との交際も同時期に減少したことの二点を先に指摘した。彦根・会津・高松の三藩を特別視する意識の発生と合わせて考えると、弘化・嘉永期には少なくとも大名個人のレベルにおいては、溜詰という単位での集団意識が弱まっていたと指摘できる。幕末期、遅くとも嘉永期には、溜詰にそれまで存在していなかった留守居組合が結成されたことを服藤弘司氏が明らかにしている(66)。留守居組合結成の理由として、①溜詰の人数増加によって、大名自身だけでは十分な連絡・交渉をすることが困難になった、②溜詰の幕府政治顧問としての役割が重要となり、仲間内部の意思統一のために留守居の活動が必要になった、という二点を服藤氏は指摘し、特に後者を重視している。しかし、本節で検討してきたように、溜詰は彦根・会津・高松の三藩とそれ以外とに分離していた。これも留守居組合結成の大きな要因であったと考えられる。大名本人の間では溜詰としての一体感が薄くなっており、そのために家臣間での連絡による情報交換が必要になったのであろう。

幕政に参加するための手段として、彦根・会津・高松の三藩は溜詰としての由緒を主張するという戦略をとった。これはいわゆる雄藩大名が徳川斉昭の権威を利用したの(67)とは別の手法であった。この違いが後に一橋派と対立した南紀派形成の始まりだったと考えたい。

おわりに

ここまで会津藩主松平容敬を素材として、大名本人の交際について、様相と変化を検討してきた。最後に本章の内容をまとめておきたい。

第一節では、容敬の交際相手がほとんど大名に限られており、その中でも親族と殿席が同じ者の二種類が大部分を占めていたことを明らかにした。

第二節では、交際の変化を検討した。㈠徳川斉昭・徳川斉荘が天保期に溜詰との交際を積極的に進めていた。㈡弘化四年（一八四七）に会津藩が房総防備役を任じられると、老中や浦賀奉行などの幕府役人へ容敬が直接対応するようになり、また九鬼隆都との関係に代表されるように、従来からの交際にも変化が生じた。㈢親族との交際は天保末期から増加した。これは対外危機を契機とした幕政への意識の高まりの結果であり、後の一橋派へとつながる雄藩大名との連合の可能性も持つものであった。㈣天保末期に溜詰が交際相手としての比重を下げた。嘉永三年には忍藩松平忠矩の初登城をめぐる騒動が発生し、溜詰を彦根・会津・高松三藩とそれ以外へと分離させた。この騒動は房総防備役の負担による彦根藩・会津藩の幕政への参加要求の高まりや当時の幕政の中心であった阿部正弘への不満が原因であった。この結果、会津藩は彦根・高松藩との結束を重視する方向に進んでいった。

ペリー来航以前に対外危機の高まりに触発されて、水戸藩や雄藩大名が幕政への参加の要望を高めていったことが古くから指摘されてきた。本章での検討からは、溜詰大名についても、同時期に対外危機を契機として幕政への参加意識を高め、新たなネットワークの構築を模索し始めていたことが指摘できる。溜詰大名も弘化・嘉永期に幕政参加の動きを開始した新しい政治勢力であった。井伊直弼の大老就任がこれらの動きの到達点であるとみなせるのではないか。一般的に旧来の幕府勢力と捉えられてきた井伊直弼政権について、性格の再検討が必要である。

（1）大名本人の交際関係に注目した研究としては、四国地域史研究連絡協議会編『四国の大名――近世大名の交流と文化』（岩田書院、二〇一一年）、篠崎佑太「安政四年における大廊下席大名の政治的動向」（『日本歴史』八一九、二〇一六年）、大名嫡子を対象とした上野秀治「土方雄興日記にみる大名嫡子の生活」（『三重県史研究』二、一九八六年）などがある。

（2）『会津若松市史史料編Ⅲ　「会津藩第八代藩主松平容敬「忠恭様御年譜」」』（会津若松市、二〇〇一年）解題、四八九―四九五頁。

（3）「日記」の奥書には、「明治三十二年四月、子爵松平容大蔵本ヲ写ス」とあり、松平家に残されていた日記を謄写したものであるとわかるが、原本は管見では見つかっていない。原題は、「日用観記」・「自鑑」である。

（4）病気になった際などは記述内容が少なくなる、書き忘れた場合には後日書き加えているなどの点から、本人が毎日記述した物であるとわかる。

（5）大名本人だけでなく世子も含まれており、家督継承前であっても元服していれば藩主同様の交際相手として扱われていた。

（6）「日記」には「鷹通事」と記載されるが、おそらく鷹匠を指すと考えられる。

（7）取持の旗本などは名前が省略される場合が多く、容敬の意識のうえでも区別されていた。

（8）対面がない相手との間で直書の往来があった事例は、「日記」全体でも七回しかなかった。直書を送ることは対面と同様の性格を持ったと判断できる。

（9）ただし、「日記」の記述からは対面時の具体的な様子を知ることはできないため、回数を数える場合には対面した人数に含めてある。

（10）服藤弘司『大名留守居の研究』（創文社、一九八四年）四三一―四三三頁。

（11）「大名殿席「溜詰」の基礎的交際」（『彦根城博物館研究紀要』一二、二〇〇一年）。

（12）これらの職務を務めていることは、「日記」でも確認できる。

（13）松尾美恵子「大名の殿席と家格」（『徳川林政史研究所紀要』昭和五十五年度、一九八一年）など。

（14）児玉幸多『大名』（『日本の歴史』一八、小学館、一九七五年）二〇〇頁。

(15) 服藤氏によれば、そもそも留守居組合結成の契機は、徳川家綱の将軍就任時の朝鮮通信使饗応のための先例調査であった（服藤『大名留守居の研究』四一一―四一三頁）。
(16) 溜詰に限らず、大名は自らの格式に応じた作法を要求され、同席の大名から指導を受けた（佐藤満洋「近世大名の交際について」藤野保先生還暦記念会編著『近世日本の社会と流通』雄山閣出版、一九九三年）。
(17) 藩主直亮・世子直元のどちらかを確定することはできない。
(18) 野田「大名殿席「溜詰」の基礎的交際」。
(19) ただし、後述するように嘉永期には変化が生じた。
(20) 前田家とは、万治元年（一六五八）に保科正之息女摩須姫が前田綱紀へ嫁いで以後、親しい親族として関係が続いていた（菊池紳一『加賀前田家と尊経閣文庫――文化財を守り伝えた人々』勉誠出版、二〇一六年）。
(21) 序章・第一章・第二章・第三章を参照。
(22) 水野忠成が老中首座となると、留守居組合の遊興が寛政改革以前の華美なものへ復したことが指摘されている（服藤『大名留守居の研究』七七七―七七八頁）。
(23) 例えば、天保五年二月に徳川斉昭が老中大久保忠真に宛てた書状において、風紀改善を主張している（『水戸藩史料』別記巻二、吉川弘文館、一九一五年、四六頁）。
(24) 天保六年は在府日数が前年から半減しているため、その影響も大きいが、翌七年以降もそれ以前と比較すると交際回数は少ない。
(25) 服藤『大名留守居の研究』七七八―七八〇頁。
(26) 吉田昌彦『幕末における「王」と覇者』（ぺりかん社、一九九七年）二〇三―二〇六頁。
(27) 『名古屋市史』政治編第一（名古屋市、一九一五年）一九一―二〇五頁。
(28) 「日記」天保十四年二月十三日条。
(29) 服藤氏は、大名同士の交際の目的として、公儀勤の遂行・家中騒動など藩内の問題への対処、幕府への働きかけの依頼などをあげる（服藤『大名留守居の研究』六一―七頁）。
(30) 「手控」。
(31) 「手控」弘化四年三月四日条。

(32)「年譜」、「日記」文政八年二月二十日条、二十三日条。
(33)「手控」弘化四年六月九日条。
(34)「日記」弘化五年正月六日条、三月四日条。
(35) 藤田覚『幕藩制国家の政治史的研究——天保期の秩序・軍事・外交』(校倉書房、一九八七年)。守屋嘉美「幕末相州警固に関する諸問題」(『東北学院大学論集　歴史学・地理学』三三、二〇〇〇年)。
(36)『会津藩庁記録』元治元年第三(日本史籍協会、一九一八年)一三九頁。
(37) 文化五年(一八〇八)没。藩主としては隆都の二代前にあたる。
(38) 藤田『幕藩制国家の政治史的研究——天保期の秩序・軍事・外交』二〇三頁。
(39)『大日本維新史料　井伊家史料』一、一四—一六頁。
(40)『大日本維新史料　井伊家史料』一、七頁。
(41) 会津藩は下屋敷での調練の実施を嘉永二年十月二十二日に許可された(「日記」同日条)。
(42)「日記」嘉永四年七月二十三日条。
(43) 吉田『幕末における「王」と覇者』二〇五—二〇七頁。なお前田斉泰について、吉田氏は嘉永期頃に斉昭のグループに勧誘されたとするが、すでに天保六年九月一日に斉昭に蔵書の閲覧を希望していることが確認でき(『加賀藩史料』第十四編(石黒文吉、一九五八年)六〇八頁)、そのころから交流は始まっていた。
(44)『島津斉彬文書』上巻(吉川弘文館、一九五九年)三三一頁。
(45)『島津斉彬文書』上巻二一四頁。
(46) 天保七年は前年と比べて交際が増加しているが、これは在府日数が六年は一一四日、七年が二六四日だったことによるものである。
(47)「年譜」には二十八日と記述されるが、「日記」から二十一日だったことがわかる。
(48)『会津若松市史史料編Ⅲ「会津藩第八代藩主松平容敬「忠恭様御年譜」」』四九三頁。『香川県史』第四巻、通史編、近世Ⅱ(香川県、一九八九年)。
(49) このような指導を行う大名は「引請」と呼ばれたとされるが(佐藤「近世大名の交際について」)、「日記」中でそのように記載されている部分はない。

(50)「日記」弘化二年四月七日条。
(51) 吉川弘文館、一九六三年。
(52)『大日本維新史料　井伊家史料』二、四〇頁。
(53)『大日本維新史料　井伊家史料』二、八〇頁。
(54)『大日本維新史料　井伊家史料』二、八〇―八一頁。
(55)『大日本維新史料　井伊家史料』二、一五五頁。
(56)『大日本維新史料　井伊家史料』二、一五八頁。
(57)『大日本維新史料　井伊家史料』二、一六六頁。
(58)『大日本維新史料　井伊家史料』二、一六七―一六八頁。
(59)『大日本維新史料　井伊家史料』二、二〇〇頁。
(60)『大日本維新史料　井伊家史料』二、二一五―二一六頁。
(61)『大日本維新史料　井伊家史料』二、三四一―三四二頁。
(62)『大日本維新史料　井伊家史料』二、三四四―三四五頁
(63) これは井伊直孝や保科正之の幕政への関与を念頭に置いたものと考えられる。
(64)『大日本維新史料　井伊家史料』二、一〇七頁。
(65) この家督披露は彦根藩中屋敷で行われた（「日記」嘉永四年五月十八日条）。なおこの時点で井伊直弼は中屋敷に居住していた（「日記」嘉永四年五月三日条）。
(66) 服藤『大名留守居の研究』四三九頁。
(67) 吉田『幕末における「王」と覇者』二九九頁。

第Ⅱ部　幕府の支配機構

第六章　所司代赴任時の老中上京について

はじめに

所司代は江戸幕府が京都に設置した役職であり、幕府官僚制機構の中では老中に次いで高い地位にあった。関ヶ原戦後に奥平信昌が任じられたのが、徳川政権下での最初の所司代であった。寛永期には所司代を中心とする八人衆とよばれる合議体が存在し、関東からある程度自立して畿内・西国を支配していた(1)。近年の研究では、家綱から綱吉政権期に所司代に関する制度が整備され、朝廷の管理・統制や上方役人の支配が職務として確立し、近世後期にも所司代が京都町奉行以下の諸役人を指揮して、山城・近江・大和・丹波の四ヶ国を自立的に支配していたことなどが、明らかにされてきている(2)。

さて、所司代は赴任にあたって、老中とともに上京するのが通例であった。この老中の上京は、所司代引渡上京と呼ばれる(3)。史料中では「為所司代引渡上京」と記されており(4)、所司代引渡を目的とする上京であった。引渡上京は、幕府の中心的存在である老中が上京・参内するものであり、政治的に大きな意味を持っていたと考えられるが、その目的や内容について検討されたことは、これまでまったくなかった。そこで本章では、所司代引渡とは何であるのか、引渡上京はどういった経緯で始まったのか、どのような政治的意義があったのか、時期による変化はなかったのかといった点を明らかにしていきたい。

1　引渡上京の概要と内容

引渡上京の概要

はじめに、引渡上京が行われた回数を確認しておきたい。所司代の一覧および所司代就任時に引渡上京が行われた事例をまとめると、［表15］のようになる。(5) 最初の事例は天和元年（一六八一）に稲葉正往が所司代になった時に、前所司代であった老中戸田忠昌が行ったものであり、最後は安政四年（一八五七）本多忠民の所司代就任時に、前所司代の老中脇坂安宅が行ったものであった。

五十八名の所司代の中で引渡上京が行われたのは、三十九名である。(6) 行われなかったケースは、天和以前の近世初期と安政以降の幕末期に集中している。天和元年の最初の事例から安政四年の最後の事例までの間で考えれば、所司代就任者四十五名中で引渡上京が行われなかったのは六名にすぎない。天和元年以降、安政期に至るまで一貫して、所司代就任に際して引渡上京が行われるのが通例であったといえる。

引渡上京を行った老中三十九名の内訳を見てみると、前職が所司代であったものは二十七名に及ぶ。それ以外の十二例は全て、前所司代が死去していたり、罷免や辞任などで幕府の役職についていなかったケースである。(7) 以上から、引渡上京は前所司代の老中が行うのが基本であったとわかる。ただし前所司代が老中となっていない場合には、必ず老中の誰かが行っていることから、引渡上京は前所司代の役割という位置づけではなく、老中の職掌とされていたと考えるべきである。

表 15　所司代引渡上京一覧

回数	年	新所司代名	新所司代前職	引渡上京者名	引渡上京者役職	備　考
1	慶長 5 年	奥平信昌	——	なし	——	
2	慶長 6 年	加藤正次	——	不明	——	
3	慶長 6 年	板倉勝重	町奉行	不明	——	
4	元和 5 年	板倉重宗	小姓組番頭	不明	——	前所司代も在京
5	承応 3 年	牧野親成	側衆	なし	——	前所司代も当初は在京
6	寛文 8 年	板倉重矩	老中	なし	——	老中兼任，前所司代は辞任
7	寛文 10 年	永井尚庸	若年寄	なし	——	前所司代も当初は在京
8	延宝 4 年	戸田忠昌	寺社奉行	なし	——	前所司代も当初は在京
9	天和 1 年	稲葉正往	寺社奉行	戸田忠昌	老中・前所司代	
10	貞享 2 年	土屋政直	大坂城代	なし	——	前所司代も当初は在京
11	貞享 4 年	内藤重頼	大坂城代	土屋政直	老中・前所司代	
12	元禄 3 年	松平信興	大坂城代	阿部正武	老中	前所司代は死去
13	元禄 4 年	小笠原長重	寺社奉行	なし	——	前所司代は死去
14	元禄 10 年	松平信庸	側用人	小笠原長重	老中・前所司代	
15	正徳 4 年	水野忠之	若年寄	なし	——	
16	享保 2 年	松平忠周	詰衆・元側用人	水野忠之	老中・前所司代	
17	享保 10 年	牧野英成	寺社奉行	松平忠周	老中・前所司代	
18	享保 19 年	土岐頼稔	大坂城代	松平輝貞	老中格	前所司代は辞任
19	寛保 2 年	牧野貞通	寺社奉行	土岐頼稔	老中・前所司代	
20	寛延 2 年	松平資訓	奏者番	本多正珍	老中	前所司代は死去
21	宝暦 2 年	酒井忠用	大坂城代	松平武元	老中	前所司代は死去
22	宝暦 6 年	松平輝高	大坂城代	西尾忠尚	老中	前所司代は辞任
23	宝暦 8 年	井上利容	大坂城代	松平輝高	老中・前所司代	
24	宝暦 11 年	阿部正右	寺社奉行	井上 利容	老中・前所司代	
25	明和 1 年	阿部正允	大坂城代	阿部 正右	老中・前所司代	
26	明和 6 年	土井利里	寺社奉行	阿部 正允	老中・前所司代	
27	安永 6 年	久世広明	大坂城代	松平康福	老中	前所司代は死去
28	天明 1 年	牧野貞長	大坂城代	久世広明	老中・前所司代	
29	天明 4 年	戸田忠寛	大坂城代	牧野貞長	老中・前所司代	
30	天明 7 年	松平乗完	奏者番	松平定信	老中	前所司代は辞任
31	寛政 1 年	太田資愛	若年寄	松平乗完	老中・前所司代	
32	寛政 4 年	堀田正順	大坂城代	松平信明	老中	前所司代は辞任
33	寛政 10 年	牧野忠精	大坂城代	戸田氏教	老中	前所司代は辞任
34	享和 1 年	土井利厚	奏者番・寺社奉行	牧野忠精	老中・前所司代	
35	享和 2 年	青山忠裕	大坂城代	土井利厚	老中・前所司代	
36	文化 1 年	稲葉正諶	大坂城代	青山忠裕	老中・前所司代	
37	文化 3 年	阿部正由	大坂城代	安藤信成	老中	前所司代は死去
38	文化 5 年	酒井忠進	奏者番・寺社奉行	なし	——	前所司代は死去
39	文化 12 年	大久保忠真	大坂城代	酒井忠進	老中・前所司代	
40	文政 1 年	松平乗寛	奏者番・寺社奉行	大久保忠真	老中・前所司代	
41	文政 5 年	内藤信敦	若年寄	松平乗寛	老中・前所司代	
42	文政 8 年	松平康任	大坂城代	水野忠成	老中	前所司代は死去
43	文政 9 年	水野忠邦	大坂城代	松平康任	老中・前所司代	
44	文政 11 年	松平宗発	大坂城代	水野忠邦	老中・前所司代	

表 15 つづき

回数	年	新所司代名	新所司代前職	引渡上京者名	引渡上京者役職	備　考
45	天保 2 年	太田資始	大坂城代	松平宗発	老中・前所司代	
46	天保 5 年	松平信順	大坂城代	太田資始	老中・前所司代	
47	天保 8 年	土井利位	大坂城代	なし	——	
48	天保 9 年	間部詮勝	大坂城代	土井利位	老中・前所司代	
49	天保 11 年	牧野忠雅	奏者番・寺社奉行	間部詮勝	老中・前所司代	
50	天保 14 年	酒井忠義	奏者番・寺社奉行	なし	——	
51	嘉永 3 年	内藤信親	大坂城代	松平乗全	老中	前所司代は辞任
52	嘉永 4 年	脇坂安宅	奏者番・寺社奉行	内藤信親	老中・前所司代	
53	安政 4 年	本多忠民	奏者番・寺社奉行	脇坂安宅	老中・前所司代	
54	安政 5 年	酒井忠義	溜詰	なし	——	
55	文久 2 年	松平宗秀	大坂城代	——	——	所司代も上京せず
56	文久 2 年	牧野忠恭	奏者番・寺社奉行	なし	——	
57	文久 3 年	稲葉正邦	雁之間詰	なし	——	将軍家茂が在坂
58	元治 1 年	松平定敬	溜詰	なし	——	

注）『徳川実紀』(吉川弘文館，1964-1966 年)，『続徳川実紀』(吉川弘文館，1966-1967 年)，「柳営日次記」(国立公文書館所蔵)，「所司代印渡一件」(首都大学東京図書館所蔵「水野家文書」)，「新見記録（文政七至天保十三年)」(東北大学付属図書館所蔵「狩野文庫」) より作成．

また文化五年（一八〇八）に老中青山忠裕から将軍家斉へと提出された伺には、次のような記述がある。

[史料二]

所司代為引渡年寄共上京仕候儀、前々より之例相紀候処、別紙之通古来は多分新役罷登、於京都先役と交代仕候故、別ニ年寄共は不罷越、天和之度戸田《(忠昌)》山城守所司代より加判之列被仰付、始而新役と一同ニ罷登、元禄三年松平《(信興)》因幡守時始而年寄共之内より阿部豊後守《(正武)》被差遣候、然処、其翌年小笠原佐渡《(長重)》守節は、引渡之年寄共不罷越、正徳四年松平《(信庸)》紀伊守所司代より加判之列被　仰付候時も新役水野《(忠之)》監物計罷登候例有之、享保以後は毎度年寄共上京仕候、[8]（後略）

古くは新所司代は就任後に京都で前任者と交代し、老中は上京しなかった。天和元年に戸田忠昌が所司代から老中へ転任した際に、新所司代とともに上京したのが最初の引渡上京の例であり、元禄三年（一六九〇）に松平信興が所司代に就任した時にも、老中である阿部正武が上京した。翌年の小笠原長重や正徳四年（一七一四）の水野忠之の所司代就任時には引渡上京がなかったが、享保以後は毎回老中が上京するようになったと記されている。以上のように、引渡上京は前所司代から新所司代への引き継ぎに由来するものであった。

引渡上京の具体的内容と目的——文政八年水野忠成の上京を事例に

次に具体的な例として、文政八年（一八二五）の所司代松平康任就任時の老中水野忠成の上京を取り上げ、引渡上京がどのように行われたのかを明らかにするとともに、そもそも所司代引渡とは何であったのかを検討していきたい。

この時の引渡上京に関わる記録に「所司代為引渡上京発足迄日記」「所司代為引渡上京発足より帰府迄日記」[9]がある。内容から水野忠成本人によって記述されたものと推測される[10]。これを用いて、引渡上京がどのように行われたのか、具体的に見ていきたい。

前任の所司代内藤信敦の死去をうけて、文政八年五月十五日、大坂城代松平康任が所司代に任じられた。前日の十四日、水野忠成は登城を命じられた。水野は翌日登城し、将軍から引渡上京を仰せつけられた。これ以降、拝借金の願書提出や京都地役人の名前の調査など、諸準備が進められた。八月十八日には水野は江戸を出発し、九月六日に京都へ到着した。

翌七日には新所司代松平康任も京都へ到着した。松平は到着後すぐに、水野の旅宅を訪ね、その後、所司代屋敷へ向かった。松平は水野へ「所司代役宅ニ而　御朱印幷御定書等引渡ニ付、周防守（松平康任）帰宅後時刻宜旨」を連絡し、それをうけて水野は所司代屋敷に赴いた。京都町奉行などの諸役人も参集しており、次のような儀式が行われた。

[史料二]

御朱印一箱封之儘町奉行神尾備中守（元孝）持出、御定書箱月番大隅守（須田盛照）持出、周防守前江差置、御薬・御仕置例類集等其外は入側之方ニ並置、（平出）御朱印之方ハ備中守開封致し、（平出）御朱印数枚見セ、員数申聞、一覧、畢而周防守江引渡候旨演説致し、同人印紙ニ而町奉行封いたし、如最初銘々持引、

「朱印状」[11]の入った箱を町奉行須田盛照が持ち出して封印を解き、「朱印状」の枚数を数えて水野がそれを一覧する[12]。そして、松平へ引き渡したとの旨を水野が述べた後、松平の印紙で町奉行が再度封をした。

儀式内容と水野への松平からの連絡の文言から考えて、この儀式が所司代引渡であったと考えてよいであろう。所司代引渡とは具体的には何なのか、これまではとくに言及されてこなかったが[13]、老中が「朱印状」を新所司代に引き渡す儀式であったことが明らかになった[14]。この時に引き渡された「朱印状」は、前所司代内藤信敦が所持していて、内藤の死去後は京都町奉行が管理していたものであると考えられる[15]。印文や文面を示す具体的な史料が見つけられなかったため、将軍が所司代に与える権限の書き上げなど、なんらかの文言が記された朱印状であった可能性も排除できないものの、引渡儀式の際に文言の確認を行っていないことや枚数を数えて「朱印状」の利用の有無を確認していることから、将軍の朱印が捺された判紙であったと考えるのが適当であろう[16]。松浦静山は「甲子夜話」[17]において、大坂城代が赴任する際には、「御印」の捺された白紙を下賜されて持参しており、その目的が火急の事態が発生した際に将軍へ言上せずに諸方へ命令を出すためであるといった噂を書き留めている。所司代へ下された「朱印状」も同じ性格のものと考えられる。

翌日には、水野は松平とともに二条城へ赴き、米蔵など城内設備を見分し、その後の数日は、京都市中や宇治など周辺地域の諸寺院の巡見を行った。西本願寺門跡や京都の町人も挨拶のために、水野の旅宿に赴いている[18]。すでに八月中に、巡見先の寺社の掃除や道・橋の修復を命じる町触が出されるなど[19]、大がかりな準備が行われており、これらは京都の民衆に老中と幕府の権力を意識させる十分な効果を持っていたであろう。九月十九日には松平とともに参内した。将軍家斉・将軍世子家慶から仁孝天皇への挨拶などを申し述べ、さらに議奏へ参内の御礼と昵懇衆・由緒の面々からの将軍への機嫌伺に対する返答を伝達した。その後、天皇へ拝謁し、太刀の献上や盃の頂戴があった。仙洞御所・大宮御所でも同様に太刀の献上などがあった。天皇などへの挨拶の口上は「弥御安全被成御座目出度被　思召候、今度私被差登候付、御目録之通御進献被成候」といったものであって、所司代の交代についてはまったく触れられておらず、ここからも引渡上京が新所司代の朝廷への紹介ではなかったことがわかる。

翌二十日以降は、再び寺社などの巡見を行った。二十五日には暇乞のため参内し、仙洞御所・大宮御所へも赴いた。二十六日に京都を出発し、大坂へと向かった。二十八日には大坂城内を視察し、その後、十月一日まで大坂市中や堺など周辺地域の巡見を行った(20)。二日に江戸への帰途につき、途中で奈良や所領である沼津を訪れている(21)。江戸へ帰着後、二十三日には登城した。将軍へ「私・周防守ヲ以被　仰進候御口上之趣、被遊　御満悦候、此旨宜可申上旨被仰出、仙洞・　大宮よりも御同様」と言上し、帰府の御礼をして、引渡上京は終了した。

ここまで引渡上京が、天和元年に始まったこと、所司代の引き継ぎを由来とする新所司代への「朱印状」の引き渡しを中心とした幕府内部の儀式であったこと、朝幕関係に直接関わるものではなかったことを明らかにした。

ここで、所司代以外の幕府遠国役人就任時の手続きに触れておきたい。所司代に次いで高い地位にあった大坂城代の場合、江戸で黒印状と下知状を交付され、大坂城へ入城する「御城入」と呼ばれる儀式の際に、大坂定番と町奉行にそれらを見せた上で、前任城代への黒印状および下知状との入れ替えを行った(22)。長崎奉行は、江戸で将軍から黒印状を与えられ、老中から下知状および覚書を下付された。赴任後には長崎の西役所で相役の奉行とともに黒印状を拝見し、その後で黒印状には封をして収納した(23)。函館奉行も同様に江戸で将軍からの黒印状と老中からの下知状を与えられた(24)。長崎奉行・函館奉行へ与えられた黒印状・下知状は、所司代へ引き渡された「朱印状」とは異なり、将軍・老中からの指示が記されたものであった(25)。このように所司代以外の遠国役人の就任は、江戸で黒印状と下知状を与えられ、任地へ向かうという形式を取っており、赴任時に前任者や上位の役人が同行することはなかった。これらと比べてみると、老中が上京し、京都で「朱印状」の引渡が行われた所司代が例外であったとわかる。なぜ所司代への就任だけが引渡という儀式を伴ったのであろうか。次節では、引渡上京が始まった具体的な経緯やその意味について検討したい。

2　引渡上京以前の所司代交代と引渡上京の開始

引渡上京以前の所司代交代

前節で取り上げた文化五年（一八〇八）の将軍家斉への伺では、引渡上京が開始される前には、新旧所司代の交代は京都で行われていたと記されていた。そこで、まず引渡上京が始まる以前の所司代交代の様子を簡単に見ておきたい。

〔板倉重宗　元和五年（一六一九）〕

父である板倉勝重から九月に所司代を継いだ。勝重は辞任後も寛永元年（一六二四）に死去するまで在京しており、重宗の後見を行っていた(26)。

〔牧野親成　承応三年（一六五四）〕

十一月二十八日に所司代に就任したが、翌年三月まで前所司代板倉重宗が在京していた(27)。なお、牧野は所司代任命時に、一両年は前任者である板倉の見習いをするようにと仰せ付けられた(28)。

〔板倉重矩　寛文八年（一六六八）〕

前所司代牧野親成は四月には帰府しており、板倉の上京は十一月であったため、新旧所司代が一緒に在京することはなかった(29)。ただし板倉の所司代就任は、朝廷改革を行うための臨時のものであり、板倉は老中を兼任していた(30)。

〔永井尚庸　寛文十年〕

二月十四日に所司代に就任し、六月に上京した。前所司代板倉重矩の帰府は十一月四日であり(31)、十月まで在京していたと考えられる。八月二十二日には新旧所司代が一緒に参内している。[32]

〔戸田忠昌　延宝四年（一六七六）〕

四月三日に所司代に就任し、七月二十三日に上京の暇を賜い、九月十三日には参内している。前所司代永井尚庸は九月十九日に暇乞のため参内し、十月二十五日に帰府した。[33]

以上のように、引渡上京が始まる前は、老中兼任であった板倉重矩を除くと、所司代が交代する際には、新所司代が上京してからも、しばらくの間は前任者が京都にとどまっていた。新旧所司代がともに在京し、ある程度時間をかけて職務の引き継ぎを行っていたと考えられる。

引渡上京の開始と定着

つづいて、引渡上京が初めて行われた天和元年（一六八一）以降の所司代交代の様子を確認していきたい。前述したように引渡上京は行われない場合もあるため、引渡上京を行った老中ではなく、所司代ごとに叙述する。

〔稲葉正住　天和元年〕――初めての引渡上京

前所司代戸田忠昌は十一月十四日帰府し、翌日老中に任命され、同月二十五日に上京の暇を賜った。新所司代稲葉は十一月十五日に所司代を拝命し、十二月九日に京都への暇を賜った。戸田は翌年二月六日に帰府した。[34]こうして引渡上京が始まった。稲葉が所司代に任じられた時点で前所司代の戸田が帰府していたため、引渡上京という形をとることになったと考えられるが、戸田が新所司代の任命よりも前に帰府していた理由は、明らかにできなかった。

〔土屋政直　貞享二年（一六八五）〕

前所司代稲葉正住の辞任により所司代に就任し、十月十六日に上京の暇を賜った。土屋が上京した時には、稲葉もまだ在京しており、帰府は十二月六日だった。[35]この時は従来と同様に、新所司代任命の時点では前所司代は在京しており、新所司代が上京後に引き継ぎを行い、前任者は江戸に戻るという形で所司代が交代した。

〔内藤重頼　貞享四年〕――二度目の引渡上京

前回の所司代交代時とは違い、引渡上京が行われた。内藤は十月十三日に所司代を拝命し、十一月二十七日に上京した。前所司代土屋政直は十一月十六日に江戸から京都に到着しており、十二月十八日に帰府した(36)。上京した土屋は十二月一日に参内しているが、それ以前の十一月二十六日には、甘露寺方長などの公家衆に対して、参府中に公家の行跡を幕府へ報告したこと、自分が所司代在勤中に実施していた公家の風儀取締りの方針は新所司代へも引き継ぐことを宣言している(37)。このように土屋の上京は、新所司代内藤への引き継ぎとともに、朝廷へ幕府の政策を伝達するという役割も兼ねていた。

〔松平信興　元禄三年（一六九〇）〕

前所司代内藤重頼の死去により、十二月二十六日に所司代に就任した。引渡上京を老中阿部正武が勤めており(38)、初めての前所司代以外による引渡となった。

〔小笠原長重　元禄四年〕

前所司代松平信興の死去により閏八月二十六日に所司代を拝命し、十一月に上京した。引渡上京は行われなかった(39)。

〔松平信庸　元禄十年〕

前所司代小笠原長重の老中昇進によって四月十九日に所司代に任じられた。引渡のため小笠原が上京した(40)。

〔水野忠之　正徳四年（一七一四）〕

九月六日に所司代に就任し、十二月に上京した。前所司代の松平信庸は老中に昇進しているが、引渡上京は行われなかった(41)。

〔松平忠周　享保二年（一七一七）〕

九月二十七日に所司代に就任し、十二月三日に前所司代である老中水野忠之とともに参内した。水野は松平に先んじて上京し、十一月十八日には参内した。次の史料は、十月十一日に武家伝奏徳大寺公全から相役の庭田重条へ送られた書状である。

[史料三]

一、此間武家へも不出逢申、昨日出候而、泉州（水野忠之）上京之有無いかゝと尋候得は、曾而知不申候、泉州より兎角書状不差越候、上京候とも急ニ申来儀も可有之候、一両日之内二条へ参、用人ともへ承候而可申之由候、仍而聞申候は、先年小笠原佐渡守（長重）役替後、上京候而関東へ発足前御暇被下候時分、拝領物有之候、歌書ニ而候得は書写之間も候故、急ニハ難出来候、不知候ハヽ、先御用意ニ書写被　仰付置候而宜有之哉と尋候へハ、御用意ニ被仰付候而被置候ハヽ、可宜哉、此度不被入候とても御用ニも立申事ニ候間、御用意之方ニ申候、[42]

前回の正徳四年に老中の上京がなかったこともあってか、水野が上京するかどうか判断できなかった徳大寺は、禁裏附へ問い合わせを行った。禁裏附も上京の有無がわからず、水野の用人へ問い合わせてから連絡するとの返答であった。そのため上京があった場合に備えて、元禄十年の例に従い下賜物を用意しておくことになった、との内容である。老中が上京するのかどうか、朝廷だけではなく幕府の役人である禁裏附も把握しておらず、引渡上京がまだ定例とはなっていなかったとわかる。

水野は上京後の十一月十九日、武家伝奏を呼び寄せ、次のように書付を渡した。

[史料四]

和泉守被相渡書付

当春南都興福寺伽藍炎上付而、御再興被有之度（平出）禁裡（中御門天皇）・法皇（霊元法皇）思召之旨、被達上聞候処、台徳院殿（徳川秀忠）御代より春日社領幷興福寺高弐万千百拾九石余之内千七拾壱石修理方五師預り之由　御朱印之面ニ有之候、然とも、従

（平出）御当家伽藍御造立之御例無之、　御代々御造立之寺社及大破、御修復之願数多有之候得は、悉ハ難相叶事候故、旁以今度　（平出）禁裡・法皇より被　仰出候　御旨ニハ、難被任思召ニ候、此段宜令沙汰由、被　仰出候、以上、

十一月

和泉守被相渡書付

女院御領弐千石、場所も不宜候、御格式之儀は、院中御同前（マヽ）之御格式故、殊外御払底御難義之御事候、仍新上西門院（鷹司房子）江も千石御加増関東より被遣候先例之通、被仰入可被進由御願之御事候間、右御願之通被　仰出候様被遊度被思召候由之事、則達上聞候処、新上東門院（勧修寺晴子）・中和門院（近衛前子）右御二方江は御増地被進候例不相見候、女院御領弐千石之内不宜所も有之旨、兼而被及　聞召候間、右之場所村替被　仰付被進候、此旨宜令沙汰由被仰出候、以上、

十一月[43]

一つ目の書付はこの年の春に焼失した興福寺伽藍の幕府による再建を求める中御門天皇と霊元法皇からの申し入れへの返答、二つ目の書付は女院領の加増を求める申し入れへの返答[44]で、いずれも朝廷からの申し入れを拒否している。老中として幕府の返答を伝達しているのか、それとも所司代としての残務整理なのかは明らかではないが、上京した老中が朝廷との交渉を行っていたことがわかる。この後二十一日には、水野は大坂および興福寺焼跡の巡見に赴いており[45]、興福寺再建について単に朝廷からの申し入れを断るだけではなく、自ら現地の見分も行っていた。

〔牧野英成　享保十年〕

享保九年十二月十五日牧野英成は所司代に任じられ、前所司代の老中松平忠周が上京した。松平は上京後の正月二十三日に武家伝奏中山兼親を呼び、申し入れを行った。次は、その内容を中山から伝えられた院伝奏東園基長の日記である。

［史料五］
一、中山前大納言（兼親）参入、予（東園基長）出逢、今日松平伊賀守（忠周）方江相招候而向、前々関東若君（徳川家重）御官位之事、牧野佐渡守（英成）江去冬
仰之趣申遣候処、松平伊賀守（忠周）上京之節委細可申由返答候、依是今日申聞候故、自去冬此御所ニも被知食候義
ニ被為有之候ニ付、被及言上之由、条々記于左、
一、若君任官之事、如文昭院（徳川家宣）御例、従二位大納言可有宣下由、
一、元服之事、伊賀守在府中於関東沙汰有之候、定而宣下前と奉存候由、
一、宣下之御時節、来三月中四月上旬迄ニ御日取可被　仰付候由、申来候由、
一、若君御名字家重、巳御年十五歳之由、
一、宣下已後、勅使・院使・高倉（永房）・土御門少納言（泰連）等可有参向之事、
一、年始之御使も右御祝儀共被相兼候而、宣下已後下向之事、
右之条々、御序ニ可申上由被申置、被退出、則書付申上了、(46)

将軍世子家重の元服・任官などについて、幕府の意向を伝達した。家重の元服に関わる任官などの扱いについては、前年のうちに朝廷から新所司代牧野英成へ尋ねており、それに対して松平が上京する際に申し入れると返答されていた。つまり松平が武家伝奏に申し入れを行ったのは、前所司代の残務処理としてではなく、老中としてであったとわかる。(47)この他に、伏見宮増子の家重への縁組について申し入れている。この引渡上京においても貞享四年や享保二年と同じく、上京した老中が幕府の意思を朝廷へ伝達していた。

ここまで、引渡上京が始まる以前の所司代交代の様子と引渡上京が始まった経緯を確認してきた。天和元年に初めての引渡上京が行われたが、続く貞享二年の所司代交代では新所司代のみが上京するなど、その時々によって引渡上京が行われる場合も行われない場合もあった。貞享四年や享保二年・十年の事例で見たように、朝廷へ幕府の意思を

伝えるなどの用件がある場合のみ、老中が上京していたのではないかと考えられる。享保二年の時点では引渡上京の有無は明確ではなかったが、実際には享保二年以降、所司代交代時の引渡上京は恒例となり、幕末まで続いた。享保二年・十年と引渡上京が続けて行われたことによって、それが慣例化したと推測できる。

ただし、上京した老中が朝廷との交渉を行うことはまれで、後述する嘉永四年（一八五一）の松平乗全の上京まででは、天明七年（一七八七）の松平乗完所司代就任時に老中松平定信が上京し、御所再建に関して関白と会談した事例[48]が確認できた程度である。[49]引渡上京は享保二年・十年に老中が朝廷と直接交渉を行ったことによって慣例化したが、定着して以降は、参内やその準備を含め、老中と朝廷との接触は儀礼的なものだけとなっていた。

さて、天和元年以降、新任の所司代が京都へ赴任するにあたって、老中連名の書付によって職掌規定や諸指示が申し渡されていたことが、すでに指摘されている。[50]本節で明らかにしたことと合わせて考えると、享保期には、江戸で老中から書付を受け取り、さらに京都で老中から引渡をうけて所司代に就任するという形式が整えられ、それが安政期まで続く所司代交代の慣例になったと言える。所司代就任後、数ヶ月以上の期間をかけて前所司代から引き継ぎを受けて職務に習熟していた初期の状況と比べると、老中が上京するとはいっても、非常に簡単なものへと変化していったと評価できる。

寛文期から享保期にかけては、寛文八年の京都町奉行の設置[51]や享保七年の京都町奉行と大坂町奉行との間での支配地域の国分け[52]などにより、所司代の職掌が定められていった時期である。初期の所司代が強大な権力を持ち、幅広い政務を行っていたことからみると、所司代の権限の縮小が進められた期間であるとも言える。[53]一方で所司代の権限の低下は、上方の幕府支配機構の整備が進展した結果でもある。菅良樹氏は、正徳四年に就任した水野忠之をもって所司代の幕府官僚としての位置づけが確定し、上方支配を担う幕府官僚制度が完成したと指摘している。[54]長期間をかけての引き継ぎから引渡上京へという、所司代の交代手続きの簡略化からも、所司代の地位低下と幕府の支配機構の完成とを見て取ることができる。

3　引渡上京が行われなかった例

前述のように、享保期以降は所司代交代に際して引渡上京が行われるのが通例であって、安政期まではほぼ毎回老中が上京していた。しかし［表15］からもわかるように、文化五年（一八〇八）・天保八年（一八三七）・同十四年の所司代交代の時には、引渡上京がなかった。それぞれどのような経緯があったのか確認していきたい。

〔酒井忠進　文化五年〕

文化五年十月十一日、前所司代阿部正由は在任のまま没した[55]。それを受けて、同年十二月十日酒井忠進が寺社奉行から所司代へ昇進した。新所司代酒井のみが上京しており、老中による引渡上京は行われておらず、享保期以降では初めての引渡上京の不実施となった。

文化五年九月十四日、老中から阿部へ送られた書状中に、次のように記されている。

［史料六］

先達而御自分在府中下野殿（青山忠裕）より及御談候所司代為引渡各上京之儀、時宜ニより其之儀無之候而も（平出）　御所表御差支無之哉之旨、追々伝　奏衆江被申談候処、此度両卿被及返答、書面をも被差越候ニ付、御越之委細申越候趣各被承知候[56]、

阿部が江戸在府中に老中青山忠裕から引渡上京について話があった。その趣旨は、状況によっては引渡上京がなくても朝廷としては差し支えはないであろうか、といったものであった。その後、阿部は武家伝奏へ引渡上京の不実施

について申し入れ、伝奏からの返事を老中へ伝達した。すでに阿部が所司代になった文化三年の時点(57)で、次の所司代交代では引渡上京を実施しないことを、幕府が企図していたとわかる。

朝廷側の史料で最初にこの件を確認できるのは、文化四年十二月七日の武家伝奏広橋伊光の日記である。

[史料七]

此間内々示候老中上京之事、於此方以内密之儀殿下(鷹司政熙)迄申入候儀ハ不苦哉之旨、所司代申之、治定候ハヽ、内々以書中可参、及来春不苦由申之(58)、

武家伝奏から関白鷹司政熙へ内々に老中上京について申し入れて欲しいとの要望が、所司代阿部から伝えられたという内容である。「此間内々示候」とあることから、これ以前に申し入れがあったようだが、確認できなかった。返答は来春で構わないと所司代は申し入れており、実際に返答が鷹司から広橋へ伝えられたのも、翌年の正月二十二日であった。阿部の申し入れから返答まで二ヶ月あるが、広橋の日記では、この期間に引渡上京に関わる記述は一切見られない。朝幕関係に直接関わる案件であり、武家伝奏である広橋が加わらずに評議が行われたとは考えにくいため、とくに評議などは行われなかったと考えてよいであろう。朝廷としての意思を示すまでに二ヶ月かかってはいるが、これは返事は来春でも良いと所司代が申し入れたため、それに合わせただけと考えられる。

鷹司から返答を伝えられた広橋は、二月二日に所司代へそれを申し入れた。

[史料八]

一、先達所司代内談之事、及返答、
極密御呼候、引渡老中方上京之事、元禄四年・正徳四年両度所司代計上京ニ付、誠内々両人迄御示談之旨、致勘考候処、老中方上京無之候而も御差支無之候へ共、若いつとても上京無之様ニ成行候てハ、御有来之儀、(平出)御残念ニ可被　思食候歟、内々御示之通、老中方人少或格別御用多之節等、例も有之事故、所司代計

上京ニ而不苦哉ニ存候、
　御内々なから、大略御治定候ハヽ、其旨承置度候事、
　右承知候、追而内談書返し候様申之、追可返答候、[59]

引渡上京に関して、元禄四年と正徳四年の二回は所司代だけが上京したという先例も合わせて、阿部が広橋へ申し入れた。申し入れについて検討したところ、老中の上京がなくとも朝廷に差し支えはなく、先例もあるとのことなので、申し入れの通り、老中の人数が少ない場合や御用が多い場合などは、所司代のみが上京するのでよいとの結論となった旨を、広橋は阿部へ返答した。ただし、これまでは行われてきたことなので、今後二度と上京を行わないと決定したならば残念であると天皇も思し召すであろうとの旨も伝えられている。この朝廷側との交渉の結果を阿部は江戸へ伝達した。江戸では朝廷との交渉結果や引渡上京の先例がまとめられ、八月二十二日に将軍へ次のように伺が出された。[60]

［史料九］

（前略）元禄・正徳之度何故所司代計罷登候哉、訳合は難分候得共、年寄共御人少等差支之節は、品ニより上京不仕候而も不苦儀候得は、都合も宜可有御座、乍然(平出)　御所表之御様子難計候間、先達而阿部(正由)播磨守当地発足以前委細申伝、同人より伝　奏江及示談候処、元禄・正徳之例は於　御所表も訳合相(不脱)知候得共、所司代計上京候而も、於御所表は御差支も無之候、乍去、いつとても上京不仕候様成行候而は、　御残念ニ可被　思召歟、御人少或は格別御用多節は少も御差支之筋無之旨、伝　奏申聞候由、播磨守申越候、依之評議仕候処、先例も有之、於　御所表御差支も無之上は、時宜ニより所司代計上京仕候而も可然哉、　思召も不被為　在候ハヽ、以来所司代上京之節ハ、年寄共御人少或は格別御用多之時は為引渡不被差遣候儀も可有之段、京都江も申達置候様可仕候、
（中略）

右、辰八月廿二日下野守（青山忠裕）殿より奥江出、同廿八日伺済下ル[61]、

伺の内容は、次のようなものであった。

①元禄・正徳の所司代交代の際に上京がなかった理由はわからないが、老中の人数が少ない場合などには上京せずとも良いのであれば都合がいい。

②朝廷の意向を所司代から武家伝奏へ問い合わせたところ、常に老中が上京しなくなっては残念だが、老中の人数が少ない時や御用が多い場合には、上京せずともまったく問題ないとの返答があった。

③朝廷からの返答をうけて評議した結果、先例もあり、朝廷の側でも問題が無いとしているのだから、今後は老中が少人数である場合や御用が多い場合には引渡上京は行わないで良いのではないかとの結論になったので、それを朝廷へ申し入れたい。

以上のように老中から将軍へ伺が提出され、八月二十八日には将軍の認可を得た。これによって、次の所司代交代の時には引渡上京は行わないことが決定された。この時点での老中は、安藤信成・牧野忠精・土井利厚・青山忠裕・松平信明の五人であり、人数としては少なくない。しかし、この年は朝鮮通信使の易地聘礼についての交渉が朝鮮との間で行われており、とくに牧野は通信使来聘御用掛であったため、関連した職務が多かったと考えられる。前年にはロシア船による蝦夷地襲撃があり、その対応なども重要な案件として存在していた。このような状況であったために、引渡のために老中が上京することは、幕府にとって大きな負担であり、回避したかったのではないかと考えられる。

その後、次回は引渡上京を中止するとの決定が所司代阿部へ伝えられ[62]、十月三日には朝廷へ伝達された。直後に阿部が没したため、新所司代に酒井忠進が就任した。翌年正月三日には新所司代の酒井から「引渡老中、此度ハ御用多候間不上京旨[63]」が武家伝奏広橋伊光へ申し入れられ、引渡上京なしでの所司代交代となった。

引渡上京を省略したいとの申し入れを、朝廷はなぜ簡単に受け入れたのか、ここで指摘しておきたい。結論から述べると、前述したように引渡上京が幕府内部の儀式であり、それを朝廷も認識していたためであった。たとえば宝暦八年（一七五八）の松平輝高の引渡上京について、当時の武家伝奏であった広橋兼胤は「松平右京大夫為城引渡上京、関東より口上も有之候、明後廿六日巳刻参　内可被仰付哉[64]」と記している。老中上京の目的が朝廷への新所司代紹介ではなく、二条城の新所司代への引き渡しであると、朝廷の側が理解していたことがわかる。自らに直接関連するものではなかったため、先例からの変更となる申し出であっても、なんら異議なく、それを認めたと考えられる。

〔土井利位　天保八年〕

前述のように文化五年には引渡上京がなかったものの、その後は八回続いて引渡上京が行われていた。しかし、天保八年五月に前所司代松平信順の老中転任をうけて、大坂城代土井利位が所司代となった際には、再び引渡上京が行われなかった。松平家の家譜には「六月朔日、信順再上京所司代之所務所可押交於土井利位、依病不能上京、同列亦公幹多端故不被遣旨、水野忠邦達之[65]」と記されている。本来は松平が上京して、土井へ所司代の職務を伝えるべきであったが、病気により上京できず、他の老中は多忙であるため、引渡上京を行わないことになったとわかる。引渡上京中止の旨は、六月六日に朝廷へ伝えられた。次は、その時の武家伝奏日野資愛の日記である。

〔史料十〕

一、土井大炊頭（利位）為引渡老中上京可被　仰付候処、此度は御大礼御時節ニも近寄、追々御用多、且又伊豆守（松平信順）儀は病気ニ付、旁被差遣間敷被仰出候旨、年寄共より申越候ニ付、此段申上之趣、附武家以書面申越之[66]、

日野へ禁裏附から書面で申し入れがあった。徳川家慶への将軍宣下が九月に控えているために御用も多く、前所司代松平信順は病気であるため、引渡上京は行わないとの内容であった。翌日には日野は関白へ伝達している。十日に新所司代土井からも伝奏宛に同内容の書状が送られ、これも関白へ伝えられた。事前に朝廷側と相談することもなく、

また引渡上京を中止するとの連絡も、当初は禁裏附からの申し入れで済まされており、文化五年の時と比較しても、非常に簡略なものであったといえる。先例があったことに加え[67]、朝廷としても老中の参内を必要としていなかったために、このような簡単な連絡のみでも問題がなかったのであろう。

引渡上京が行われなかった理由は、前所司代の病気と老中の多忙とされたが、実は他の背景も存在した。松平信順在京中の四月十八日に日野は所司代屋敷を訪れ、松平と会談を持ち、次のような申し入れを行っている。

[史料十二]

一、伊豆守参府、定而可為転役歟、然則は替人体早可有上京、子細は大坂大変之様成は有之間敷候得共、昨年来凶作ニ付、京師世上人気不静候、且関東大礼ニ付、往復事も有之候、先年相国　宣下之節、水野越前守（忠邦）早可有上京殿下（鷹司政通）御内命有之候、此度も早可有上京取扱之事、殿下教命之旨演説示之[68]、

この時、松平は参府を命じられていたが、これは転役のためであると予想された。そこで文政九年（一八二六）に徳川家斉への太政大臣宣下への対応のために、新所司代水野忠邦を早期に上京させた例にならって、次の所司代を早く上京させて欲しいと申し入れた。前年来の凶作によって京都では世上が不安定であること、家慶の将軍就任に関わる相談が増加していることが理由とされている。この年の二月に発生した大塩の乱についても触れられており、その影響も大きかったとわかる。この申し入れがあったためかは不明だが、実際に土井は所司代に任命されてから一ヶ月半ほどで上京した。これ以前には三ヶ月弱かかるのが一般的であり、それと比べると短期間での赴任であった。儀礼的な側面の強い引渡上京よりも、早期の所司代着任という政治的な実利が優先された結果であったと言えよう。

〔酒井忠義　天保十四年〕

十一月三日に前所司代牧野忠雅が老中へ昇進し、寺社奉行酒井忠義が所司代に任命された。十二月二日には、朝廷へ次のように伝えられた。

［史料十二］

一、酒井若狭守（忠義）引渡老中、此度は御用多ニ付不被差登之旨申来候旨、附武家書取一紙、同役（徳大寺実堅）より為見被越、
但、殿下（鷹司政通）へ以序御噂申入被置候由、　右同断之儀、七日酒井若狭守より以書取申越、八日同役被詣殿下入覧、後刻附三条（実万）披露、[69]

御用が多いため引渡上京は行わないと江戸から連絡があったとの旨が、禁裏附から武家伝奏徳大寺実堅へ書取で伝えられた。七日には新所司代酒井からも、同様の連絡があった。天保八年と同様に、幕府からの上京中止の連絡は簡潔な申し入れのみであって、朝廷の側でも簡単に承諾しており、引渡上京の中止は幕府の都合だけで決定できると朝幕双方が理解していたことがわかる。

4　幕末期の引渡上京

〔内藤信親　嘉永三年（一八五〇）〕

前所司代酒井忠義の辞任により、九月一日に内藤信親が所司代に任じられ、十一月十日に上京した。[70]引渡老中の松平乗全は十一月五日に上京した。[71]在京中に松平が引渡儀礼だけでなく、さまざまな活動を行っていたことが確認できる。その内容を見ていきたい。

①　政治・経済情報の収集

松平乗全の上京に際して、京都町奉行・堺奉行・大番頭・大坂金奉行など上方役人から提出された書付や絵図などが、東京大学史料編纂所所蔵「松平乗全関係文書」中に、五十五点残されている。内容ごとに分類すると［表16］のようになる。「京都町奉行上申書」・「堺奉行上申書」は、京都・堺市中の経済に関する風聞書などからなる。「巡見関

係」は、京都・大坂巡見に関連する絵図や二条城・大坂城内に備蓄される武具の一覧など、「参内関係」は参内時の出迎公卿の名前の書き上げなどである。代表的なものをいくつか取り上げたい。次は京都町奉行水野重明が提出した上申書である。

[史料十三]

（前略）依之、此末之取続方愚考仕候処、酒井若狭守《（忠義）》殿御参府前当四月御内慮申上置候、二条　《（平出）》御城内ニ納有之御除料御物成金之儀、追々相溜り、御金蔵内差支候程之儀ニ有之候処、市中物体衰微仕、米穀幷諸色共高価ニ而、当地第一之西陣織屋共別而相衰、其外小禄之堂上其以下、幷京地在勤之御門番之頭以下小給之者共迄難渋之次第ニ付、右御除料金之内、壱万両余為御救被下置候而は如何可有御座哉と、若狭守殿江御内慮申上置、未御沙汰は無御座候得共、只今之処市中之有様前段之次第ニ而、堂上方其外譬小給ニ而も夫々知行御宛行等頂戴仕候者ニ付、右等之分は先ツ相除、全ク市民之困窮為御救、右壱万両を以、身寄宜者江申付米買入させ、其日稼難渋之者江玄米壱升・弐升之小売を格別直安ニ売渡候積を以取計候様仕度奉存候、若右之通被仰渡候ハヽ、取続之一助ニ相成、　《（平出）》御仁恵之程難有可奉存候、（中略）
右之通所司代江申立候様可仕と奉存候間、兼而御内慮御含被成置候様仕度奉存候、以上、
　戌十一月　　水野下総守《（重明）》(72)

京都市中は諸物価の値上がりもあって、西陣織業者をはじめ、小禄の公家衆や小給の幕府役人にいたるまで、全体的に衰微している。そこで二条城内に蓄えられている御除料の物成金(73)のうちから、一万両程度を御救いとして利用してはどうだろうかと考え、前所司代酒井忠進へ上申したが、いまだ何の沙汰もない。市中の状況を考えて、公家衆など知行を与えられている者はひとまず差し置き、その日稼ぎの者へ玄米を格安で販売するために一万両を使いたい(74)。この計画は所司代へも申し立てるつもりだが、前もって内々に了承しておいて欲しい、という内容である。京都町奉

行が政策の実施を求めるにあたって、直接の上役である所司代が赴任してくるのを待たずに、前もって老中の同意を得ようとしていることがわかる。老中の上京が所司代交代による政治的な空白を埋める役割を果たしていたと評価できる。(75)

ほかにも水野は京都市中の景気動向に関する風聞書を提出している。これについては、本書第七章で検討するが、ここでも内容を簡単に取り上げておきたい。

天保改革時に実施された株仲間解散が京都の経済へも大きな影響を与えていた。まず、株仲間の印札を担保とする取引の途絶により、金融市場に混乱が発生した。株仲間解散は新規商人の市場への参入をもたらしたが、それが相場を無視した商品の仕入れにつながったために物価が高騰し、既存の商人の没落が多発した。西陣織業者では、株仲間解散で奉公人統制が弛緩した結果、高い技術を持つ織子の他地域への流出が発生し、産業の衰退をもたらした。さらに、「並合」という商売も隆盛している。これは大量の商品を仕入れて、それを担保に借金をして、借入金の半分を賃金や仕入れ先への支払いに用い、残りの半分で操業する商売であった。これは不実な取引であるが、株仲間解散によって取締ができなくなったために発生したとされる。

以上のように、水野が提出した風聞書は、株仲間解散が京都に与えた悪影響を調査したものであった。株仲間再興を目指す活動は、弘化二年（一八四五）から江戸町奉行遠山景元を中心に進められており、再興が正式に触れ出されたのは嘉永四年三月であった。これは松平乗全が引渡上京から帰府した三ヶ月後であり、京都町奉行所の調査が株仲間再興の最終的な決定に大きな影響を与えていたとわかる。幕府の全国的な政策決定に、引渡上京が強く関係した事例として注目したい。

水野は朝廷に関する風聞書も二点提出している。一つは八月十六日に御所内で発生した堂上

表16　松平乗全へ提出された書付・絵図の数

京都町奉行上申書	15
堺奉行上申書	4
巡見関係	29
参内関係	7

注）「松平乗全関係文書」より作成.

公家や非蔵人の乱行の概要と処罰に関するものであり[76]、もう一つは、摂家・親王家・武家伝奏を対象に、能力や評判についての風聞をまとめたものである[77]。後者では、例えば武家伝奏について、次のように記される。

[史料十四]

伝　奏三条大納言殿《実万》ハ家柄宜、其上博学之由ニ而勤向も宜、家来末々迄取締手厚、鷹司関白殿《政通》よりも万事被及御相談、至而気請宜よし、坊城前大納言殿《俊明》ハ先役ニ候得共、老年ニ而何事も三条殿江相談被及、家来向ニ相心得候ものも無之、多分新抱之者之よし、乍然不締之儀ハ無之由、右之通老年ニ付、無間御役御断ニも可相成哉、左候得は跡御役ハ広橋大納言殿《光成》ニ可有之哉之よし、議　奏之内ニ而も広橋殿・東坊城中納言殿《聡長》・中山大納言殿《忠能》抔博学ニ而、訳而中山殿ハ関白殿之沙汰ニ而も不筋立儀ハ急度其訳被申述候程之人表ニ而、　御所中第一之人物と取沙汰仕候、

武家伝奏を勤める三条実万は、能力・家柄などが優れ、家臣の取締もよく、関白鷹司政通からも万事相談を受ける存在である。もう一人の武家伝奏である坊城俊明は、老年で家臣の能力も高くはなく、近く退役するであろう。後任は広橋光成と予想されている。武家伝奏に次ぐ重役である議奏のなかでも広橋と東坊城聡長・中山忠能は博学であり、とくに中山は関白へも意見を述べるほどの人物で、朝廷内で第一の人物と見なされている、との内容である。引用箇所以外では、関白鷹司政通が絶大な権力を保持していること、次の関白と目されている九条尚忠は能力が低く、女性問題を多く抱えていること、鷹司と九条が不仲であることなどが報告される。武家伝奏後任人事や鷹司と九条の不和など、調査結果は、ほぼ正確なものであった[78]。

このように、摂家・武家伝奏などの朝廷の中心的存在を対象に、京都町奉行所が内々に調査を行い、老中である松平乗全へと報告していた[79]。前述したように株仲間再興の決定に松平が持ち帰った情報が影響していたことから考えると、この朝廷についての風聞調査も、幕府の対朝廷政策のための利用を目的としていたと考えてよいであろう。

② 朝廷からの対外政策についての申し入れ

松平乗全は新所司代内藤信親とともに十一月十五日に参内したが、その前日に、関白鷹司政通は武家伝奏三条実万へ、次のような話をしている。

［史料十五］

近来度々風聞有之候異国船之事、当時雖静謐、元来夷族若々日本近界之島々に住居等無之歟、然時ハ渡来之便難防御歟、尤征夷将軍之御計如才無事と御安心被思召候へとも、余り風聞も有之、御不安心ニも被為在候、古ハ諸蕃入込も有之候へ共、東照宮以来被禁候深慮、御感悦之処、万一近島ニ停住有之節ハ不容易儀、神后御征伐之御趣意も有之儀、厚勘考有之度、幸老中上京之事ニも有之間、内々可及談話殿下命之趣、両武士参内之砌可申入思給、尚可勘考由被命、然ハ書取可見之間、文案是ハ儒家之事、東坊城勘考可談合被示命、殿下も老中謁給之間、一寸可被垂命、猶従伝奏委細可申入由可被命歟、所司代も不日殿下江参入之間、其節可被命置旨也、於此儀ハ尤所希候旨申入候、委細可加勘考云々、(80)

多発していた異国船の日本近海への来航を孝明天皇が不安に思っている。万が一にも日本近海の島に異国人が定住するようなことがあれば大変な事態である。幸いにも老中が上京してくるので、異国船対策について申し入れたいとの内容である。松平と会う際に直接に申し入れたいとの意向も鷹司は述べている。実際に松平への申し入れが行われたかどうかは不明だが(81)、幕府へ自らの意思を伝える機会として、引渡上京を朝廷が利用しようとしたことは注目される。既に弘化三年（一八四六）にも、海防強化を求める勅書が幕府に出されてはいるが(82)、幕政の中心である老中へ関白が直接に対外政策に関する意思を伝えようとしたという点で、これは大きな意義を持つと言えよう。

〔本多忠民　安政四年（一八五七）〕

前所司代脇坂安宅の老中昇進により、八月十一日に本多忠民が寺社奉行から所司代に就任した。本多は十一月十二日に上京し、十五日に脇坂とともに参内した。脇坂は十月二十五日に江戸を立ち、十一月九日には京都に到着した。その日のうちに脇坂は武家伝奏東坊城聡長と会ったが、その際に前月に江戸城へ登城したタウンゼント・ハリスについて話をしている。ハリスは前年に下田に着任し、通商条約締結交渉を行うために、江戸城へ登城することを要求しており、その要求が通って、この年の十月二十一日に登城した。この時、脇坂は在府中であった。脇坂は登城したハリスについて、次のように東坊城へ語っている。

[史料十六]

壱人ハ名ダヽル者ト承候、白髪ニテ、何歟イヤラシキ者ニ候、大タイハ蘭人同様ニ候得共、余程下品ニ候、中務（脇坂安宅）小声ニテ、何歟ヨホトケガラハシキ者ニ候、長口上申候得共、頓と不弁事ニ候、(83)

脇坂はハリスがいやらしく下品な人物であったと述べ、否定的な感想を伝えた(84)。翌日、脇坂は参内して恒例の挨拶を行った後、ハリスの江戸城登城の様子を再び東坊城へ伝えた。

[史料十七]

掛離候処ニテ御用談有之旨申ニ付、於高楼下両人対談、墨夷使節登城、且以御物好ニ而之事ニ而ハ無之、実以段々申立、無拠次第ニ打居、被許候、御目見之節、至而平穏ニ尽敬礼候云々、即日拝領物時服十五、御暇被下候処、掛老中備中守（堀田正睦）役宅へ出頭、直談仕度旨申出、廿六日ニハ直談之筈ニ候、如何之事申出候哉、私廿五日発足し候故、後之義ハ不承候、登城之節差出候図書ハ、和解出来候ハヽ、従所司代可差出筈ニ候等之旨也、猶可申上申答了(85)、

脇坂は東坊城を呼び寄せ、ハリスの初登城が済んだこと、ハリスからの書翰は翻訳した後に所司代から届けること、使節を登城させたのはやむを得ない所置であったこと、十月二十六日には老中堀田正睦と会談を行ったはずだが、自分は二十五日に江戸を出立したので、会談の内容はわからないことなどを話した。将軍御目見時のハリスについては、平穏で礼を尽くしていたと伝え、前日とは異なるハリスへの評価を述べている。

この後、十六日には新所司代本多から、アメリカ大統領の書翰の和解などが朝廷へ提出された(86)。九日に脇坂が東坊城へ伝えたハリス登城に関する情報は、雑談の形ではあるものの、所司代からの申し入れよりも前に行われており、おそらく最初の幕府からの通知であった。嘉永三年の朝廷からの申し入れと同じように、老中上京の機会を利用した朝幕間のなかば非公式な交渉であり、引渡上京が享保期同様の機能を果たしたと評価できる。

おわりに

引渡上京について、その始まりから幕末期に至るまで概観し、考察を加えてきた。内容をまとめておきたい。

当初は所司代交代の際には、前任者が在京しているうちに新所司代が上京し、時間をかけて引き継ぎを行うことによって、新所司代は職務に習熟していた。天和元年（一六八一）になると、引渡上京が始まった。はじめは引渡上京が行われない場合もあったが、享保二年（一七一七）・十年と朝廷との交渉のために老中の上京が続き、結果として引渡上京が恒例化した。引渡上京は、老中が新所司代に「朱印状」の引渡を行う儀式を中心としていた。所司代に任じられた者は、江戸で老中から所司代の職務が記された書付を与えられ、さらに京都で引渡を受けることによって、所司代への就任を果たすという形式が、天和から享保にかけて整えられた。これは近世初期には広範な権限をもっていた所司代権力が、この時期に縮小されていったことを背景としていた。

引渡上京が始まった当初は、上京した老中は朝廷との交渉を行っていたが、引渡上京が定着するとともに儀礼化が進んだ。その結果、引渡上京が必須ではないと幕府は判断するようになり、文化三年（一八〇六）の所司代交代の時には、引渡上京が省略されるに至った。ただし、老中が上京し、さらに京都や大坂の市中巡見を行っていたことは、幕府の権威を民衆に意識させる意義を持っていた。また天明七年（一七八七）に松平定信が上京した時のように、引渡のために上京した老中が朝廷と交渉を行う場合もあったなど、引渡上京は幕府にとって価値がまったくないものではなかった。

松平乗全が嘉永三年（一八五〇）に上京した際には、京都市中の経済情報や公家衆の評判などの風聞書が京都町奉行から提出されており、その情報は幕府の政策判断にも利用されていた。また、松平へ海防体制強化を求める意向を伝達しようと朝廷は考えていた。逆に安政四年（一八五七）には、引渡のために上京した脇坂安宅がハリスの登城の様子を朝廷へ申し入れている。対外的な緊張感の高まりによって、朝幕間での交渉がそれまで以上に重要なものとなり、引渡上京は朝廷との交渉に再び利用されるようになっていった。

最後に、明らかにできなかったことを二つあげておきたい。一つは、朝廷が存在感を増していくとされる近世後半に、引渡上京の省略がはじまったことをどのように考えれば良いのかという点である。もう一つは、松平乗全の上京時に行われていたような政治経済情報の調査が、他の引渡上京に際しても行われたのかどうかである。もし一般的に行われていたのならば、引渡上京の政治的意義をより高く評価する必要があり、幕府の政策決定を検討するにあたって、引渡上京への注意が必要となると考えられる。

（1）朝尾直弘「畿内における幕藩制支配」（『近世封建社会の基礎構造――畿内における幕藩体制』御茶の水書房、一九六七年）。
（2）田中暁龍『近世前期朝幕関係の研究』（吉川弘文館、二〇一一年）、小倉宗『江戸幕府上方支配機構の研究』（塙書房、二〇一一年）、山口和夫「近世史料と政治史研究」（『日本の時代史』三〇（吉川弘文館、二〇〇四年））、菅良樹「近世後期における所司代制度についての一考察」（『政治経済史学』五二五、二〇一〇年）・「近世前・中期における京都所司代による朝廷統制と上方行政」（『政治経済史学』五三四、二〇一一年）など。
（3）以下、引渡上京と記述する。

（4）「所司代為引渡上京発足迄日記」（首都大学東京図書館所蔵「水野家文書」「所司代引渡一件」）。

（5）所司代就任者は、基本的には『大日本近世史料　柳営補任』五（東京大学出版会、一九六五年）による。奥平信昌・加藤正次に関しては所司代就任を疑問視する研究もあるが、藤井譲治氏が奥平・加藤両者ともに所司代に就任していると明らかにしており（「徳川政権成立期の京都所司代」『近世史小論集　古文書と共に』思文閣、二〇一二年）、本章でも所司代就任者として数えた。

（6）天明七年（一七八七）に松平乗完が所司代に就任した際には、老中松平定信に引渡が命じられていたが、天明の大火への対応のため、定信より先に乗完が上京したという特別な事情がある（『宇下人言・修行録』岩波書店、一九六九年、七七頁）。また、安政五年（一八五八）の酒井忠義再任に際しては、老中間部詮勝が上京・参内しているが、これは日米修好通商条約調印の説明と安政大獄の実施のためとされており、ここではひとまず所司代引渡上京からは除外して考えた。

（7）寛政四年（一七九二）に所司代を辞任した太田資愛は、翌年老中へ昇進しているが、後任の所司代である堀田正順が上京した時点では、病気のために幕府の役職にはついていなかった。

（8）東北大学付属図書館所蔵狩野文庫「新見記録（文政七至天保十三年）第二七冊」（以下、「新見記録」と省略）。本史料は文政六年に目付に就任した新見正路が先例をまとめたものと考えられる。この伺は、文化三年の引渡上京の省略に関連して提出されたものである。

（9）「水野家文書」「所司代引渡一件」。

（10）ただし、「出羽殿より借写　越前守」との記述があり、おそらく水野忠邦が文政十一年に所司代引渡を担当するにあたり、水野忠成から日記を借用し、作成した写しであると考えられる。

（11）後述するように、この「朱印状」は判紙であると考えられるため、括弧付の「朱印状」とした。

（12）史料中には「朱印」と記述されるが、「御朱印数枚」という表記があることから、印鑑ではなく、料紙であったと考えられる。

（13）藤田覚氏は、「京都所司代が交替すると、新任の所司代の「引渡し」と称して老中が上京する慣行があった」と記しており（『幕末の天皇』講談社、一九九四年、九六頁）、老中が新任の所司代を朝廷に引き渡す儀式と捉えている。

（14）この事例以外に、文政五年・安政四年の新所司代就任時にも同様に引渡が行われていることを確認した（「所司代引渡上京発足より帰府迄日記　中」（「水野家文書」）文政五年十一月十九日、『所司代日記』上巻（日本史籍協会、一九二八年）安政四年十一月十二日)。御仕置例類集なども引き渡されているが、儀式の内容から考えれば、「朱印状」が最も重要であったことがわかる。老中による引渡上京がなかった文化五年の酒井忠進の所司代就任の時にも、酒井は上京すると所司代役宅で在京諸役人から挨拶をうけ、その際に町奉行から朱印紙などを受領している(菅良樹「近世後期における所司代制度についての一考察」)。

(15)　時代が下ってしまうが、文久二年(一八六二)に酒井忠義が所司代を罷免されて参府する際に、京都出発前に町奉行へ「朱印状」や長持に入れた御仕置例類集などを引き渡していることが確認できる(『所司代日記』下巻(日本史籍協会、一九二八年)文久二年七月六日)。

(16)　判紙とは、白紙に印判のみが据えられており、使用時に文言を記載して利用するものであり、判主が遠方に滞在している場合などに用いられた。この事例では、使用時には所司代が文言を記すことを想定した将軍の朱印のみが捺された白紙であると考えられる。また、所司代が宿次を利用する際には自らの名義で証文を発給していたこと、所司代在府時には京都町奉行が所司代の印のある証文を用いたことなどが、小倉宗氏によって明らかにされているが(『江戸幕府上方支配機構の研究』一三五頁)、ここで引き渡されている「朱印状」はそれとは異なると考えている。

(17)　『甲子夜話』巻四七(平凡社、一九七七年)二五七頁。

(18)　『京都町触集成』第一〇巻(岩波書店、一九八六年)一六四頁、文政八年五七七号。

(19)　『京都町触集成』第一〇巻、一六九頁、文政八年六〇〇号。

(20)　この時の水野の来坂では確認できなかったものの、引渡老中が大坂を訪れるにあたっては、京都と同様に大坂市中へも道路の掃除・修繕が触出されている事例を多数確認することができる(『大阪市史』第三(大阪市、一九一一年))。

(21)　伊勢神宮への参宮も予定されていたが、水野の服忌によって中止されている(笠原綾「老中の伊勢参宮」『論集きんせい』一八、一九九六年)。

(22)　冨善一敏「大坂城代交代時の文書の引き継ぎについて」(『記録史料と近世社会』千葉大学大学院社会文化科学研究科、二〇〇〇年)。

(23)　『大日本維新史料　類纂之部　井伊家史料』八(東京大学出版会、一九七三年)四一項、『長崎奉行遠山景晋日記』(清文堂、二〇〇五年)文化九年七月十九日、同年九月七日。

(24)　『函館市史』通説編第一巻(函館市、一九八〇年)四二四頁。

(25) 所司代へも京都への赴任前に老中から職掌規定などが与えられていた（田中『近世前期朝幕関係の研究』）。また寛文十年・延宝四年の所司代交替では将軍家綱から書付が下されている（山口「近世史料と政治史研究」）。
(26) たとえば元和七年には、関白九条忠栄の関東下向中止や高知藩財政改革に関わって、勝重が重宗とともに活動している（『大日本史料　第十二編』四〇（東京大学出版会、一九五九年）七〇頁、『大日本史料　第十二編』四八（東京大学出版会、一九七九年）補遺五二頁）。
(27) 「新見記録」。
(28) 国立公文書館所蔵「天享吾妻鑑」承応三年十一月二十八日条。
(29) 『徳川実紀』第五編（吉川弘文館、一九三一年）二七頁。
(30) 田中「京都所司代板倉重矩と寛文期の朝幕関係」（『近世前期朝幕関係の研究』）。
(31) 『徳川実紀』第五編五八頁。
(32) 東京大学史料編纂所所蔵「師庸朝臣記」寛文十年七月二十二日条。
(33) 東京大学史料編纂所所蔵「中原章成日記」、『徳川実紀』第五編二四二頁・二四七頁。
(34) 『徳川実紀』第五編四三一頁・四三二頁・四三六頁。
(35) 『徳川実紀』第五編五五七頁・五六〇頁。
(36) 東京大学史料編纂所所蔵「基煕公記　廿一」、『徳川実紀』第五編六二〇頁。
(37) 田中「京都所司代土屋政直と貞享期の朝幕関係」（『近世前期朝幕関係の研究』）。
(38) 「庭田重条日記」（宮内庁書陵部所蔵）では「依御用上京」とのみ記述されている。
(39) 「新見記録」。
(40) 「新見記録」。
(41) 『徳川実紀』第七編（吉川弘文館、一九六五年）。
(42) 「庭田重条日記」享保二年十月十一日条。
(43) 「庭田重条日記」享保二年十一月十九日条。
(44) 当時の女院は、承秋門院（有栖川宮幸子、東山天皇中宮）と敬法門院（松木宗子、東山天皇母）の二名であったが、どちらを指すのかはわからなかった。朝廷が先例とした新上西門院とは、霊元天皇中宮の鷹司房子で、徳川綱吉室信子の姉であり、幕府が先例とした新上東門院（勧修寺晴子、後陽成天皇母）や中和門院（近衛前子、後陽成天皇女御、後水尾天皇母）は、幕府との関係を特に持っていなかった。
(45)「月堂見聞集　巻之九」（『近世風俗見聞集』第一（国書刊行会、一九一二年））享保二年十一月二十一日条。
(46) 東京大学史料編纂所所蔵「基長卿記」享保十年正月二十三日条。
(47) ただし牧野の上京は二月二十四日であり、この時点では不在であった。
(48) 藤田『幕末の天皇』九六頁。
(49) 天保九年に引渡上京を行った土井利位が、参内時に通例の口上のほかに、同年発生した江戸城西丸炎上への天皇からの見舞い申し入れに対する将軍の返礼を申し入れている事例などもあるものの（宮内庁書陵部所蔵「日野資愛公武御用日記」天保九年五月二十七日条）、儀礼的な挨拶の域を出てはいない。
(50) 田中『近世前期朝幕関係の研究』。
(51) 藤井「京都町奉行の成立過程」（『近世史小論集　古文書と共に』）。
(52) 鎌田道隆「寛文の改革」（『近世都市・京都』角川書店、一九七六年）、同『京　花の田舎』（柳原書店、一九七七年）、村田路人「享保の国分けと京都・大坂町奉行の代官支配」（大阪大学文学部日本史研究室編『近世近代の地域と権力』清文堂出版、一九九八年）。
(53) 鎌田「寛文の改革」。
(54) 菅「近世前・中期における京都所司代による朝廷統制と上方行政」。
(55) 表向きは十一月二十二日に死去したと届けられた（『白河市史』第二巻、福島県白河市、二〇〇六年、三九七頁）。
(56)「新見記録」。
(57) ただし、阿部が所司代に任じられたのは文化三年十月だが、翌年正月までは在府していた（国立公文書館所蔵「江戸幕府日記」文化四年正月十七日条）。
(58) 東京大学史料編纂所所蔵「伊光記」。
(59)「伊光記」。
(60) 本史料は、第一節で取り上げた、老中青山忠裕から将軍家斉へと提出された伺の後略部にあたる。この史料が文政六年に目付に就任した新見正路の残したものであることから、先例の調査などの実務は目付が担当していたと考えられる。

(61)「新見記録」。
(62) 前掲した文化五年九月十四日の阿部正由宛の老中書状がこれにあたる。
(63)「伊光記」。
(64)『広橋兼胤公武御用日記』八（東京大学史料編纂所、二〇〇七年）宝暦九年正月二十四日条。
(65) 東京大学史料編纂所所蔵「大河内家譜（三河豊橋）」。
(66)「日野資愛公武御用日記」天保八年六月六日条。
(67) 参内時の口上も、酒井忠進の時が先例とされている（「日野資愛公武御用日記」天保八年七月二日条）。
(68)「日野資愛公武御用日記」天保八年四月十八日条
(69)「日野資愛公武御用日記」天保十四年十二月二日条。
(70) 東京大学史料編纂所所蔵「三条実万公記」嘉永三年十一月十日条。
(71) 東京大学史料編纂所所蔵「実久卿記」嘉永三年十一月五日条。
(72)「京都町奉行水野下総守上申書」（「松平乗全関係文書」）。
(73) 御除料の物成金とは、上皇不在時に仙洞領から徴収された年貢のことであり、京都代官が管理して二条城内に保管されていた（橋本政宣「江戸時代の禁裏御料と公家領」『近世公家社会の研究』吉川弘文館、二〇〇二年）。
(74) この時点では後桜町・光格上皇の死後の貯蓄額が四万千七百両余となっており、これ以後も年間四千両の増加が見込まれていた（「御除料金訳書」（「松平乗全関係文書」））。
(75) 堺奉行も市中の困窮者のため囲米を利用したいとの計画を、松平へ書取で提出している（「米価高直に付取計の趣申上候書取」（「松平乗全関係文書」））。ただし、実際にこれらの政策が実施されたのかどうかは、明らかにできなかった。
(76)「御所内風聞書」（「松平乗全関係文書」）。
(77)「官家風聞書」（「松平乗全関係文書」）。
(78) ただし、実際には中山忠能は議奏ではなかった。
(79) この時の朝廷関連の風聞探索については、荒木裕行「京都町奉行所による朝廷風聞調査について」（東京大学史料編纂所研究成果報告二〇一三―五『近世の摂家・武家伝奏日記の蒐集・統合化による史料学的研究』二〇一四年三月）参照。
(80)「三条実万公記」嘉永三年十一月十四日条。

（81）十一月二十三日に、武家伝奏坊城俊明が所司代内藤へ、神州に瑕瑾なく庶民も安堵するような沙汰の実行を求めるといった内容の書取を送っていることは確認できる（『孝明天皇紀』第一（平安神宮、一九六七年）九〇七頁、藤田『幕末の天皇』一五二頁）。
（82）藤田『幕末の天皇』一四七頁。
（83）『三条実万手録』第一（日本史籍協会、一九二五年）六九頁。
（84）家近良樹氏は、これを脇坂が「思わず口をすべらせ」と評しているが（『幕末の宮廷』中央公論新社、二〇〇七年、一九九頁）、この評価についての判断は保留したい。
（85）『孝明天皇紀』第二（平安神宮、一九六七年）六八五頁。
（86）『孝明天皇実録』第一巻（ゆまに書房、二〇〇六年）三六七頁。

第七章　株仲間再興令決定過程の検討

はじめに

本章の目的は、嘉永四年（一八五一）の株仲間再興令の決定過程を検討することである。[1]株仲間の解散は、天保十二年（一八四一）に始まる天保改革の中心的な政策の一つである。物価高騰の原因を株仲間による価格のつり上げと考え、その解散によって物価の引下げを企図した政策であった。この政策は、老中水野忠邦と勘定奉行によって推進されたものであり、一方で、江戸町奉行矢部定謙・遠山景元による反対もあった。[2]

水野忠邦の失脚後、嘉永四年に株仲間は再興されたが、そこでも遠山が中心的な活動をしていたとされる。[3]遠山ら町奉行は、下層民の生活を安定させるために、市中の繁栄を重視する、庶民の声の代弁者ともいえる政治姿勢をとっており、[4]株仲間に関する政策についても、同様であったと理解されてきた。[5]これに対して平川新氏が、株仲間解散は世論を反映した政策であり、町奉行が株仲間解散に反対し、再興についても積極的な働きかけを行ったのは、十組問屋の利益を守るためであったと指摘し、従来とは異なる町奉行像を提唱している。[6]

株仲間解散・再興については、多くの研究が積み重ねられてきたが、株仲間再興が決定されるまでの過程については、「諸問屋再興調」[7]に収録される江戸町奉行・勘定奉行・江戸町年寄からの上申書を用いての検討が中心であった。

そのため、江戸以外の地域での株仲間解散の影響について、幕府がどのように判断し、再興を決定したのかという点は、ほとんど明らかにされてこなかった(8)。以上をふまえて、京都・大坂町奉行の上申書から、株仲間再興令の決定過程を検討する。行論の都合上、江戸での動きもあわせて取り上げる。

1　弘化期の展開

株仲間再興にむけた動きは、弘化期（一八四四—四八）には開始されていた。本節では、弘化期の江戸・大坂での動向をみていきたい。

江戸における動向

株仲間再興を目指す政治的な活動は、弘化二年（一八四五）から遠山景元によって本格的に始められたとされる。水野忠邦は天保十四年（一八四三）閏九月老中を罷免され、翌年六月に再任されるが、弘化二年二月には再度老中を罷免された。直後の三月に、遠山は江戸町奉行に再任した。再任に際して、株仲間再興を上申した。これに対して、差し支えの生じている品はなく、たとえ差し支えが生じたとしても、その品に限って問屋を取り立てればよい。問屋全体を再興させるべきではないなどの反対意見があり、採用されなかった(9)。

その後、翌三年七月に元町奉行筒井政憲から老中へ、江戸を襲った災害への対応策に関する上申書が提出された。その中で株仲間については、次のように述べられている。

［史料一］

（前略）亦諸式之儀も、是又諸問屋株式等、是迄之通り御復被成下候ハヽ、高直段ニ売出候節、奉行所より之取調、或は申渡等も行届、且小前之小商人売人抔は、問屋より品物借受、売立之上、代金相済候様相成候へ共、其日々之売徳を以、自分之暮方入用相弁、本銭は、問屋へ日毎ニ払入候共、又は借置、晦日と歟、五節句、或は盆暮と歟、其程ニ払入候様ニも相成候得は、本手銭無之窮人ニ而も商売ニ取附被申候間、一ト通り米銭其時限り之御救とは訳違、難有事ニ可奉存、又相応之身上之者も是迄金子融通ニは、諸式又は家屋敷等書入、金子借受候事ニ有之候処、株式相止候以来は、町屋敷等所持無之者は、書入候而金子可借受品無之、金主方ニ而は、書入物無之節は、万一返金滞候節、殊ニ寄、損金も致し候故、書入物無之金子は危踏候て、先ツ融通不仕候間、相応之身上成者も、矢張融通悪敷、身上操廻し行届不申故、身上追々衰微に至候様相成候得共、株式相立候得は、一同金子之融通も附、町人共難有狩可申哉と奉存候、（後略）[10]

物価高騰への対策や商人への援助の手段として、株仲間の再興が主張されている。奉行所からの調査・指示を容易にすること、小商人の生活を成り立たせること、株仲間の解散にともなう株の廃止による市中の金銀不融通を解消することが眼目であった。金銀不融通の解消については、株が家屋敷などと同様に担保としての価値を持っていたことにもとづく主張である。

この筒井からの上申について、遠山も意見を阿部正弘に述べている[11]。そこでは、災害後の救済のため株仲間を再興するべきと主張されるとともに、株の廃止によって金銀不融通となり、江戸市中が衰退しているとの江戸町年寄館市右衛門からの願書も添えられており[12]、遠山・館の意見も筒井の上申に同意するものであった。

大坂町奉行からの上申

遠山景元の江戸町奉行再任の四ヶ月前、弘化元年十二月に大坂町奉行水野道一は、阿部正弘へ上申書を提出した[13]。

大坂市中の不融通に関する探索の報告であり、そのなかには、次のようにある。

［史料二］

一、大坂表之儀、諸国より之入津・金銀融通第一之土地ニ御座候得ハ、諸色之儀、中国・四国・西国筋幷北海通船に至まて、重モニ積廻り候分、何品ニ不寄、其筋々之問屋共受払致し候、江戸幷諸国入用之品注文引受買次致し候、又ハ注文之有無ニ不拘、銘々見込を以積送、専手広之取引仕候事之由、然処、近年都而株札・問屋・仲間・組合等堅被差止、素人勝手次第直売買相成候ニ付而ハ、素人共ハ前後之弁別薄候方ニ付、自然売崩され候儀を厭、在来問屋渡世之もの共、国々江諸色仕入候儀、追々手を縮メ候振合ニ相成、大坂廻着次第ニ相減候付、右ニ釣合、其筋ニ携候町人共、融通合ニ拘り候事之由、相聞申候。(14)

株仲間解散によって、素人が売買に参入し、その結果として、商品の値崩れが予想された。そのために従来から問屋として商売に携わってきた商人が仕入れを縮小し、大坂への商品の廻着が減少することになった。それによって融通が悪化したという、大坂市中の様子が述べられている。(15)

この上申をうけて、江戸においても阿部の指示にもとづいて、隠密廻りによる調査が行われ、弘化二年三月頃に江戸町奉行跡部良弼・鍋島直孝から阿部へ調査結果が報告された。(16) 水野の上申が老中から注目され、調査・議論の対象となっていたことがわかる。

水野の上申は、株仲間解散による大坂の地位低下、それにともなう大坂市中の不融通という内容であり、株の担保としての役割に注目した筒井政憲や館市右衛門の主張とは異なっている。しかし、この上申が行われたのが、遠山が再興を上申する以前であり、老中からも着目されていたという点は興味深い。(17)

2　嘉永期の展開

江戸における動向

前節にみたように、江戸町奉行・大坂町奉行などによって、弘化元年（一八四四）から翌二年には既に主張されていた株仲間再興であったが、弘化期は上申にとどまっており、政策として決定されたものではなかった。嘉永元年（一八四八）になると、状況に変化が現れる。

嘉永元年四月四日に、遠山景元は阿部正弘へ上申書を提出しているが、その中に、「諸問屋諸株古復之儀ニ付、極密見込之趣取調申上候様被仰渡候」[18]とある。具体的な日付は不明だが、この上申書提出以前に、阿部が株仲間再興に関する意見の提出を遠山に命じていた。その際に「諸問屋諸株再興之儀、弥可被　仰出御内沙汰」[19]があり、この時点で、阿部が株仲間再興を決定していたことがわかる。この方針の下で、町奉行と勘定奉行を中心に、調査・検討が進められていった。

株仲間を再興すること自体は決まっており、調査・検討は、どのような形で株仲間を再興するのか、調整を中心とする作業であった。遠山は、寛政期までに認められていたものだけを株主として再興を認め、それ以降に増加したものについては、奉行所では再興を申しつけず、株仲間自身に加入を審査させるという方針を主張した[20]。勘定奉行は、その方針を「文化以後之姿ニ立戻り候儀ニ有之」[21]と批判した。このように町奉行・勘定奉行間での対立は存在したものの、嘉永三年十月十八日に勘定奉行石河政平から町奉行へ、軒数・人数に拘らず、現状を認める形での再興という案が出されると、町奉行側も合意した。これによって、株仲間再興は最終的に決定したとされる。嘉永四年三月八日に再興が正式に布達された。名称は株仲間ではなく、問屋組合もしくは仲間組合とされた。組合の構成は嘉永四年三月の現状にあわせ、新規加入も自由であり、加入にあたっての多額の礼金も禁止された(22)。冥加金の上納は課されず、幕府からの株札の下付もなかった(23)。

調査・検討過程において、株仲間解散がもたらした弊害について、遠山は数度にわたって意見を述べているが、そのいくつかを確認しておきたい。

[史料三]

一、国初以来、夫々商法御立おかれ候処、世上奢侈之風俗ニ流れ、次第ニ困窮およひ、互ニ過分之利徳を争ひ、姦商共一般ニ不正之事共多、其上文化度已来十組并附属之もの共、新ニ上納金致し、右を仕埋候故、諸物価不引下抔、世上疑を生し、巷説不穏ニ付、年来之商法に候共、無拠、去ル丑年中、諸問屋・組合・諸株停止被仰渡儀ニて、然処、銘々旧来の株式滅却いたし、金銀益々不融通ニ相成、物価は引下る事もなく、只々難儀之趣ニのミ相聞、(後略)(24)

[史料四]

(前略)其上町人共江ハ、前々御沙汰ニ寄、御用金或冥加上納金等も申付来、既ニ近年も惣高八万八千七百四拾両余之上納申上之上、被仰付候儀ニ而、此後万一御用金等之御沙汰御座候時節、商売筋不融通之廉申立之、品ニ寄、利解申諭方等差支に相成候而は、私共ニおいて深恐入候間、太平之御政事ハ、町人共気合之儀も大切之事故、可相成丈ケハ、常々御仁恵之程難有為相弁置申度存念難止ニ付、御内沙汰ニ従ひ、商法古復之儀、一般ニ文化度以前之通御定被遣可然哉と申上候儀ニ而、(後略)(25)

[史料三]は、嘉永元年九月五日に阿部正弘へ提出された再興申渡しの案文であり、[史料四]は、嘉永二年五月七日に勘定奉行からの問い合わせをうけて、自らの意見を阿部へ上申したものである。[史料三]では、十組問屋などが物価上昇の原因となっていたために、問屋・組合・株を廃止したものの、物価が下がることもなく、金銀融通の悪

化が引き起こされただけであったと述べられている。［史料四］では、御用金を課すにあたって、町人が商売の不振を理由に御用金の提出を拒むことを懸念し、株仲間の再興によって、仁恵を施しておくべきである旨が主張されている。

このように、株仲間解散には目的であった物価引き下げの効果はなく、一方で不融通をもたらしたというのが、遠山の判断であった。株仲間再興にあたっての申渡しにも、「去ル丑年中、諸問屋・組合停止被仰出候処、其以来問屋・組合商法取締相崩、諸品下直ニも不相成、却而不融通之趣も相聞候ニ付」(26)とあり、再興の決定に遠山の主張が影響していたことは確実である。ただし、株仲間解散・再興は全国規模の政策であり、前節でもみたように、株仲間解散による弊害は、大坂町奉行からも幕閣へと報告されていた。再興が決定された時点では、江戸以外の状況については、どのように取り扱われていたのであろうか。次項では、京都町奉行からの上申書を用いて、この点について確認していきたい。

老中松平乗全の上京と京都町奉行からの上申

嘉永三年七月二十八日に、所司代酒井忠義が「京都御大礼度々有之処骨折相勤候ニ付、別段之訳以溜詰格被仰付」(27)との理由で解任され、九月一日に大坂城代の内藤信親が所司代に任命された。所司代引渡のため、老中松平乗全が上京した(28)。松平は、十月十五日に江戸で暇乞を行い、十一月十五日には京都に到着した。十五・十六日の両日参内し、二十日には大坂に到着、二十四日に奈良、十二月四日に自らの所領である西尾を訪れて、帰府した。同月三十日には江戸で霊廟代参を行っていることが確認できる。松平に対して、京都町奉行・堺奉行から、上申書や風聞書などが提出されている。次の史料は、京都町奉行水野重明から提出された風聞書である。

［史料五］

当地市中景気等之風聞、当時之処左之通相聞申候、

一、当表之儀は諸色仕入重モ之土地ニ而、人気は柔弱成方ニ有之、諸商人共株仲ケ間之印札等引当ニ差入融通いたし、取引合も可成ニ無滞いたし来候由之処、近来は株仲ケ間之印札を以元手銀等融通いたし候儀も不相成、勝手ニ諸商買いたし候もの出来、此儀物品潤沢ニ相成、手広ニも相成候様之道理ニ有之候処、勝手ニ諸商買相成候ニ付而は、其道不馴之もの共物価ニ不拘競ひ合、我へと元方江雑買ニ罷越候由ニ付、自ラ元方ニ而直段引上ケ候付、新規ニ相始候ものは勿論、是迄年来仕来候商人之向も商ひ品高直ニ相成候付、捌方不宜、渡世ニ相成兼、新古商人之無差別、追々多分之損失等いたし、商ひ相止、従来持伝候家屋敷等は借財先等江相渡、甚敷は出奔、又は無拠場末之町分江変宅・逼塞等いたし居候もの不少候由、

一、諸商人共取込体ニ紛敷儀致間敷旨、度々触達等も御座候得共、融通差迫候由ニ而、内実多分之借財等ニ而難渋乍致、店等を張、手代・小者等召仕、多分之品物買入、右品物を質物等ニ差入、賃代譬は銀拾貫目之処半銀程買先江相渡、其余は全手前之融通ニ相用、買掛り之姿ニいたし、先操右様不実之取引ニ而取凌、当時ニ而は右を並合とか相唱へ、彼是増長仕、右等之儀も夫々商ひ向ニ而取締出来候得は、右体之弊は生間敷哉之旨取沙汰仕候、

一、市中之内、西陣と唱、百六拾丁程之処、諸織物専ラニいたし渡世罷在、前々は夫々規定等も有之、召仕候者共ニ至迄、不奉公又は不埒筋有之候ハヽ、渡世差支等ニ不相成様取締も出来有之候由之処、近来右等之取締も無之候付、織子又は手間日雇ニ罷越候もの織習候ハヽ、給銀賃金を相好、若其好ニ不応候ハヽ、他稼等いたし候抔申出、他国江罷越、西陣産物之品織出候より、他国ニ而追々西陣織物仕覚、織立候由ニ付、西陣もの当時ニ而は繻子・天鵞絨等之外、其余織もの不捌ニ而、渡世相成兼候より、織子・日雇は勿論、織屋之向

も追々他国江出稼いたし候由、

一、市中之内、年来身元相応ニ而手広ニ商ひ等いたし、手代・小もの等召仕居候ものも、近来追々渡世向不景気ニ相成候ニ付、手代・小もの等暇遣シ、人数相減、取引向手を縮罷在候由、尤当年此節迄之商ひ高、先ツ平均一般ニ去中年と五分、又は渡世柄ニ寄七分程も相減候取沙汰ニ御座候、

（中略）

右之通真偽は難量御座候得共、凡之風聞ニ御座候、以上、

戌十一月

水野下総守（重明）組与力
下田耕助
砂川健次郎
同人組同心
今井小平太(29)

この風聞書は、京都町奉行所の与力・同心から、水野へ提出されたものであり、「戌十一月」とあることから、松平乗全の上京にあわせて行われた風聞調査であったと考えられる。冒頭部にもあるように、京都市中の景気が調査対象であった。内容を確認しておきたい。

一条目では、株仲間解散による混乱が示されている。京都では株仲間の印札を担保とする金融取引が行われていたが、株仲間解散により、それが行えなくなったとされる。これは、前節で取り上げた筒井政憲や遠山景元からの上申においても、取り上げられていた問題である。さらに、株仲間の解散が新規商人の商売への参入をもたらしたとされる。本来ならば、株仲間の解散、それによる新規商人の参入は、商品の流通量を増加させるはずであった。しかし実際には、新たに参入した商人は、相場と無関係に商品を仕入れ、商品を元方へ雑買に行ったため、仕入価格の上昇を

もたらした。そのため、以前からの商人もこれまでより高値で商品の販売をするようになった。その結果、売り上げが悪化し、没落したものも少なくないとされる。以上のように、株仲間解散によって従来の流通構造が破壊されたことによる、商品価格の高騰と商人の没落が報告されている。

〔史料二〕の大坂町奉行からの上申書では、「素人」の商売への参入が商品の値崩れを引き起こしたことによる、流通構造の混乱の様子が示されていた。価格の変動としては、逆の現象が発生していたことになるものの、株仲間解散による経済の混乱という点においては、同種の調査結果である。株仲間解散が物価に与えた影響については、研究上も評価が分かれているが[30]、大坂町奉行からと京都町奉行からの上申内容の違いには、地域や時期による差異の存在が考えられる[31]。

二条目では、「並合」と呼ばれる商売が隆盛していることについて報告される。「並合」とは、多額の借金がありながらも、大量の商品を仕入れ、その品を担保に借入を行い、借入金の半分を賃金や仕入れ先への支払いにあて、残りの半分を用いて操業する商売であると説明される。これは不実の取引であり、業種ごとに取り締まりを行えば、消滅するであろうと提案される。「並合」の隆盛は、江戸町奉行からの上申書などでは指摘されておらず、京都町奉行所独自の調査結果である。これも株仲間解散による悪影響の一つとして報告されている。

三条目では、京都市中の西陣織業者がとりあげられる。西陣織業者は、丹後・桐生など他地域での織物業の発展や天明大火による職人の流出、糸価格の高騰などもあり、経営不振が続いていたが、特に天保期に入ると、天保飢饉の影響により経営が悪化していた。そこに天保改革による奢侈禁止が行われたことによって、高級織物である西陣織は多大な打撃を受けていたことが、これまでの研究で明らかになっている[32]。本史料での、西陣織業者についての京都町奉行からの報告は、次のようなものである。西陣織業者は以前は内規による取り締まりを行っており、渡世に差し支えがでないようにしていた。しかし現在では取り締まりが行われなくなったため、織子や日雇が織り方を学んだ後で、より高い賃金を求めて他地域へ流出し、織物を生産するようになった。その結果、西陣では繻子と天鵞絨（ビロード）以外は販売不振になり、織子・日雇のみならず織屋自体が他地域へ移転しているとされる(33)。このような奉公人の統制の乱れは、すでに株仲間解散直後の天保十三年（一八四二）四月には問題として顕在化している(34)。この西陣織業者内での取り締まりの弛緩も株仲間解散によるものであった。

四条目では、大規模な商人であっても近年では不景気であるため、商売の規模を縮小させており、二年前と比較すると平均で半分、業種によっては七割程度も売上高が減少していることが報告される。

五条目以後は省略したが、米穀の高騰・銭と金の相場の下落による庶民の生活の困窮の様子、雇用の増大のために地車業者へ負担をおわせるといった庶民の生活維持の方策について、意見が述べられている。

以上の内容から、株仲間の解散による弊害に注目して調査が行われたとわかる。印札がなくなったことによる金銀流通の混乱や、新規商人の参入による物価の上昇、「並合」という実態を持たない商法の横行、取り締まりの消滅による西陣織の低迷といった問題が取り上げられている。

水野は、次のような上申書も松平乗全へ提出している。株仲間に直接関連する内容ではないが、確認しておきたい。

[史料六]

当地西新屋敷傾城町之儀、近来不景気之上大借ニ而、今日をも取凌兼候付而は、御改革ニ付引移候茶屋渡世之者等、景気を見合離散、元遊所ニ而、姉妹娘等配膳と申唱、酌取ニ差出可申気合ニ相成、日増土地衰微ニ陥、累年借財而已相嵩候付、済方為取凌渡世繁昌可仕と見込候元遊所之内場所見立、拾ヶ年之間仮店仕度旨、昨酉年十一月願出候付、一体之模様柄等承合、見込之趣をも申上、仮店渡世御免之儀、酒井修理（忠義）大夫当地在勤中当二月窺置候儀ニ御座候、其後も景気合等承合申付置候処、一体当春以来、市中向近年無之程不景気ニ而、一般融通出来不仕内ニも、西陣織屋向幷傾城町訳而不融通ニ而、傾城町出店相願候後は、銀方之者江、願之趣御憐愍之御沙汰も

有之、渡世繁昌仕候ハヽ、実意を以返済方相対も可致旨歎置候付、銀方之人気も立直、聊ツヽ之入金等ニ而納得もいたし候付、当三月頃迄は乍不景気渡世取続罷在候処、右出願後彼是日数も相立候付而は、銀方之者退屈いたし、少々之入金ニ而は納得も不致、同頃以来頻ニ元利取立、其外日用之品も諸人危踏売渡不申、必至と暮方ニも差支候、（後略）[35]

西新屋敷傾城町、いわゆる島原は不景気のため、経営が困難となっていた。そのために天保改革時に島原へ移転させられた遊女屋[36]が、改革以前に営業していた地域へと戻り、「姉妹娘等配膳」と称して営業を行うようになった。そのため島原に残った店では客が減少し、借財が増加した[37]。そこで、島原に残った店も改革前の営業地へ戻り、仮店営業をさせてほしいと、前年の十一月に町奉行へと訴え出てきた。町奉行では調査の上で、この年の二月に、仮店営業の許可を所司代酒井忠義へ上申していた。今春以降、京都市中はこれまで無かったほどの不景気であり、特に西陣織の織屋と遊女屋の景気が悪化している。遊女屋は仮宅営業の許可により経営が好転すれば借銀を返済できる旨を銀主へ伝え、銀主も納得していたため、三月までは経営を続けられていた。しかし出願から日数が経過してきたため、銀主が少額の返済では承知しなくなり、取り立てが厳しくなった。日用品の購入もできなくなり、日々の生活にも支障が出ている。

以上のように、この上申書では、遊女屋の経営が悪化している様子と経営改善のための方策が述べられている。遊女屋の経営悪化は、天保改革の際に行われた遊女屋の島原への移転が原因であり、その政策を事実上撤回することを水野が求めていたことがわかる。遊女屋だけでなく、西陣織業の不振にも触れている点も注目される。

水野が松平へ提出した上申書を、もう一点とりあげておきたい[38]。この上申書の表書には、「被仰渡候風聞其外之儀共申上候ニ付、尚又添而奉申上候書付」とあり、風聞調査が松平の指示によって行われたことが明らかになる。上申書の前半部では、株仲間解散による諸物価の高騰、金銀の不融通、「並合」の流行など、風聞調査により判明した問題点について、自分の京都町奉行在任中に解決し、物価を適正にしたい旨が示されている。後半部は、次のような内容である。

［史料七］

当地傾城町之者、御改革之砌、他之遊所御取払、　御免之規模御立御成下、一廓ニ被　仰付候甲斐も無之、辺鄙不便利之土地柄、不景気ニ連レ不繁昌故、追々大借ニ相成、凌之手段無之、右大借済方之為メ、年限を定、土地宜敷場所江仮店いたし度願出候ニ付、取調候処、仮店　御免ニも相成候ハヽ、右最寄之者融通立直り、且元遊所ニ而配膳と唱、配〔酌〕取女取拵、紛敷渡世内々仕候者之取締も付、又西陣産物之織物も可也売捌可有哉、当地ニ而も西陣は眼目之場所柄、織屋共之景気相直候ハヽ、市中一体之融通合ニも捗可有哉ニ奉存候ニ付、当春中酒井修理大夫所司代勤役中伺置候処、其後追々米高直、不融通相増、諸人困窮ニ迫候間、右仮店此頃　御免も相成候ハヽ、少シは融通之道も付、米価高直之取凌ニも可相成哉ニ奉存候ニ付、尚亦先達而内藤紀伊守在府中江も其旨申立置候、当地風俗之模様・人気之様子尋取調申上候処、傾城町仮店之義は再応伺書も差出置候間、右大意相認候書付、又当節可及飢餓程之極窮民、是迄所司代江在府へ（マヽ）申達取計御救被下候次第、尚此末之御救方、此節所司代江伺書差出候書付、且又　（平出）仙洞御除料金之内ニ而窮民御救之見込書、近々所司代江可伺と取調候書付、其外風聞書等夫々差上候、以上、

戌十一月　　　　水野下総守

遊女屋を復興させるためには、仮店での営業[39]を認めるのがよく、それに加えて、「配膳」などと称して遊女屋を経営しているものを取り締まることもできる。さらに、遊女屋の景気が回復すれば、西陣織の織屋の売り上げも回復するとされる[40]。西陣は「眼目之場所」であり[41]、その景気が回復すれば、京都市中全体の金銀融通も改善するとされる。［史料五］、［史料六］でも、西陣織業や遊女屋の経営に注目した上申が行われていた。遊女屋の経営改善を求めるの

は、西陣織業の回復のためであり、西陣織業の回復は京都市中全体の景気を回復させるとの判断にもとづいての上申であったことがわかる。以上の対応策については、酒井忠義の所司代在任中から伺い出ていたが、その後も米価が上昇するなど、庶民の生活が困窮してきたため、新所司代の内藤信親へも同様に申し立ててきたとも述べられている。他に、窮民救済方法についての伺書[42]や仙洞御除料の資金を用いての救済の見込み書[43]なども、内藤へ提出したとされる。

ここまで、三点の上申書を確認してきた。上申の内容は、株仲間解散の影響による市中の不景気であり、遊女屋の衰退であった。これらはともに天保改革によってもたらされたものである。また、西陣織業の衰退も大きく取り上げられる。これは上申書のなかにもあるように、西陣が「眼目之場所」であり、その景気回復が京都市中全体の回復につながると判断されたためであった。いずれも天保改革の影響に関する内容であり、市中の繁栄回復を強く意識した上申であった。この京都町奉行による上申は、老中の上京という稀な機会を利用した[44]、天保改革のもたらした弊害についての総合的な調査の結果であったといえる。

京都町奉行から上申書を受け取った松平乗全は、引渡の終了後、大坂・奈良などを巡見し、おそらく十二月の半ば頃には江戸へ帰着したと考えられる。京都町奉行による調査の内容も、遅くとも年内には幕閣へ伝えられたはずである。これは、江戸町奉行・勘定奉行間で申渡し文面の調整が行われている時期にあたり、株仲間再興が布達される三ヶ月程前であった。株仲間再興が、松平からの報告を得たうえで最終的に決定されたのは確実であろう。

おわりに

これまでは株仲間再興の審議過程は、江戸町奉行・勘定奉行の間での交渉を中心に分析されてきた。本章での検討により、大坂・京都町奉行からも株仲間解散にともなう弊害が報告されていたことが明らかになった。株仲間再興は全国規模の政策であり、幅広い地域の情報を収集したうえで、再興の是非や方法が論議され、決定されたと考えられる。第二節に見たように、京都町奉行からの上申は、西陣織業や遊女屋の衰退といった、京都特有の状況も含んだものであった。各地域固有の問題も把握して、幕府は政策を決定していた。また、株仲間再興については江戸町奉行のみならず、大坂・京都町奉行も同様の主張を行っていた。このことから、町奉行が株仲間の再興を主張したのは、市中全体の要望を反映したものであったと判断するのが、妥当であると考えられる。

最後に今後の課題をあげておきたい。まず、江戸・京都・大坂町奉行からの上申内容と株仲間再興の実施方法とのずれの問題がある。各奉行からの上申では、株仲間解散による金銀不融通が、重要な問題として取り上げられていた。しかし、実際の再興にあたっては、株札の交付はなく、人数の規制も行われず、加入にあたっての多額の礼金も禁止された。これは、株札を担保とする金融取引が成り立たないことを意味する。こういったずれをもたらしたであろう幕閣内部での議論については、検討できなかった。この問題を考えるうえでは、京都・大坂・江戸以外での情報収集についても、明らかにしなければならない。

次に京都での株仲間再興の実施時期の問題がある。京都で株仲間再興が布達されたのは、江戸とほぼ同じ嘉永四年（一八五一）三月であった。しかし、京都で実際に株仲間が再興されたのは、嘉永六年十二月であり、三年近く遅れた(45)。本章で見たように、京都でも調査が行われており、単純に対応が遅れたためとは考えにくい(46)。どのような理由があったのか、商人側の動きや京都町奉行の判断などを含めての検討が必要である。

（1）　株仲間については、宮本又次『株仲間の研究』（有斐閣、一九三八年）、林玲子『江戸問屋仲間の研究』（御茶の水書房、一九六七年）など、古くから多くの研究がなされているため、説明は省略する。また、嘉永四年に再興された際には、株仲間ではなく、問屋仲間・仲間組合と称されたが、本章中では株仲間再興とする。
（2）矢部は、物価高騰の原因は貨幣改鋳と流通構造の変化にあると判断し、株仲間解散では物価引き下げの効果はないとして反対した。遠山の意見は不明だが、株仲間解散の申し渡しを遅延させたとして、処罰されている。
（3）宮本『株仲間の研究』二八一頁など。
（4）藤田覚『幕藩制国家の政治史的研究』（校倉書房、一九八七年）、同『遠山金四郎の時代』（校倉書房、一九九二年）。
（5）藤田覚『遠山景元』（山川出版社、二〇〇九年）。
（6）平川新『全集　日本の歴史』第十二巻（小学館、二〇〇八年）第五章「天保という時代」。
（7）「旧幕引継書」、国立国会図書館所蔵。
（8）宮本又次氏は、水戸藩から株仲間再興の建案があったのではないかと指摘している（『株仲間の研究』二九一頁）。
（9）『諸問屋再興調』一（『大日本近世史料』東京大学史料編纂所、一九五六年）、八頁。
（10）『諸問屋再興調』一、一七―一八頁。
（11）『諸問屋再興調』一、八―一一頁。
（12）『諸問屋再興調』一、一一―一六頁。
（13）本節で取り上げた大坂市中の金銀融通に関わる大坂町奉行からの上申および江戸での対応については、坂本忠久氏が『近世後期都市政策の研究』（大阪大学出版会、二〇〇三年）第九章「弘化年間の大坂における「金銀融通」問題をめぐる議論」において、詳細に検討している。ただし、坂本氏は株仲間再興と直接に結びつけての議論は行っていない。
（14）「大坂表融通之模様申上候書付」（「一大坂町奉行申上同表金銀融通之儀ニ付勘弁致候趣申上調」「市中取締類集」遠国伺等之部五、『旧幕府引継書』第一集、日本マイクロ写真）。
（15）実際には、大坂への商品入津量の減少は、天保改革以前から既に始まっていた。藩専売制の発展や大坂問屋以外への商品の販売の拡大など、諸商品の生産・流通の変化によるものであることが指摘されている（林玲子『近世の市場構造と流通』（吉川弘文館、二〇〇〇年）第一部第三章「近世中後期の市場構造」）。
（16）坂本『近世後期都市政策の研究』二五七―二六四頁。
（17）株仲間解散が決定される直前の天保十三年三月にも、大坂町奉行であった阿部正蔵が、株仲間解散によって生じるであろう問題を調査している（「諸色取締方之儀ニ付奉伺候書付」、『大阪市史　第五』（大阪市参事会、一九一一年）、六三九頁）。

ただし、この調査結果は、幕府へ提出されてはいない。
(18)『諸問屋再興調』一、二〇頁。
(19)『諸問屋再興調』一、三頁。
(20)『諸問屋再興調』一、二一―二三頁、五八―五九頁、六一頁。
(21)『諸問屋再興調』一、五九頁。
(22)実際には、天保改革以前から仲間に加わっていた商人は本組、改革以後に開業した商人は仮組として区別されていた。
(23)宮本『株仲間の研究』二九三頁、吉田伸之「伝統都市の終焉」『日本史講座7　近世の解体』（東京大学出版会、二〇〇五年）五七頁。
(24)『諸問屋再興調』一、五六頁。
(25)『諸問屋再興調』一、六六頁。
(26)『諸問屋再興調』二（『大日本近世史料』一九五九年）、一一―三頁。
(27)『柳営補任』五（『大日本近世史料』東京大学史料編纂所、一九六五年）、五頁。
(28)近世のほぼ全期を通じて、新所司代の就任にあたっては、老中が上京・参内して引渡を行っていた。所司代は転任後に老中へ就任することが多く、死去・辞任の場合を除き、前所司代である老中が引渡を行うのが通例であった。本事例の場合、前所司代の酒井は老中に就任しておらず、そのため前所司代ではない松平乗全が引渡を行った。引渡については、本書第六章を参照。
(29)「京都町風聞書」（東京大学史料編纂所所蔵「松平乗全関係文書」）。
(30)宮本又次氏をはじめ、物価引き下げには失敗したとする見方が一般的であったが、平川新氏は『全集　日本の歴史』第十二巻において、株仲間解散によって、二年半以上の間、低価格が実現したとしている。
(31)地域によって物価の変動傾向に差が存在したことは、草野正裕氏が『近世の市場経済と地域差』（京都大学学術出版会、一九九六年）において、明らかにしている。
(32)佐々木信三郎『西陣史』（芸艸堂、一九三二年）二四三頁、澤田章『江戸時代に於ける株仲間組合制度特に西陣織屋仲間の研究』（大学堂書店、一九三二年）二一四頁、本庄榮治郎『西陣研究』（改造社、一九三〇年）二九頁。
(33)同様の状況は、西陣織業者の組合である高機八組行事と御寮織物司からの嘉永二年十二月二十日の願い出にも見える

（佐々木『西陣史』二五七頁）。
(34)『京都の歴史』七（学芸書林、一九七四年）一五三頁。
(35)「西新屋敷傾城町風聞書」（「松平乗全関係文書」）。
(36)京都では従来、公許された遊郭である島原以外にも、茶屋と称して遊女屋同様の経営を行う遊所が存在した。そのなかでも祇園・二条新地・北野上七軒・七条新地の茶屋は、島原に従属し、十年ないし五年ごとの申請を行うことを条件として、遊女屋として商売を行うことが、寛政二年（一七九〇）に公認されていた。これらの遊所は天保改革に際して禁止され、島原だけが営業を許可されるようになった。実際には、祇園以下四ヶ所の経営は黙認されていたが、軒数は規制されていた（『京都の歴史』六、学芸書林、一九七三年、五五三―五五八頁、『京都の歴史』七、四四頁）。
(37)享保年間（一七一六―三六）以降、島原は地理的な不利から、他の遊所に客を奪われていた（『京都の歴史』六、五五四頁）。
(38)「京都町奉行水野下総守上申書」（「松平乗全関係文書」）。
(39)これは、寛政二年（一七九〇）に定められた島原以外の遊女屋の営業形態であり（『京都の歴史』六、五五七頁）、天保改革による規制前に戻すということを意味している。
(40)遊女が、西陣織の重要な購買層であったことを示していると考えられる。
(41)時代は遡るが、明和七年（一七七〇）の時点で、西陣織業者は数万人であり、西陣は、商業地区として賑わっていた中・下京を上回る人口密集地帯であった（『京都の歴史』六、二三九―二四〇頁）。
(42)米穀価格が上昇しているため、仙洞御除料を用いて窮民へ施しを行いたいとする伺書が残されている（「京都町奉行水野下総守上申書　所司代宛」（「松平乗全関係文書」））。
(43)御除料とは、元々仙洞御料であった土地の上皇の死後の呼称である（橋本政宣「江戸時代の禁裏御料と公家領」『歴史と地理』二七九、一九七八年）。仙洞御料は京都代官の管理下にあり、年貢は二条城内の米蔵に保管されていた。御除料金も同様に二条城内に貯えられていたが、嘉永三年の時点で、後桜町天皇・光格天皇の死去からの貯蓄分が四万千七百両余となっており、その後も年間およそ四千両の貯蓄が見込まれていた（「御除料金訳書」（「松平乗全関係文書」））。
(44)引渡以外での老中の上京は、徳川一門と宮家との婚儀に関わるものなどしかない。
(45)『京都の歴史』七、一二九頁。

(46)　京都町奉行の上申で取り上げられていた祇園などでの遊女屋仮宅営業は、嘉永四年十二月に、天保改革以前同様の条件で許可された(『京都の歴史』七、三六五頁)。

第八章　天保期水口藩の家中騒動

はじめに

本章では、天保期に水口藩で発生した家中騒動を取り上げる。家中騒動は御家騒動とも呼ばれ、簡単に定義すれば「大名家に生じた内紛・内訌」[1]である。北島正元編『御家騒動』[2]以降、家中騒動は実証的な研究が進められてきた[3]。十七世紀後半の越後騒動以後、改易など厳しい処罰が家中騒動に対する幕府の基本的な方針となったため、近世後期には幕府への出訴が行われなくなり、文政期から天保六年（一八三五）にかけて発生した仙石騒動がほぼ唯一の例外であるとされる[4]。本章が対象とする水口藩の家中騒動は、これまで存在自体が知られてこなかった事例である。以下、騒動の全容を解明し、近世後期の幕藩関係を検討していきたい。

1　騒動の始まり

水口藩の藩政史料中で、なんらかの対立の存在が最初に確認できるのは、天保十年（一八三九）七月十七日である[5]。

この日、菅勝兵衛へ御用場席見習御免および閉門が申しつけられ、勝兵衛の父や弟など親類も差控を命じられた。勝兵衛は若年のため御用場席見習という役職だったが、家老を務める家格であり、将来的には家老への昇進が想定されていた(6)。処罰の理由は、前年六月に届け出なく石原宿へ出向き(7)、しかも帰りが遅くなり門限に遅刻したこと、この年の四月に水口神社の曳山祭に赴いた際にも帰りが門限を過ぎたことであった。勝兵衛以外に、手嶋金八・細野亘・瀬崎守治・入江仲次郎・塩治四郎左衛門・山本文八郎・寺田清兵衛・小浜角次の八人も叩りを申し渡されている。手嶋以下への処罰の理由も勝兵衛と同様だったが、彼らへの申渡の文面から、石原宿や曳山祭へ出向いたのが、藩主加藤明邦の弟である加藤明遠の供としてであったことがわかる(8)。同月十九日には勝兵衛親類は差控を赦されたが、勝兵衛が閉門を免じられたのは十一月二十二日になってからであり、御用場席見習への復帰は許されず、格式も取次格から大手席へ降格とされた。勝兵衛への処罰は、落ち度に比して過重なものであったと言えよう(9)。

勝兵衛などへ処罰が申し渡された直後の七月二十七日には、加藤明遠に関して次のような触が出されている。

[史料二]

恵次郎《加藤明遠》様御部屋江御家中侍分幷御徒目付以下之者共相越候義、兼而御差留置之処、近頃猥ニ相成候由相聞候、総以今度厳敷御差留被成候、武術等ニ而相越候共、其時々御目付へ相達可罷越候(10)、

従来から、明遠のもとへ家中の者が赴くことは禁じられていたが、それが乱れてきたので、改めて禁止を通達するとの内容である。この触が勝兵衛などの処分と連動するものであることは間違いないであろう。具体的な背景は明らかにできないが、勝兵衛以下への処罰は、藩主の弟である明遠も関係する藩内の対立に起因したものだったと推測できる。

些細な落ち度を咎められ処罰された菅勝兵衛は、それを受け入れず、老中脇坂安董へ出訴した。本節では訴えの内容を確認し、水口藩内でどういった対立があったのかを明らかにしたい。次は処罰を受けた直後の十二月に脇坂へ提出した願書の冒頭部分である。

2　老中への出訴

［史料二］

乍恐奉願口上之覚

一、加藤家近年御政事向取乱候姿ニ而、兎角理非不相分非分之御政事勝ニ付、去ル巳年《天保四年》大久保加賀守《忠真》様御在役中松下環・藪中と申者両人歎訴仕候処、御糺之上、願之趣一々尤ニ被思召、御取上ニ相成、加藤家御不為仕候者共、夫々被　仰付方有之、其後、急度御政事明白ニ相成可申処無其儀、於今日御政事壊勝、何分不明之御時節ニ及、先格・旧例追々相廃、新古之差別無御座、上之御為奉存正路申談候者ハ却而上向悪敷取成、非分之咎被《平出》　仰付、姦佞之者ハ被相用格録昇進等仕候者有之候御家風と相成、此儘押移候而ハ、末々加藤家御不為ニ可相成趣、御家中・御領分中勿論、御他領迄も悪評批判仕、乍恐自然《平出》　公儀被　聞召、御沙汰等有之様相成候而は奉恐入候義、一統歎敷次第奉存上候、(11)

天保四年（一八三三）、老中大久保忠真へ松下環・藪中の二名が水口藩政の乱れについて訴え出た(12)。大久保はその内容を妥当なものと判断し、水口藩政を乱している者へ指導を行った。しかし、その後も藩政が改善されることはなく、先格や旧例も廃れてしまい、藩主のために行動する者は処罰され、姦佞の者が昇進するような状況となった。悪評は水口藩内だけでなく他藩へも伝わっている、と主張する。大久保へ出訴したのは、彼が藩主加藤明邦正室の実父であったためと考えられる。願書は次のように続いている。

[史料三]

一、去ル申年（天保七年）、御家老加藤雄城（熙古）義定府石川喜右衛門と申者両人押合候而、大久保様御役人中名前相偽り、御上ヲ欺キ、私欲相工ミ候義有之、其節御用人相勤居候菅直記ト申者、右雄城私欲之趣内々ニ而相糺、其上ニ而穏便之取計可仕存念ニ御座候処、私欲之筋露顕仕候而ハ雄城身分難相立ト存、姦佞之御役人共同腹申談、右直記義、理非之糺無之、内々ニ而相糺候段不届之趣申立、無体ニ咎申付、其上格録取上、隠居被　仰付候事共、甚以不埒之御政事取扱申候、右雄城義、去ル申年頃より江戸・水口一人ニ而双方引請相勤、其上親子兄弟御政事取扱候得は、自然依怙贔屓之義仕候得共、他人潔白之同役共幷ニ外御役人も無之候得ハ其儘無事ニ相勤居申候、是等之義共、能登守（加藤明邦）様ニハ一向御存不被為　在、唯々前条申上候通、上向江ハ自分勝手宜様ニ申上置、御為奉存上候者共ハ悪敷取成、上下相隔候様之工ミ而已仕居候得ハ、実々心痛歎敷奉存候、

天保七年には水口藩の家老であった加藤熙古が定府物頭の石川喜右衛門と共謀し、大久保忠真の名前を騙って私欲の企てを図った。それを用人の菅直記が糾弾しようとしたものの、逆に格禄取り上げ・隠居の処罰を受けてしまった。熙古は江戸と水口の両方を一人で取り仕切り、親子・兄弟も政事に携わっている実力者であり、依怙贔屓の政治を行っているとされる。熙古は藩主を藩政から遠ざけており、藩主が藩の実情をまったく知らないことも主張される。ここで批判される熙古は、水口藩三代目藩主加藤明熙の四男加藤熙仙の子であり、寛政十年（一七九八）に番頭に任じられ、用人や中老を務めた後、天保四年に家老となり、翌年からは江戸勝手掛となっていた(13)。

これに続く部分では、次のように主張している。自分は藩祖加藤嘉明の頃以来、家老を務めてきた家筋であり、藩の現状に心痛している。脇坂家は加藤家とは格別の間柄であるので、水口藩の政治が正路に戻り、先格や旧例が復活するように裁許してほしい。また天保四年に大久保へ出訴した松下・藪が不当な処罰を受けているが、これは大久保

の裁定を蔑ろにしたものでもあり、早々に赦免してほしいと要求する。

以上の勝兵衛の訴えから、水口藩内に家老加藤熙古を中心とする派閥と用人菅直記や菅勝兵衛の派閥があったこと、両派閥は対立しており、加藤派が有力であったこと、天保四年に菅派は藩主の親族である老中大久保忠真を頼ったものの効果が無かったこと、天保十年に老中脇坂安董へ働きかけを行ったことがわかる。願い出の相手が大久保から脇坂に替わっているが、これは大久保が天保八年三月十九日に没したためである[14]。

翌天保十一年六月、勝兵衛は直記とともに再度脇坂へ訴え出た。この訴えでは、①「口上之覚」(菅勝兵衛・菅直記)、②「乍恐奉願口上之覚」(菅勝兵衛)、③「奉申上ケ条之覚」(菅勝兵衛)、④「奉願上口上之覚」(菅直記)、⑤「奉中上ケ条之覚」(菅直記)の願書が残されている[15]。②は前年十二月の願書とほぼ同文であり、前回の訴えの内容について説明したものである。⑤は③の後半部を省略したものであり、文面も③とほとんど同じである。①から内容を確認していきたい。

[史料四]

口上之覚

一、加藤家近年御政事追々取乱非分□□之御政事勝、此儘捨置候而は末々下々承伏不仕、能登守様御不徳ニ□成可申段、歎敷次第ニ奉存上候ニ付、何卒加藤家御政事厳重正路ニ相成、下々一統承伏仕候様仕度心痛罷在候処、何分当時壱人も理非明白ニ糺明仕候役人も無御座候故、勘考色々心痛仕候而、去年十二月大坂表御蔵屋敷御出張平部専左衛門様迄歎□仕候処、御一存ニ而は御答難相成［　　］御重役様方御懸合被成下、其上ニ而御返答被成下置候旨、尤御国許迄は日数相懸候事故、夫迄大坂表控罷在候様、被仰聞候故、奉畏、則六七日在坂罷在候処、其後平部様より御噂御座候は、御国許御重役様方々内々御病気ニ而御引籠候御方様被為在候故、急ニ御評定難相成、依而一先引取候様被仰聞、奉畏、則帰足仕候而御左右奉待罷在候処、当春二月中旬頃、平部様より［　　　］面々下置、早速大坂表江罷出候処、其節御同人様被仰聞候は、至極御尤之趣意ニは候得共、何分容意（マヽ）ニ御取扱も難被成下置旨、御国許御重役中様より被仰越候間、及御断候旨被仰進候間、今一応推而奉願度存意ニは御座候得共、重々御苦労奉願候も奉恐入候間、委細奉畏御請申上候而帰足仕、其後色々勘考心痛仕候□共、何分ニも外ニ仕方無之候ニ付、此度［　　］非顧恐直々歎願仕候、尤（平出）太守様御役柄江願出候義ニ而は毛頭無御座、且又（平出）公辺江相拘候義ニも聊無御座候、唯々御近親様之御由緒を以奉歎願候義ニ御座候間、乍恐（平出）太守様尊慮を以、御裁許被下置候而、加藤家御存立候様奉願上候、（中略）

六月八日　　菅勝兵衛印

菅　直記印

勝兵衛と直記は、前年の十二月に脇坂家大坂蔵屋敷の平部専左衛門へ訴え出た。これは前掲した訴えのことであろう。水口藩主加藤明邦は天保二年に大坂加番を務めたことがあり、その時に生じた縁を頼って、脇坂家大坂蔵屋敷へ訴え出たと考えられる。平部は、自分の一存では決められないので、藩の重役に掛け合った後で返答するが、日数が掛かるため暫くは在坂して待つようにと回答した。七日ほどすると、重役たちが病気で対応できないので、ひとまず帰藩するように命じられた。翌年二月に平部から回答があったが、訴えはもっともだが取り上げることはできないとの返事であった。勝兵衛たちは返答に納得できなかったため、再度訴え出た、という内容である。脇坂へ訴え出た理由は、脇坂が近親であるからであり(16)、老中を務めているためではなく、幕府の取り扱いとなることは望まない旨も述べる。訴えは脇坂個人に対するものであり、幕府への出訴ではないと勝兵衛たちが主張していたことがわかる。前年十二月の訴えへの対応が脇坂家内部での評議に留まったのも、勝兵衛たちの要求にもとづいたものであろう。中略部分では、勝兵衛と直記は五月二十六日の夜に水口を秘密裏に出立したこと、訴えが取り上げられるまでは水口へ戻るつもりはないことが述べられている。

つづいて、勝兵衛が提出した願書である③「奉申上ケ条之覚」を取り上げる。前述したように、直記もほぼ同文の願書を提出しており、両者の主張は同じと考えてよい。内容を確認していきたい。

天保六・七年、家老である加藤旨賢と物頭藤井治部右衛門、江戸詰の中老石川茂助の三人が、藩の入用であると偽って幕府へ多額の拝借を願い出たうえ、その拝借金を使い込むといった事件が発生した[17]。加藤熙古が出府しての吟味の結果、三人は処罰され、拝借金も藩が返上することになった。

吟味への褒美として、熙古は百石を加増された。これは老中大久保忠真の年寄郡与惣右衛門からの内々の指図にもとづくものであると、江戸詰番頭石川喜右衛門から国元の直記へ伝えられた。直記は指図の内容に疑問を持ち、その旨を藩主に言上したが、藩主は郡の指図に従うべきであると判断した。直記は、熙古への加増が以前家老を務めていた菅清右衛門・菅十郎兵衛などの功績・加増などと比較して過大なものであり[18]、また熙古への加増とともに江戸から伝えられた、毛利多膳を用人に再任させよとの郡の指図についても、不審なものと考えていた。直記は江戸詰番頭の佃次兵衛へ問い合わせることも考えたものの、かえって不利な状況になることを懸念して実行できずにいた。訴えは次のように続く。

[史料五]

幸大坂表大久保様御蔵屋敷出張御年寄伊谷治部右衛門方へ、内々以手紙右両様与惣右衛門差図之実否問合被暮候様頼遣候処、承知ニ付、早速江戸表江懸合候通答可申旨申越候、其後治部右衛門より、両様共与惣右衛門差図之義決而無之、中途之拵事、辰ノ口様道具ニ遣候方ニ相違無之旨、治部右衛門より返答有之、(中略)其砌直記大坂表江問合セ遣候義露顕仕登城差控中ニ候得共、此儘捨置候而は不本意、且ハ御上之御為不益と存候故、治部右衛門より之返書懐中仕押而登城、御逢之義願候処、取支候もの有之候故御逢無之、治部右衛門より之返書入御覧ニ申様と被仰出、再三御逢申込候得共不相叶、無拠返書入御覧置、座敷退出、御沙汰待居候処、無程遠慮被仰付置、

郡の指図の内容に疑問を抱いていた直記は、大久保家大坂蔵屋敷に滞在中だった年寄伊谷治部右衛門へ郡からの指図の実否を問い合わせた。その結果、指図は郡によるものではなく、老中である大久保を道具として利用したに違いないとの回答があった。この時、直記は伊谷へ問い合わせを行ったことが発覚したために登城差し控えの処分を受けていたが、強引に登城して藩主との面会を求めた。面会が叶わなかったため、伊谷からの返書を提出して退去したが、その後遠慮の処罰を受けた。中略部分には、石川喜右衛門が格禄召し上げの上で隠居を命じられたが、家督相続は従来通りとされたこと、加藤熙古への処罰は一切行われなかったことが記される(19)。この処分が直記への処罰と比べて軽いと勝兵衛は不満に思っており、さらなる糾明を行って、善悪を糺すことを求めている。訴えは次のように続いている。

[史料六]

一、去ル申年、奥方様(大久保偶)年始御祝詞御里江被為入候而、其儘御病気之御様子被仰付、御逗留被為在候付、雄城御見舞旁出府仕、御用向相済帰国仕候得共、矢張御病気ニ付御帰館不被為在、又候引返し出府仕候、其節下説仕候は、兎角雄城義大久保様御名目相偽候付、御政事取扱候事共度々有之、大久保様甚御迷惑ニ被思食、且は政事不取締故、旁以奥方様御病気被仰立、御不縁可有之思食之由ニ付、雄城義再三出府仕候而、御帰館被為在候様と取計可仕義と存候処、大久保様御縁有之候而は我儘之政事難取扱存候故、出府仕候甲斐無之、御不縁之取扱仕、終ニ御離縁と相成候段承知、御家中一統残念歎敷次第申居候、

天保七年、藩主加藤明邦の正室の偶が生家である大久保家へ正月の挨拶に赴いたまま、病気と称して水口藩邸へ戻ってこないという事件が発生した。熙古が大久保の名を騙って政治を取り仕切ることがたびたびあり、しかも藩政が不取締であることを、大久保は非常に迷惑に思っていたため、偶を離縁させたいと考えていた。水口藩では熙古が出府して説得にあたったものの、結局は離縁という結果になった(20)。大久保との縁戚関係が自らの政治運営の障害になる

と熙古が考えていたために、離縁となったのではないかと勝兵衛は推測している。史料的な裏付けはないが、当初熙古は大久保の権威を利用していたが、自分の権力が強くなってからは、逆に大久保の権威が対立する勝兵衛などに利用されることを警戒するようになったのではないかと考えられる。少なくとも、藩内の政治対立に老中である大久保の存在が非常に強く影響していたことは明らかである。

これに続く部分では、熙古が江戸と水口と両方の政治を独占しているため、旧例や先格が崩れてしまい、藩内の風儀が乱れていると主張する。ただし、風儀の乱れの具体的な内容は、百姓に博奕が広がっていること、狂言見物が藩上の間で流行していること、綿服ではなく絹服を着る者が家中に増えていること、水口城内にある稲荷の祭礼へ飯盛女を呼び込んだことなど、抽象的なものや瑣末なものばかりである。これは対立が藩政方針の相違のような政治的な理由に起因するものではなく、単なる主導権をめぐる争いだったことを示していると言えよう。さらに次のように訴えが続けられる。

［史料七］

一、杉本糺と申者、重役身分ニ無之、旧家之訳ニ而大目付用場列席、尤御家風ニ而政事ニ拘り候義決而無之候得共、日々権家江立入、阿諛仕候而、内々政事之筋差酌（マヽ）仕候事共有之、既ニ両三年以前　公儀御凶事有之鳴物御停止被仰出、一統相慎罷在候砌、城下寺院普請造作仕候節、院主糺宅江参り、造作之義相慎可申哉之段相尋候得は不苦段差図仕候ニ付、其儘造作仕居候処、寺社奉行共より、御停止中如何之心得ニ而普請仕候哉、不届之至、刺度申聞候得は、院主申答候は、糺江尋候処不苦候差図之段申述候得共、寺社奉〔行脱〕聞入不申、甚以不埒之至と呵申聞、暫閉門申付置候、院主而已咎申付候而、差図仕候糺何等之咎無之相済申候、是全依怙之沙汰と一統申居候、政事ニ不拘身分ニ候得共、右様子政事取扱候事ニ而、万事同様政事取扱候義ニ御座候、

一、杉本糺去ル亥年御番頭役被仰付候砌、同年より相勤居候旧家之者共は昇進不申付、糺壱人而已昇進被仰付儀、

是又依怙贔屓之御政事、夫故旧家之者共気受不宜候様ニ相成候義、御上御不為、歎敷奉存候、

一、手嶋金八・志水角右衛門と申者、両人御用場見習より間も無之大目付役被仰付、右両人共格別旧家と申之義無之、殊ニ勲功無之家ニ御座候得共、右様昇進を被仰付、代々之旧家之者共は返而御取立無之、是亦古格相廃、全依怙贔屓御政事取扱候儀、御上御為不宜歎敷奉存候、

ここでは藩内での人事に対する不満が述べられる。杉本紀は旧家であるため大目付御用場へ列席しているが、本来は重役の身分にはなく、政治に関与できる立場ではなかった。しかし権家へ阿諛することで番頭へ昇進し、政治を差配するようになっている(21)。杉本は数年前には幕府の鳴物停止に関わる失態を犯したが何の処罰も受けないなど、優遇されている。杉本のみが昇進し、それ以外の旧家の者は昇進していないため、旧家の間に不満が蓄積しているとする。ここで杉本が阿諛している権家というのが熙古を指していることは間違いないであろう。同様に、手嶋金八・志水角右衛門の二名についても、勲功のない家筋にも関わらず、急速に昇進していると批判する。家格の低い人物の重用は古格を乱す不当な政治であるとして批判していることがわかる。願書の最後には、次のように記される。

〔史料八〕

一、先人御家老菅清右衛門・菅十郎兵衛在勤中、古格旧例政事向都而厳重、上下承伏、一統難有相勤居候処、近来右様之不政ニ相成、御上之御為不宜、乍恐歎敷次第ニ奉存候、

自分たちの先祖である菅清右衛門・菅十郎兵衛が家老だった時期には、古格旧例にもとづき政治が厳格に行われており、家中も承伏していたが、今ではそれが乱れてしまっていると、藩の現状を批判する。この部分で端的に示されているように、勝兵衛・直記の主張は、現時点で藩政の実権を握る熙古らよりも、自分たちの方が優れているといった程度のものであった。

次に直記が提出した④「奉願上口上之覚」を取り上げたい。これは⑤「奉申上ケ条之覚」に添えられたものであり、

前述した勝兵衛の訴えと同じく、加藤熙古・石川喜右衛門の権力独占を批判する内容である。このなかで直記は次のように主張する。

[史料九]

別段ケ条趣意書相添奉差上候、御高覧之上御不審之儀被為在候ハヽ、雄城・私対決被仰付被下候ハヽ、於（平出）御前
以証拠急度対談仕、達（平出）御聞候様相願度奉存候、

自らの訴えを読み、疑問に思うことがあったならば、熙古と自分を脇坂の前で対決させて欲しいとする。水口藩政は熙古らの派閥に牛耳られており、また前掲した勝兵衛の願書にあったように、直記たちは藩主と面会することも不可能な状況になっていた。老中である脇坂の面前での直接対決に望みをかけざるをえないほど、勝兵衛・直記が窮地に追い込まれていたことがわかる。

勝兵衛たちによる訴えから明らかになった騒動の概要をまとめておきたい。水口藩内には、加藤熙古を中心とする勢力と菅勝兵衛・菅直記らの勢力とが存在した。直記が藩主との面会を拒絶されていることから、藩主は熙古のグループを支持していたと推測できる。勝兵衛たちが熙古への対抗策として、当初は藩主正室の父親である老中大久保忠真、大久保が没した後は同じく老中の脇坂安董を利用しようとしており、一方で熙古も大久保の名前を騙って藩政を運営しようとしていたことも注目される。ここからは、水口藩内の政策運営に老中が関与することがあったのではないかと推測できる。

勝兵衛などの訴えには、仙石騒動の影響をみることもできる。勝兵衛たちは批判対象を熙古の派閥に絞り、藩主の加藤明邦についてはほとんど触れていない。仙石騒動では、幕府によって藩主自身の責が問われ、三万石弱を没収されるという結果になったため、同様の事態を避けようとしたのであろう。勝兵衛らは老中脇坂へ訴え出たが、これも仙石騒動の影響を受けている。仙石騒動の際、脇坂は審理における中心的な存在であり、藩内非主流派の側に立った

行動を取った。勝兵衛たちは、同様の裁許を脇坂に期待したと考えられる。

3　出訴後の展開

本節では、菅勝兵衛・菅直記による出訴が、その後どのように展開したのかをみていきたい。

勝兵衛・直記が提出した①―⑤の願書は、「庚子六月八日加藤能登守在所之家来両人差出し候加藤家家政之義に付自用方家来へ差出し候願書写、翌九日持出し、同列談之上差戻し候書もの類扣」と記された包紙に入った形で残されている。この表書きから、脇坂安董は勝兵衛の訴えについて他の老中と相談し、その上で差し戻したことがわかる。勝兵衛らの訴えを幕府は受理したが、訴えの内容は聞き届けられなかったことになる。

勝兵衛・直記が脇坂へ訴え出たのは天保十一年（一八四〇）六月八日であったが、その二日後の十日には、旗本の藤堂良顕が「御内用」があるとして水口藩江戸藩邸を訪れた[22]。藤堂は前水口藩主加藤明允の弟であり、文化元年（一八〇四）に藤堂家へ養子として入って家督を継いでいた。翌十一日には水口藩の江戸詰番頭である佃次兵衛が藤堂家へ遣わされ、その翌日にも藤堂が水口藩邸を訪れ、「御内用」について相談している。十三日には、藤堂からの使者が勝兵衛・直記を自らの屋敷に預かっていることを水口藩へ伝えた。この時の使者の口上には、「此度菅直記・菅勝兵衛願義有之出訴いたし候付、右体義候得は外江洩候而は御外聞ニも相成候間、御預り被成下」とあり、勝兵衛たちを預かっている理由が、彼らを保護するためではなく、出訴が他家に知られてしまうことを防ぐためであったことがわかる。では、勝兵衛たちはなぜ藤堂家に赴いたのであろうか。その理由は、翌年九月十七日の用人菅兎毛への申し渡しから明らかになる。

［史料十］

（前略）其方儀、昨年両人江戸表江出府之上脇坂中務大輔（安董）様江無法之出訴、御取上無之ニ付、藤堂主馬（良顕）様江出訴罷出度、其以前藪久兵衛儀両人より相招出府之趣申聞候ニ付、同人罷帰り其段申達、依之、早々差留可申ため新橋茶屋迄差遣候処、如何之儀ニ候哉、町名取違候趣、間ニ合不申、両人共藤堂様江罷出候趣、所柄遠方ニも無之、不行届之致し方、何共御不審思召候、如何様ニ致候而も取押召連可申処、不及其儀始末、急度御吟味可被仰付処、以（平出）御憐憫其儀無之、逼塞被（平出）仰付候、急度相慎可罷有候者也、[23]

勝兵衛・直記は脇坂へ出訴したものの訴えが取り上げられなかったため、藤堂を頼って訴え出た。藤堂への出訴は藪久兵衛へ相談したうえで行われた。ただし、兎毛への申し渡しと同時に行われた藪への申し渡しによると[24]、藪は両人が出訴しようとしていることを藩へ報告しており、勝兵衛たちと協力して行動していたわけではなかった。なお藪久兵衛は天保四年に大久保忠真へ出訴した藪中と同じ人物である[25]。

その後、十四日と二十二日には、勝兵衛・直記が出訴したこと、両名が藤堂邸にいることが家中へ通達された。通達の具体的な内容は不明だが、騒動が拡大しないように、家中の引き締めを図ったのであろう。

二十三日、水口藩は勝兵衛たちの出訴に関して世話になっている挨拶として、藤堂へ縮五反・銀十枚・肴代金五百疋、藤堂の用人へ肴代千疋を贈った。しかし、その日のうちに藤堂はこれらの品々を返却した。ここから明らかになるように、藤堂は勝兵衛たちを引き取ってはいたものの、勝兵衛たちの派閥と加藤熙古の派閥のどちらにも荷担していなかった。

その後、八月十六日、十七日、二十三日の三度、藤堂へ水口藩が使者を遣わしていることを確認できる。使者の用向きは明らかではないが、勝兵衛たちの処遇について交渉が続けられていたのであろう。また、十七日には、藤堂のほか「平岡様」へも使者が遣わされている。この平岡は、大御所徳川家斉附の側用取次を務めていた平岡頼暢と考えられる。家斉本人への働きかけがあったのかどうかはわからないものの、その側近である平岡を対象とする工作を行っていたことがわかる。

十一月三日、状況に変化が現れ、勝兵衛・直記の両名が藤堂家から水口藩へ引き渡された。翌日には、両名を引き取ったことが平岡頼暢および大洲藩・新谷藩へ連絡されている[26]。十六日に番頭の佃次兵衛と志水角右衛門が吟味役に任じられ、十八日に勝兵衛・直記へ今後吟味が行われる旨が申し渡された。二十日には藤堂へ吟味に関する何らかの連絡が行われている。この後、どのような吟味があったのかはわからないものの、翌十二月十日には両者は水口へ送られた。

前述したように、勝兵衛の提出した訴えは幕府の容れるところとはならなかったが、実際には幕府の審議はその後も続けられていた。次は、老中土井利位の家老を務めていた鷹見泉石の日記の天保十二年正月二十五日条である。

[史料十一]

出仕、加藤能登守(明邦)様之毛利多膳出、時候御見廻、御肴料五百疋被進、去年御家来両人、心得違、中務様(脇坂安董)へ書面差出、御下ケニ付得と御尋之処、恐入、御在所へ参候由、御不首尾不相成候様、内々被仰上度由[27]、

この日、水口藩用人である毛利多膳が鷹見を訪問し、時候見舞いとして五百疋を進呈した。毛利は鷹見へ、勝兵衛たちの願書が水口藩に下げ渡されたこと、勝兵衛・直記が国元へ移されたことを伝え、不首尾の事態とならないように土井へ願い出た。不首尾が具体的に何を示すのかは不明だが、勝兵衛たちの訴えが採用されることや藩内の対立が表立った問題となって水口藩へ処分が下されることなどを意味しているのであろう。

翌日の鷹見の日記には次のように記される。

[史料十二]

加藤能登守様御家来毛利多膳申聞候趣申上候処、御袖裏ニ御認被遊、御聞置難被成候哉ニ御意、

鷹見は毛利からの申し入れを土井利位へ言上したが、土井は申し入れを聞き入れることはできないとの考えであった。[28] 日記の翌日条には次のようにある。

［史料十三］

勘左衛門ヲ以、加藤能登守様之儀、御聞置難被成、程能申聞置候様御沙汰、右ハ申上兼候段等申述候ハ、、返廉立不可然と申候得共、彼是無之、御沙汰通之方可然由、

水口藩の申し入れを許容することはできないとの土井の意向に対して、鷹見は拒絶してしまっては角が立ってしまうのではないかとの懸念を示したが、土井は考えを変えなかった。閏正月一日、再び毛利が鷹見のもとを訪れた。

［史料十四］

加藤能登守様之毛利多膳出候付、此間内談之趣相考候処、申上候てハ不可然候付、見合候、返て御双方様之御為ニ相成間敷候間、承流し可致談候処、何分含置候様申候へ共、其儀不可然、聞流之方へ申聞置、勘左衛門を以申上置候、

鷹見は毛利へ、水口藩からの申し入れを承認した場合には双方にとって良くないことになってしまうため聞き流しとする旨を伝えた。毛利はなんとか聞き入れてほしいと願ったが、土井家の方針は変更されなかった。

鷹見の日記中では、この時まで土井家に対して水口藩が時候の挨拶などを行っていたことは確認できない。勝兵衛たちの出訴に対応するために、老中である土井利位への働きかけを始めたと考えられる。同時期に水口藩は脇坂安董へも働きかけを行っていた。正月七日から九日にかけて脇坂へ交渉を行い、閏正月九日には勝手通の関係を取り結ぶことに成功している。[29] 以上から考えると、脇坂や土井以外の老中に対しても同様の運動を行っていたと考えるのが自然であろう。

このように、勝兵衛たちの訴えが問題となることを防ぐため、水口藩は老中へ働きかけを行っていた。つまり、勝

兵衛たちの訴えが脇坂以外の老中たちも知るところになっていたとわかる。また毛利の申し入れに対する土井の対応に示されているように、幕府は訴えをある程度は正式な問題として取り扱う方針であった。ただし、これ以降幕府がどのように対応していったのかは不明である。

八月十一日、水口へ送られていた勝兵衛へ処分が申し渡された。

［史料十五］

申渡　　　　菅勝兵衛江

代川村市十郎

其方儀、昨年御咎之節、年来之不埒御糺明無之、御慈悲之御沙汰被　仰出候処、其後不慎在之、不届　思召候、其砌御吟味被　仰付候ハヽ、重キ御法度野荒シ其外村々不行跡之事共逸々御穿鑿之上、家名相続難被　仰付不□事共、御沙汰無之、難有可奉存候処、其儀致忘却、昨年菅屈申合同道、出奔同様ニ而引籠中江戸表江致出府、御役柄不弁、脇坂中務大輔様御勝手罷出、種々強訴申立、推量願書御政事向不容易儀相認差出し、御取上ケハ無之候得共、自然御不政ケ間敷［　　］御上致蔑、為臣之道ニ無之、不忠□思召候、譬御為筋ト□致出訴候共、御作法之筋助命可被差置儀無之、御法通可被仰付候処、祖父(菅)清右衛門年来之勤向　思召被出、格別以　御仁恵助命被成下、格禄御取上、屋敷被召放、圏入被　仰付候、急度相慎可被罷在候、

丑八月十一日[30]

前年の処罰の際に寛大な処分を受けたにもかかわらず[31]、その恩義を忘れ、直記とともに脇坂安董へ訴え出たことは、臣下の道に反した行いである。法に従えば助命することはできないが、祖父清右衛門の功績もあるため、格禄取り上げ・屋敷没収・圏入にとどめるとの処罰であった。圏入が具体的にどういった刑罰なのかは不明だが、拘禁にあたる処分と考えられる。なお、本史料では勝兵衛とともに出訴した人物が菅屈とされているが、内容から考えて直記と同

じ人物である。勝兵衛への申し渡しと同日、直記へは格禄取り上げ・屋敷没収・圏入、勝兵衛の父である菅默済へは蟄居・別長屋、直記の母へは別長屋・他者との対面禁止の処罰が申し渡された。九月十七日には、勝兵衛たちが藤堂良顕へ訴え出ることを事前に知りながら、それを留めなかったとして、菅兎毛へ逼塞[32]、藪久兵衛へ遠慮の処罰が申し渡されたが、両者は半月程度で赦免されている[33]。

勝兵衛・直記が出訴を理由に処罰された一方、同日に彼らの批判対象であった加藤熙古へも処分が下されている。

[史料十六]

申渡

加藤雄城江

其方儀、先年不心得之筋有之ニ付、御役儀　御免・隠居・遠慮被　仰付候、相慎可罷有候、

丑　八月十一日[34]

熙古は役儀御免・隠居・遠慮を申し渡された。処罰の理由は、先年の不心得と記されるのみだが、勝兵衛たちによる出訴という事態を引き起こしたことの責を負わされたと考えるのが妥当であろう。ただし熙古本人は処罰されたものの、息子である熙載が家督を継承し、翌年には中老、弘化四年（一八四七）には家老と順調に昇進している[35]。

以上のように、勝兵衛・直記は重い処罰をうけたが、この時点では騒動は決着しなかった。田原藩主三宅康直から老中松平乗全へ、嘉永二年（一八四九）から四年頃に提出されたと推測される書上には、次のようにある[36]。

[史料十七]

兼而被仰上置候、加藤能登守様御家来御同姓遠江(泰幹)守様江欠込候菅直記・菅庄(勝)兵衛、其後土佐守(三宅康直)様江欠込候石川茂助、猶又昨年中加藤大蔵(泰理)少輔様江藪久兵衛と中者欠込、何も右同様之趣意ニ而、願出候付、御親類様方御談之上、再三能登守様江御懸合御座候処、兎角御居合無之処、其後能登守様御重役一人ニ而万端差引仕候毛利団右衛門と

中者昨年病死仕、遠江守様江欠込候両人之内菅直記儀も昨年中病死仕候由、然処、先達而中御親類方様御談之上、筒井紀伊守様(政憲)江御示談ニ相成、御同人様より能登守様江段々御懸合有之、去十八日紀伊守様江別書欠込候者共御召呼、段々厚御利害有之、全承伏は不仕候得共、御家江立戻候事ニ相成、猶御熟談之上、今日能登守様江何れも御差戻ニ相成候積御座候由、右は最初より被仰上置、段々御配慮をも被為懸、厚難有思召候、右之通ニ而、先々御安心被成候間、御礼旁以御使者被仰上候旨、

右之通被申聞候間、御退出被遊候上可申上段申遣候、

直記と勝兵衛が加藤泰幹へ、石川茂助が三宅康直へ、藪久兵衛が加藤泰理へ訴え出たことがわかる。石川は前掲した天保十一年六月の勝兵衛の願書において、幕府からの拝借金を使い込んだとして処罰されたと記されている人物であり、藪は天保十年十二月の勝兵衛願書において、天保四年に大久保忠真へ水口藩政の乱れを訴え出たとされていた人物である。このように勝兵衛・直記は天保十二年に処罰された後、再度の出訴を行っており、二人以外にも加藤熙古と対立していた石川・藪が他の大名を頼って出訴していた。なお、加藤泰幹は大洲藩主、加藤泰理は大洲藩の支藩である新谷藩主である。三宅康直は田原藩主であり、天保十二年十二月から嘉永二年十二月まで幕府の奏者番を務めた。大洲藩・新谷藩の加藤家は、水口藩主の加藤家と同姓ではあるが、それほど近い親族ではない。また、三宅家と水口藩加藤家がどのような関係にあったのかは不明である。

本史料からは勝兵衛たちの再度の訴えを老中である松平乗全が認識していたこともわかる。天保十二年の脇坂安董への出訴と同じように、幕府へ訴え出ることによって自分たちの政治的地位の回復を企図したのであろう。前回の出訴では加藤熙古を批判していたが、この時は家老毛利団右衛門を批判の対象としていたようである(37)。出訴をうけて、親類の大名が水口藩と交渉したものの折り合いがつかなかった。毛利と直記が病死したことを契機に、親類間での相談のうえ、幕府の西丸留守居筒井政憲の仲介で事態の収拾が図られた。筒井のもとへ出訴した者が呼び出され、水口

藩へ帰参させることで決着した。彼らに水口藩がどのように対応したのかは明らかではないが、石川茂助の家督を継いだ石川善九郎が元治元年（一八六四）に帰参を許されたことが確認できるため、石川が追放処分になったことは推測できる。[38]

おわりに

ここまで確認してきたように、天保期の水口藩家中騒動は老中や複数の大名、旗本が関係し、最終的には幕府の関与もあったうえで解決した、規模の大きな事件であった。ただし、出訴は幕府に対するものではなく、あくまでも老中個人に対するものであると、出訴した菅勝兵衛・直記自身は主張していた。関係者への処罰も水口藩内で処理され、幕府の表立った介入はなかった。数年前の仙石騒動における幕府による裁許が、藩の減封や老中・勘定奉行・町奉行の処罰など、大きな影響を幕府と藩の双方に与える結果になったため、本騒動では内々の処理による解決を出訴者・藩・幕府の全てが望んだのであろう。

越後騒動以降、家中騒動を幕府へ出訴することは回避されるようになったと、これまで理解されており[39]、十九世紀以降で幕府が介入した家中騒動としては、ほぼ仙石騒動のみが知られてきた。本章では、天保期の水口藩で家中騒動が発生し、老中への出訴や幕府による関与があったことを指摘した。近世後期においても幕府の家中騒動への干渉は、実際には多数存在したのではないかと推測できる。この点について次章で確認する。

（1）福田千鶴「序論　御家騒動とはなにか」（福田千鶴編『新選御家騒動』上、新人物往来社、二〇〇七年）一二頁。

（2）新人物往来社、一九六五年。
（3）福田千鶴『幕藩制的秩序と御家騒動』（校倉書房、一九九九年）、同『御家騒動』（中央公論新社、二〇〇五年）、同編『新選御家騒動』上・下（新人物往来社、二〇〇七年）、吉永昭『御家騒動の研究』（清文堂出版、二〇〇八年）。
（4）仙石騒動は天保六年に決着したが、同十四年には第二次仙石騒動が発生し、幕府が介入して関係者が処分された（『出石町史』第一巻（出石町、一九八四年）八一六頁）。
（5）「日記（江戸・水口）」（甲賀市所蔵「水口藩加藤家文書」）天保十年七月十七日条。
（6）水口藩家中の格は上位から、藩政の中心を担う家老・中老・用人・番頭、奉行職を担う大目付格・物頭格・取次格、徒士以下を統率する徒士頭格、給人格、準給人格、無足、徒目付格、徒士格、寄合格、坊主格、足軽格となっていた。家老・中老は年寄衆席を、用人・番頭は御用場席を構成し、両者を合わせて両席と呼んだ。家老〜番頭となる家柄の者が物頭格や取次格となった場合、御用場席見習や御用場席加判を命じられることが多かった（『近江国水口藩加藤家分限帳』甲賀市教育委員会、二〇一一年、一一頁）。
（7）石原宿は御代参街道の人馬継立宿場であり、旗本最上氏の知行所であった。水口からはおよそ十キロメートルほどの距離にあたる。
（8）手嶋以下の八人は明遠附であった。勝兵衛については確認できなかった。
（9）処分は用人加藤熙載が申し渡したが、彼は勝兵衛と対立していた加藤熙古の子であり、ここからも後述する勝兵衛と熙古の対立が処罰の背景にあったと推測できる。
（10）「日記（江戸・水口）」天保十年七月二十七日条。
（11）「水口藩家老菅勝兵衛口上書写」（たつの市立歴史文化資料館所蔵「脇坂家文書」、本章では東京大学史料編纂所所蔵の写真帳を利用した）。
（12）松下は菅勝兵衛の従弟である（「日記（江戸・水口）」天保十二年八月十一日条）。
（13）『近江国水口藩加藤家系譜』（甲賀市教育委員会、二〇一〇年）一八頁。
（14）後述するように、この時点では大久保家と加藤家の縁戚関係も消滅している。
（15）「庚子六月八日加藤能登守在所之家来両人差出し候加藤家家政之義に付自用方家来へ差出し候願書写、翌九日持出し、同列談之上差戻し候書もの類控」（「脇坂家文書」）。本史料は願書五点をまとめた写しである。

(16) ただし実際には、加藤家は脇坂家と親族ではない。
(17) 加藤旨賢は文政十年（一八二七）以降家老を務めていた人物である。熙古の実弟だが、三代目藩主加藤明熙の六男明旨の養子となって、その家督を継いでいた（『近江国水口藩加藤家系譜』一九頁）。
(18) 菅清右衛門は文政期に家老や中老を務めた人物であり、勝兵衛の祖父である（「日記（江戸・水口）」天保十二年八月十一日条）。菅十郎兵衛は直記の父である（「奉申上ケ条之覚」）。十郎兵衛の役職は確定できなかったが、武鑑などで清右衛門と同時期に菅直記という家老が確認できる。この直記が十郎兵衛と同一人物と考えられる。
(19) 以上が、前掲した前年十二月の訴えで主張された加藤熙古の私欲の企てや菅直記への不当な処罰にあたる。
(20) 離縁は天保七年六月二十一日であった（『近江国水口藩加藤家系譜』二四頁）。なお偶は離縁の後、宮津藩主松平宗秀に嫁した。
(21) この後、杉本は用人まで昇進している（『近江国水口藩加藤家分限帳』九一頁）。
(22) 「詰所日記」（「水口藩加藤家文書」）。以下、特に典拠を記述しない部分は同史料による。
(23) 「日記（江戸・水口）」天保十二年九月十七日条。
(24) 「日記（江戸・水口）」天保十二年九月十七日条。
(25) 「詰所日記」天保十一年十一月六日条。
(26) 大洲藩・新谷藩は水口藩主と同姓の加藤氏が藩主である。大洲・新谷の加藤家は加藤光泰を藩祖とする家であり、加藤嘉明を藩祖とする水口藩加藤家とは別系統の家であり、それほど近い親族関係にはない。後述するように嘉永期には菅勝兵衛などが大洲藩・新谷藩へ訴え出ており、この時点でも家中騒動に関与していた可能性もあるが、他の史料で確認することはできなかった。
(27) 『鷹見泉石日記』第五巻（吉川弘文館、二〇〇三年）。以下、鷹見の日記は同様。
(28) 土井は鷹見の上申書の袖裏に認を加えているが、これは申し入れがあったことを確認したという程度の意味合いであろう。
(29) 「詰所日記」・「日記（江戸）」（「水口藩加藤家文書」）同日条。
(30) 「日記（江戸・水口）」天保十二年八月十一日条。
(31) 昨年とあるが、天保十年七月の処罰を指すと考えられる。
(32) 前掲した菅兎毛への申し渡しが、この処罰の申し渡しである。

(33) 七月二十九日には藩主弟の明遠が家老・中老に相当する年寄席に任じられ、扱いも家来並となることが決定されている(「日記(江戸・水口)」同日条)。直記らへの処分と関連していると推測できるが、史料上では確認できなかった。
(34) 「日記(江戸・水口)」天保十二年八月十一日条。
(35) 『近江国水口藩加藤家分限帳』一四六頁。
(36) 「小熊与嘉進口上書」(東京大学史料編纂所所蔵「松平乗全関係文書」)。この史料自体は、三宅家用人の鈴木権左衛門からの申し入れを、松平家公用人の小熊与喜丞が書面にしたものである。なお、史料名は「小熊与嘉進口上書」だが、実際の作成者は小熊与喜丞である。本史料には年月日が記されないため、いつ提出されたのかは正確にはわからない。史料中に前年毛利団右衛門が没したと記されている。毛利の死去も正確な年月は不明だが、武鑑では嘉永二年(出雲屋版)、若しくは三年(須原屋版)までで、毛利を家老とする記載が終わっているため、この頃に死去したと判断した。
(37) 団右衛門の次男であり、父親同様に団右衛門を称する毛利可保が、多膳と名乗っていた時期がある(『近江国水口藩加藤家分限帳』八七頁)ことから、団右衛門は前回出訴時に土井家への工作にあたっていた毛利多膳と同一人物と推測される。
(38) 『近江国水口藩加藤家分限帳』二六頁。また、明治二年に水口藩士藪久太郎が差控を命じられた際の申し渡しに、「養父益斎義、前年来屢蒙御譴責謹慎可罷在候処、先般版籍　御奉還、且於東京　御勅答等被為在候儀ニ付、不容易事件流言し、人心疑惑セしめ候之条、重々不届至極」(『近江国水口藩加藤家分限帳』六五頁)とある。この益斎が藪久兵衛ではないかと想像できるが、そうであるならば、久兵衛が謹慎処分となっていたこと、明治二年の段階でも藩への反抗的な行動を取っていたことになる。
(39) 『幕藩制的秩序と御家騒動』三七九頁。

補章　老中松平乗全の大名・旗本情報探索

はじめに

前章で見たように、天保期に水口藩で発生した家中騒動に幕府が介入していた。本章では、諸藩における家中騒動に備えて、幕府がどのように対策をとっていたのか、老中松平乗全の風聞探索を素材に検討する。松平乗全は弘化二年（一八四五）から安政二年（一八五五）と安政四年から万延元年（一八六〇）の二度、老中を務めた。東京大学史料編纂所に所蔵される「松平乗全関係文書」には、乗全へ提出された探索書が数十点残されている。[1] 大名・旗本および江戸市中の武家地・町人地・寺社地が探索対象である。[2] このうち大名・旗本を対象とした探索を取り上げることにより、大名・旗本について、どのような情報を老中が収集していたのかを明らかにしたい。

「松平乗全関係文書」中の大名・旗本を対象とする探索書を時系列にまとめると［表17］のようになる。作成されたのは、乗全の老中就任期間に含まれる嘉永元年（一八四八）から安政二年および安政五年である。①徒目付が作成して目付から提出されたもの、②作成者や提出者の名前は記されず、表紙に「風聞書」・「内密風聞書」と記されているもの、③普請役が作成したもの、④作成者などはなく、表紙にも何も記されないものの四種に分類できる。宮地正人氏がすでに指摘しているように、乗全の老中在職期間すべてが残されていないなど、実際に行われた探索の一部分しか残されていないと考えられる。

表 17 「松平乗全関係文書」中の大名・旗本に関する探索書

番号	対　象	年　月	内　容	点数	種　別
1	旗本松本正五郎	嘉永元年 11－12 月	松本の評判	2	目付
2	大広間詰留守居	嘉永 2 年 9 月	留守居の遊興	1	不明
3	八王子千人頭窪田鉄三郎	嘉永 4 年 4 月	窪田と組内との不和	1	目付
4	旗本野一色頼母	嘉永 4 年 7 月	野一色家の家中騒動	1	目付
5	讃岐国高松藩家臣	嘉永 5 年 9 月	小姓組・番組・留守居などによる不正な借り入れ	1	風聞書
6	下野国吹上藩主有馬氏郁	嘉永 6 年 3 月	家臣処分	1	目付
7	上野国小幡藩主松平忠恵	嘉永 6 年 10 月	藩主と嫡子の不和	1	目付
8	肥前国福江藩主五島盛成	嘉永 6－7 年	家臣の悪行による藩内不和	3	目付
9	田安徳川家	嘉永 6 年 1 月	田安家屋敷へ町奉行所が博打取締を行った際の騒動	1	風聞書
10	交代寄合知久頼衍	嘉永 6 年 4 月	領内での一揆	1	目付
11	紀伊国和歌山藩	安政元年 3 月	和歌山藩上屋敷で発生した暗殺未遂事件	2	普請役・不明
12	伊勢国津藩嫡子藤堂高潔	安政元年 4 月	参勤する父高猷を迎えるため品川宿まで赴く件	1	目付
13	越後国長岡藩主牧野忠雅	安政元年 7 月	藩内での一揆	1	不明
14	松前藩	安政 2 年 6 月	蝦夷地収公に関する不平調査	1	目付
15	常陸国水戸藩	安政 5 年 8－10 月	徳川斉昭の動向，水戸藩の役替情報など	5	目付・普請役・風聞書
16	伊勢国津藩主藤堂高猷	年未詳 12 月	高猷の川崎平間寺参詣	1	不明

注）「松平乗全関係文書」より作成．15 番の目付作成として分類した探索書は，徒目付作成のものだが目付が提出したものかは不明．

1　騒動発生後の探索

まず、問題が表面化して騒動が発生した後で行われた探索を取り上げたい。

交代寄合知久頼衍領の探索

弘化から安政にかけての時期に、信濃国伊奈郡阿島を所領とする交代寄合である知久家で騒動が発生した。まず騒動の内容をまとめておきたい[3]。

知久家は小笠原家・座光寺家とともに伊那衆と呼ばれた。九代当主知久頼衍が石岡藩、十代当主頼匡が守山藩と二代続けて水戸徳川氏分家からの養子であった。彼らを当主として迎えた結果として、家格は上がったものの同時に支出も増加し、財政が逼迫した。天候不順による不作の影響もあって、三千両あまりの借財があったが、この借財は御用達によって完済された。天保九年（一八三八）に頼匡が家督を継ぐと、遠山三左衛門が取り立てられ、家老となった。先代当主である頼衍は遠山を嫌っており、頼匡の実家である守山藩へ取り計いを依頼している。嘉永三年（一八五〇）には頼衍が病死した。これを機に守山藩は重役を阿島へ派遣し、遠山一派を弾圧した。しかし嘉永五年になると守山藩から派遣されていた宮田八十右衛門が、頼匡や遠山の支持に転じたため、守山藩側が態度を変え、遠山一派が主要ポストを掌握するようになった。この時、頼匡派は士分十七名・足軽以下十名・領民の二割であり、反対派は士分三十四名・足軽以下四十名・領民の八割であった。

頼匡は伊奈衆の座光寺家・小笠原家へ強引に許可を求めた後、旧家老を始めとする反対派の家臣と領民を処罰した。これに対して、嘉永五年十一月、千名程度の領民が蜂起し、石岡藩や水戸藩などへ訴願を行った。守山藩は家臣三名を派遣し、混乱を鎮めようと試みたが、混乱は続き、反対派の領民によって老中の阿部正弘と松平忠固への駕籠訴も行われた[4]。幕府は若年寄本多忠徳直属の徒目付中野祐之進・小人目付佐藤直次郎を派遣し、嘉永七年に石岡藩・守山藩が問題に対処することに決定し、その結果頼匡に隠居処分が下された[5]。その後、安政三年（一八五六）に遠山一派が老中阿部へ訴願を行ったが逆に処罰されて、騒動は終結した。

ここから乗全へ提出された探索書を見ていきたい[6]。探索書の作成者は徒目付であり、目付戸川安鎮を経由して提出された。日付は嘉永六年四月であり、前記した騒動の経過の内、領民の蜂起に対して守山藩が家臣三名を派遣したことまでが記述されており、老中阿部・松平忠固への駕籠訴については記されていない。探索書は駕籠訴以前の段階で提出されており、幕府がそれ以前の早い段階で事態を認識していたことがわかる。

探索書では、頼衍と頼匡が不仲だったこと、頼衍は温和であって領内は帰服していたが頼匡は粗暴・短慮であったこと、家臣も人気が荒い者が多かったため主従関係も不和であったことが最初に指摘され、その後に騒動の経過が記述される。遠山以下の頼匡派・反対派ともに、主家のためではなく私欲で行動しており、相互に讒言を行うために事態がもつれてしまい、家政向きが混乱していると報告しており、両派のどちらかに荷担した内容ではない。派遣された守山藩の家臣については、家老岡部次郎左衛門は思慮のない人物であると評する。用人遠藤久平は俗才があるため守山藩でも重用されており、知久家内にも親しい人物が多いため、中心的な役割を担うと予想されるが、公平・廉直な人物ではなく、正当な裁定を下すかは不透明であると評価されており、(7)彼らでは騒動を収拾することはできないだろうと想定している。また次のような記述がある。

何分遠境懸隔候事故、忠佞之証跡聢と取留かたく、其上当春以来之義は、臣民共江戸表江往来之義、容易ニ難相成申渡有之候由ニ付、猶更以当時静衛介《(知久頼匡)》始メ土着之家士共・領分之人気如何相成居候哉、並ニ是迄家政取乱之基本、何れも彼地ニおひて篤と探索不仕候而ハ善悪邪正之風聞難申上哉ニ奉存候、

この年の春以降、知久家の家臣・領民が江戸に行くことが禁じられているため、現在の状況やこれまでの家中混乱の原因を調査するためには、現地に赴いて調査しなければならず、そうしなければ両派のどちらが正当であるのかは判断できないとする。情報源が江戸にいる知久家の家臣・領民であったこと、この探索は本格的な調査に入るための事前準備という性格のものであったことが指摘できる。

この情報を得た後に乗全や幕府がどのような対応をとったのかは明らかではない。前述したように老中への駕籠訴の後に幕府は徒目付・小人目付を派遣したが、この探索書も影響していたと考えるのが妥当であろう。

長岡藩領の探索

乗全が行った風聞探索の対象には、同役の老中であった牧野忠雅も含まれていた。(8)牧野を対象とするのは、嘉永七年（一八五四）七月に提出された探索書であり、(9)作成者や提出者は不明である。長岡藩は七万石程度を領しており、当時の藩主牧野忠雅は天保十四年（一八四三）以降老中を務めていた。

探索の内容は、新田開発に関わる混乱と嘉永六年に発生した栃尾一揆である。前者については、嘉永元年頃から長岡町人神田要吉という人物が願人となり新田開発が進められた。神田は家老や奉行と昵懇であり、それを背景に新田開発費用のうち五千両を使い込むなど不正を働いた。新田開発に村方が反対し、数百人ほどが騒動を起こす事態になったため、神田は捕らえられたが、懇意とする家老からの圧力もあって吟味は不十分であり、逆に吟味役が罷免される有様であったとする。栃尾一揆とは、嘉永六年八月に長岡藩領栃尾郷で発生した一揆で、紬役銀の廃止、新田開発にともなう負担増加反対、用金利息の支払いなどを要求した。総勢一万人ほどが参加し、栃尾町などで打ち壊しを行ったが、八月中に鎮圧され、十二月までに指導者が処罰されて決着した。探索書の報告結果も概ね同様の内容である。[10]

この探索書の特徴としては、長岡藩家老・奉行・郡奉行を調査し、それぞれの評価を行っていることがあげられる。重役などに有能な人物がいないこと、家中には変わった様子は見られないことも報告されており、一揆の原因など領内の状況よりも長岡藩家中の探索を主眼としている。[11]

2　騒動発生以前の探索

本節では、問題が表面化していない段階で行われた探索を取り上げる。

吹上藩[12]の探索

嘉永六年（一八五三）に提出された探索書であり[13]、作成者は徒目付柴田貞太郎・手嶋重四郎、提出者は目付井戸弘道である。家中の平沢大源次に関わる問題が中心となっている。平沢は文武に有能であったために徒から取り立てられ、物頭に昇進しており、前年の嘉永五年には能力を評価されて陣代に任じられた。平沢は江戸詰であったが、陣代に就任したため国許に居を移した。江戸に多くの門弟を抱えていた平沢は江戸を離れたために収入が減少したことを迷惑に思い、本藩久留米藩や藩主有馬氏郁の養育掛であった氏郁叔母に働きかけて、陣代を免じられたものの、主命に反したと判断されたために無役とされた。それを不満とする平沢が重役批判を行っていることが記される。

平沢による重役批判を受けて風聞調査が行われたらしい。調査の結果、平沢の批判に正当な根拠はなく、同席他藩[14]や立ち入りの者[15]からの吹上藩の政治に関する悪評もなかった。また弘化四年（一八四七）に陣屋の建造に関係して家老鈴木庄兵衛が罷免されているが、これは鈴木が勘定奉行や現地の名主と共謀して不正を働いたためであって妥当な処分であった。さらに藩主氏郁も若年ではあるが重臣が厳格に補佐しており、問題はないと報告する。このように藩政および藩主氏郁には過失はないとする調査結果であり、吹上藩になんらかの介入を幕府が行った形跡もない。

小幡藩[16]の探索

嘉永六年（一八五三）提出の探索書であり[17]、作成者は徒目付手嶋重四郎・中台信太郎、提出者は目付鵜殿長鋭である。世子松平忠恕の言動および藩主忠恵との父子関係が中心である。探索書中では、忠恕は学問の心がけがなく、流行や華美を好み、政治への知識にも欠けた人物であると評される。また妾に惑溺し、それに正室が嫉妬するため、奥向きが不取締となっていたことが記される。藩主忠恵は勇烈ではなく、家中への態度は寛宥すぎるものの、節倹を心がける実直な人物であるとする。そのために忠恕との父子関係は良好なものではなく、家臣も忠恵には服従しているが、忠恕に帰服する者はいないことが記されている。

以上のように、この時点では小幡藩では表立った問題は発生していないが、世子忠恕の性質・能力への危惧が存在していた。この年、忠恵はすでに六十九歳と高齢であり、数年のうちには忠恕が藩主となることが予想されていたであろう[18]。忠恕に対する家臣の反発という情報を入手したため、家中騒動の表面化以前にあらかじめ調査が進められたと考えられる[19]。

福江藩[20]の探索

嘉永七年（一八五四）四月に提出された探索書であり[21]、作成者は徒目付勝木啓之丞・太田子之助・小人目付芦名啓蔵・塩沢彦次郎、提出者は目付鵜殿長鋭である。用人内川三平・留守居佐藤伝八の専横について報告する。これによると、藩主五島盛成は闊達な人物であって才能に優れており、藩内の支配にも問題は無く、家中も帰服していたが、隠居の盛繁は惰弱かつ無能な人物であった。しかし収入源として隠居領五百石および八百石相当の運上金を持ち、それを藩に貸し付けて驕奢な生活をおくっていた。用人内川と留守居佐藤は盛繁に取り入って、権威を振るっていた。さらに岡藩主中川久昭へ盛繁の不行跡を密告した上で[22]、それを江戸家老橋本長平によるものと偽り、橋本を押込処分とすることに成功した。このような内川・佐藤の横暴に対して家中からは不平も多く、両者を盛繁から引き離して国許へ送るべきとの要求が高まっていた。要求が認められないならば、「銘々覚悟之外詮方無之」と家中全体で密談されていた。

右のように探索書が提出された時点で家中の不満が非常に高まっており、騒動は表面化する寸前だった。ただし、福江藩に関する探索書はほかに二点残されている。一つは前年十二月[23]、もう一つも同じ頃のものと考えられる[24]。内容は橋本・内川・佐藤の評判および橋本の押込処分に関するものであり、遅くとも半年前の時点で調査は始まっていた。新情報を入手するたびに探索書が作成され、逐次報告されていたことがわかる。なお、これ以降幕府がどのように介入したのかは不明であるが、表立った騒動も確認できなかった[25]。

3　私的な探索

「松平乗全関係文書」に含まれる大名・旗本を対象とした探索書のうち、性格が異なるのが安政元年（一八五四）三月に作成された和歌山藩を対象としたものである。二点あり、一つは作成者が普請役河島小七郎[26]、もう一つの作成者は不明である[27]。両方とも三月に作成されており、前者は三月十二日に内密に命じられた探索の報告であることが明記されている。どちらが先に提出されたのかなど、二つの関係は不明である。

前者は、藩主徳川慶福の側近が慶福の警備に通常以上の配慮をしていること、その背景に徳川斉昭が実子慶喜を和歌山藩主にしようと画策し、和歌山藩内にも同調する者が存在していることを報告する[28]。後者では、この年の正月に徳川慶喜から和歌山藩邸に贈られてきた菓子に毒が入っていたこと、和歌山藩では伊賀者を増やすなど警備体制を強化していることが報告される[29]。このように徳川斉昭・慶喜父子による慶福の暗殺計画を中心に探索が進められた。ただし後者では、暗殺計画は斉昭を憎む者が流したデマであって、その発信源は斉昭の息子である水戸藩主徳川慶篤であること、斉昭は国家のために尽力しているだけであって、異心は持っていないことも述べられる。斉昭による謀計の真偽は断定されておらず、あくまでも風説に過ぎないとしている[30]。

乗全にとって斉昭が政敵であったことをふまえるならば、この探索は老中としての職務にもとづくものではなく、乗全の私的な情報収集であったと考えるのが妥当である[31]。探索書の一つが作成者の名前を記していないのも、これが非公式なものであったためと考えられる。ただし調査結果は、噂されている斉昭の陰謀というのはデマであって、斉昭自身には何の問題もないとするなど、斉昭を擁護する内容となっている。斉昭を批判するための材料を集めるのではなく、正確な情報を収集することが探索の目的であった。ただし、この探索結果が乗全の政治判断にどのような影響を与えたのかは不明である。

おわりに

第一節・第二節で確認したように、松平乗全による大名・旗本の探索は家臣同士の権力抗争や家臣と当主との不和など、家臣の動静に調査の重点を置いていた。大名・旗本の支配秩序を直接的に乱す家中騒動を幕府が強く警戒していたことを示している[32]。

第一節で取り上げた知久家・長岡藩の事例のように騒動が発生した後で原因を探るために行われた探索もあったが、第二節で取り上げたように問題が表面化していない段階でも探索が行われていた。越後騒動以降、家中騒動に幕府が介入することはほとんどなくなったとされてきた。大名の側が幕府への出訴を控えたことに加えて、大名・旗本の家中での問題について、幕府がかなり早い段階から情報を収集して対応するようになっていたことも、その背景にあったと言えよう。

一方、老中の情報探索は老中自身の私的な目的を持つ場合もあった。本章で取り上げたのは幕末期の政局に大きな影響を与えた徳川斉昭という特異な人物の探索であったが、実際にはどの時期においても同様な探索が行われ、それが老中間の政治抗争に利用されていたと考えるのが妥当であろう。

（1）本章で使用した史料は、すべて「松平乗全関係文書」に含まれる。なお、これらの探索書については、宮地正人氏が『幕末維新期の文化と情報』（名著刊行会、一九九四年）において取り上げているが、大名・旗本を対象とする探索書について、宮地氏は簡単にしか触れていない。

（2）江戸市中を対象とした探索書は、江戸町奉行所作成のもの、吉原町名主作成のものがある（宮地『幕末維新期の文化と情報』）。

（3）以下、騒動の内容は、『喬木村誌』上巻（喬木村役場、一九七九年）による。

（4）忠固は月番であった。

（5）申し渡しを行った老中は久世広周であり、乗全の関与は確認できない。

（6）「徒目付探索書（嘉永六年四月）」。

（7）もう一人の前野折右衛門の評価は記述されていない。

（8）「徒目付探索書（安政元年七月）」。なお本史料の表紙には「甲寅四月二日出」と記されているが、本文末尾には七月とある。内容から四月は誤りであり、七月が正しいと判断した。

（9）作成者などが記されていないのは、後述する和歌山藩の風聞探索と同様に、この探索が老中の職務としてではなく、乗全の私的なものであったためとも考えられる。

（10）たとえば神田要吉と昵懇であった家老稲垣権八については、「素々不宜人物ニ而、不正之取計而已いたし候之趣、不首尾ニ而家老之内末席ニ相成居候由ニ而風聞不宜候」と低い評価を与えている。

（11）長岡藩は安政二年（一八五五）から改革を実施し、責任者として郡奉行村松忠治右衛門が抜擢された。探索書での村松の評価は「差たる風評も無之候」というものであって、探索書が長岡藩の実際の人事に影響を与えたことは想定しにくい。

（12）下野国吹上に陣屋を置き、石高は一万石。当時の藩主は有馬氏郁であった。

（13）「徒目付探索書（嘉永六年三月）」。

（14）吹上藩は菊間広縁詰であった。

（15）御用頼の幕府役人と出入商人のどちらを示すのかは明らかではない。

（16）上野国小幡に陣屋を置き、石高は二万石。当時の藩主は松平長恵で、天保九年（一八三八）から若年寄を務めていた。

（17）「徒目付探索書（嘉永六年十月）」。

（18）実際に忠恕が家督を継いだのは、安政三年（一八五六）であった。

（19）忠恕は家督後すぐ奏者番に就任し、文久二年（一八六二）には寺社奉行に任じられた。この探索書での厳しい評価とは異なり、家督継承後の幕府からの評価は低くない。
(20)　肥前国石田に陣屋を置き、石高は一万二千石。当時の藩主は五島盛成であった。
(21)　「徒目付探索書（安政元年四月）」。
(22)　福江藩の殿席は柳間であり、中川は新発田藩主溝口直溥とともに取締として柳間の中心的存在であった（荒木裕行「阿部正弘政権の大名政策――嘉永六年柳間改革」藤田覚編『幕藩制国家の政治構造』吉川弘文館、二〇一六年）。
(23)　「極蜜申上書付（嘉永六年（？）十二月）」。
(24)　「極蜜申上書付（嘉永六年（？））」。
(25)　「大成武鑑」（国会図書館所蔵）から、安政三年（一八五六）の時点で橋本と佐藤は家老・留守居と地位に変化はなく、内川は家老に昇進していたことが明らかになる。
(26)　「普請役探索書（安政元年三月）」。
(27)　「徒目付探索書（安政元年三月）」。史料名は「徒目付探索書」となっているが、史料中には徒目付が作成したことは明記されない。ただし体裁から推測すると、作成者が徒目付もしくは小人目付である可能性は高い。
(28)　当初は慶喜を将軍とすることを目論んでいたが、将軍家定が予想以上に健康であったために、和歌山藩を相続させることに目的を変更したとする。
(29)　大奥勤めの者による暗殺を特に警戒しており、慶福の食事は表向の役人が調理しているとする。
(30)　乗全は安政二年（一八五五）八月に老中を罷免された。官吏の下田駐在などのアメリカからの要求を巡って阿部正弘と対立したのが原因であるが、乗全が斉昭の対外意見に批判的であったために、斉昭も乗全の罷免を強く要求していた（後藤敦史『開国期徳川幕府の政治と外交』有志舎、二〇一五年、二一〇―二一六頁）。
(31)　[表17]に示したように、斉昭を対象とした探索は安政五年にも多数行われているが、これは斉昭が謹慎を命じられた後の時期にあたるため、老中の職務としての探索として位置づけられる。
(32)　具体的に取り上げなかった探索書のうち、[表17]の三・四番も当主と家中との不和について調査したものである。

第九章　目付の職掌について

はじめに

江戸幕府の役職として目付は非常によく知られた存在である。その職掌について検討を加えるのが本章の目的である。たとえば『国史大事典』(1)では、目付は「若年寄に属して、旗本・御家人の監察、諸役人の勤方の査検を任とし、日常は殿中礼法の指揮、将軍参詣・御成の供奉列の監督・評定所出座・消防の監視・幕府諸施設の巡察・諸普請の出来栄見分などの業務を分掌した」と説明され、他の辞典類でもほぼ同様である。これらの説明は、基本的には松平太郎氏の『江戸時代制度の研究』(2)にもとづいていると考えられる。近年の目付に関する研究としては、近松鴻二氏、本間修平氏、辻まゆみ氏(3)の業績があげられる。これらの研究をふまえ、本章では、寛政期・文化期に目付が記した職務内容の記録を用いて、目付の職掌の全体像を明らかにすることを目指したい。

1　目付自身の職掌認識

まず、目付が自らの職掌をどのように捉えていたのかを確認したい。目付に就任する際には、幕府の役人が就任時に行う、いわゆる役人誓詞に加えて、柳之間誓詞と呼ばれる目付職内部の規律申し合わせとも言える誓詞があったことを、本間氏が指摘している(4)。誓詞の内容は、例えば家門・国持大名への振る舞いの禁止など、個別的な規制であり、そこから職掌を知ることはできない。

そこで本節では、天明から寛政にかけて目付を務めた中川忠英が、目付の勤務のあり方や職務内容を記した「監察故談(5)」を見ていきたい。中川は天明八年（一七八八）に目付となり、寛政七年（一七九五）に長崎奉行へ転任した。「監察故談」は目付の守るべき作法を後世に残すという目的で記述されており、序文および凡例から寛政五年に書かれたことがわかる。内容は中川自身の経験による部分と、天明四年から寛政二年に目付を務めた神保長光に尋ねた部分の二つに分かれる。「監察故談」の一条目には、次のようにある。

［史料一］

一、およそ御目付趣意は、上御老中をはしめ、下軽き御家人に至るまて、勤向・言行の邪正を見て、正なれハ是を言上し、邪なれハ是を正す、又ハ天下の御政事に於て、曲直を正し、諸侯の下庶民に至りて言行を正す、是を御目付の趣意とす、御目付とハ何そとなれハ、（平出）君壱人の御身を以て、普く天下の邪正曲直を見給ふ事あたハす故に、心腹手足の臣に　命し、常に天地の則に差ハさるやうにし給ふなり、ここに於て監察の事そ御目付に任せたる故に、（平出）君の見給ふといふこころにて、御目付とは称す、（中略）御目付の言行ハ諸役人の亀鑑となり、公儀より以下、庶人に至るまで、慎を生る基本なり、（後略）

目付の職掌として、老中から御家人までの勤め向きや言行を監視する監察の役割、幕府の政治の曲直や庶民に至るまでの言行を正すことがあげられ、それらの職務は将軍に代わって行っているものであるとされる(6)。目付自身の言行は諸役人の手本であって、庶民までのすべての人々が慎みを持って行動する模範となるべき存在であるとされる。続いて二条目には監察を行うにあたっての心構えが記される。

[史料二]

一、邪正を正すといふ事、尤も当職の肝要なるへし、正すへきを正すへし、邪を糺すハ当職の主意にあらす、正すと糺すといつれ違ふとなれハ、言行政事の上に於て、其邪曲を見る時に於て、その邪曲をため正直に復せしむるを正すといふへし、又言行政事の上において、深察を加へ、詳かならぬるを糺し得て、邪正を分ち、曲直を見る、それよりして其非を罰す、是を糺といふへし、正と糺と形ち相似て、心雲泥の違ひなり、（後略）

目付の職務の目的として、邪正を正すことがあげられる。邪正を正すとは、誤った行動を取っている者を指導し、その行動を正しいものへと変えることを意味し、誤った行いをした者を処罰するのではないとされており、一条目にあった、目付は諸役人の手本となり、正しい言行を行わせる役職であるといった意識が、ここにも表れている。さらに三条目には、目付が取るべき行動として、「その弊の後に生ん事を察して、早く是を正す」ことがあげられており、同様の認識が繰り返されている。また次のような記述もある。

[史料三]

一、他向ハ皆部屋と役所あり、御老中・若年寄・御目付ハ役所を部屋と呼ふ、是は、他向ハ皆夫々の職掌あり、御老中・若年寄・御目付他向よりの御用向集りて、夫を取扱ふ職事なれハ、日々定れる職事なし、此故に御役所と言すして、部屋と言なり、

目付は老中や若年寄と同じように、執務を行う部屋と控えの部屋が同じである。理由は、目付の職掌が老中や若年

寄と同様に、他の役人の活動によって生じた問題への対応であるためとされている。ここにも、役人の行動を管理することが職掌であるという意識があらわれている。

このように目付は、自らの職掌は幕府役人の監察であるととらえていた。ただし、役人の失態を取り締まることよりも、過ちを未然に防ぎ、すべての手本となることを目的と考えていた。

2　遠山景晋の日記から見る職掌の数量把握

遠山景晋は享和二年（一八〇二）から文化九年（一八一二）にかけて目付を務めた。文化元年九月に長崎へロシア使節レザノフが来航して貿易を要求すると、翌年交渉の担当者として派遣され、一ヶ月ほどの交渉の後、要求の拒否を伝えたことなどが知られている。ほかに文化二年八月から翌年八月、文化四年六月から十月には、蝦夷地へ派遣されて視察を行ったことも有名である。

遠山は「遠山家記録残闕　文化日記」(7)（以下、「遠山日記」と省略）と名付けられた日記を残しており、目付在任中のものも含まれる。「遠山日記」は私的な日記ではなく公務日記であり、目付がどのような職務を行っていたのかを知ることができる。(8)ただし「遠山日記」には、目付部屋での執務に関しての記述がほとんどないなど、職務内容のすべてが記されているものではない。また遠山自身の行動が中心的な内容ではあるが、他の目付の活動や、目付が直接関わっていない江戸城内でのできごとについても記されている場合がある。(9)

まず、「遠山日記」の記述がどのようなものであるのかを、文化三年十二月九日条を例として確認しておきたい。

［史料四］

一、定式人足其外、良雲《（佐野）》、
一、尾張殿《（徳川斉朝）》官位御礼、
　　当番三人麻上下、例刻、
　手続御座敷勤、帳面ニ書入置、
一、八時西丸　御成、御供次左衛門《（斉藤利道）》代伊織《（松平康英）》、
一、例之寄合、
一、当番書豊前殿《（大久保忠温）》、周栄《（草嶋）》、
一、米穀下直ニ付、富商共上ケ金被仰出ニ付、世上金銀融通善悪之風聞之事、摂津守殿《（堀田正敦）》被仰聞、文蔵《（古山）》・才介《（加藤）》江申
　渡、

一項目は、定式人足その他を御用部屋坊主佐野良雲と行ったというものである。定式人足は「遠山日記」に頻出するが、具体的にどのようなものであるのかは明らかにできなかった[10]。二項目は、名古屋藩主徳川斉朝が官位御礼に登城した際の儀式に出席したというものである。三項目は、将軍家斉の西丸への御成があり、供を斉藤利道の代わりに松平康英が行ったことを記す。斉藤と松平はともに目付である。四項目には、柳之間寄合があったことが記される。柳之間寄合とは、毎月九日と十九日に江戸城柳之間において開かれた目付の定例寄合であり、目付の執務に関わる様々な事案が評議された[11]。

五項目は、当番書を御用部屋坊主草嶋周栄を通じて側用取次の大久保忠温へ提出したというものである。目付には、江戸城に宿直し、殿中を見回るという勤めがあった。宿直は二名であり、当番と加泊と呼ばれた[12]。『旧事諮問録』[13]によると、宿直者は夜詰の諸役人が退出した後、中之間へ赴き、そこで側用取次に夜詰役人が退出したことを伝える。その後で城内の詰所を廻って、その旨を伝達した。当番書は側用取次へ提出した書類であろうが、詳細は不明である。

六項目は、金銀融通についての風聞探索を若年寄堀田正敦に命じられて、徒目付の古山文蔵と加藤才助へ申し渡したというものである。ここに記される「富商共上ケ金」とは、江戸町人へ課せられた御用金を指す。この時の御用金の目的は、米価引き上げのための米穀買い上げの資金とすることであった。寛政期以降、米価は下落が続いていたため、文化期の幕府の米価政策は、価格引き上げを基調としていた。文化元年、二年には酒造の解禁とともに買米が行われたが、これは幕府の資金によって実施された。三年になると幕府財政に余裕がなくなったためか、御用金による買米が行われることになった。御用金が課せられたのは御用達商人や十組問屋が中心であり、総額二十万三三五〇両であった(14)。このような巨額の御用金によって、金銀の流通悪化という影響が発生し(15)、その調査が目付に命じられたということになる。御用金の借り上げは文化三年春から文化四年初頭にかけて行われ、とくに四年に入ってからが中心であったとされており(16)、ここでの風聞探索は、そのための準備であったと考えられる。幕府の政策判断のための情報収集を目付が担っていたと指摘できる。この調査は、町方掛としての活動と近似したものでもある。町方掛とは、寛政二年（一七九〇）に創設された目付の分掌の一つであり、職務は町奉行所・火付盗賊改への監察と風聞探索であった。風聞探索は、犯罪・風俗・道徳に関わる事項や倹約令に関わる事項の調査が具体的な目的であった(17)。町方掛の職務は寛政九年に改定され、風聞探索の機能は廃止になったとされるが、実際には同様の活動を文化期にも行っていたことがわかる。

ここまで、「遠山日記」文化三年十二月九日条の内容を詳しく確認してきたが、「遠山日記」に記述される活動を内容によって分類すると［表18］のようになる。文化三年十二月九日を例とすれば、一項目は「不明」、二項目は「城内儀礼」、三項目は「御成関連」、四項目は「柳之間寄合」、五項目は「宿直」、六項目は「その他」として分類した。［表18］の分類ごとに、その内容を説明しておきたい。

「城内儀礼」に分類したものは、江戸城内での儀礼への参加である。月次・不時御礼への出席や準備が、ほとんど

表 18　「遠山日記」における目付の活動

	文化2年	3年	4年	5年	6年	7年	8年	合　計
城内儀礼	10	35	55	68	15	71	11	265
旗本・御家人に関わる対応	11	8	48	58	3	19	2	149
城外施設への対応	1	11	45	42	2	34	11	146
御成関連	8	27	23	32	2	32	6	130
通信使来聘御用掛	0	0	1	55	6	41	15	118
城内施設への対応	1	8	41	47	2	12	2	113
本人・支配下役人に関わる対応	3	6	22	30	7	10	0	78
宿直	7	18	5	9	4	9	1	53
浜御殿関連	1	1	6	9	0	6	20	43
武芸見分	2	0	2	16	1	20	0	41
松前御用	2	0	13	19	0	0	0	34
学問吟味関連	1	0	11	6	4	2	4	28
続藩翰譜作成	2	3	13	1	0	4	2	25
寺社への対応	0	2	6	8	2	4	0	22
柳之間寄合	0	5	5	3	0	4	0	17
勘定所関連	0	0	6	1	2	4	3	16
藩への対応	1	1	1	7	0	3	0	13
評定所関連	1	5	1	0	0	0	1	8
琉球関連	0	3	0	0	0	0	0	3
その他	9	14	34	33	5	15	4	114
不明	15	32	41	20	2	18	2	130
合　計	75	179	379	464	57	308	84	1546

注）「遠山日記」より作成．単位は回．

を占める。具体的には大名寄を務めている場合があげられる。大名寄とは、儀礼の際に準備が整い、諸役人が定められた席に着いた後、その旨を同朋頭によって老中へ伝えるという一連の活動である。他に江戸城内での儀礼ではないため、本来はここに分類するものではないが、昌平坂学問所での釈奠への出席も、老中以下の幕府役人が参加する行事であるため、ここに含めた(18)。

「旗本・御家人に関わる対応」は、旗本・御家人の風聞探索や同心を抱え入れる際の願書調査である。とくに後者は非常に回数が多いため、史料をあげて確認しておきたい。

[史料五]

一、火消神保右近(茂和)組田尻伊三郎仮抱願、吟味
　札付ケ、介月番駿河殿(植村家長)へ、

（「遠山日記」文化四年五月十三日条）

定火消神保右近組からの田尻伊三郎を仮抱えしたいという願書に、吟味の付札をつけ、介月番若年寄植村家長へ提出した、という内容である。こ

の願書は同月十八日に許可された。このように同心などを抱え入れるために提出した願書に目付が審査を加えていた。ただし、目付の吟味が許可・不許可にどのような影響を与えていたのかは不明である。

「城外施設への対応」は、材木蔵の見廻り、堀浚いの見分、増上寺などの御霊屋の見分などであるが、大半は上水設備の見分、上水寄合への参加など、上水に関する活動である。ほかに、捨て子の処理も数例含めた。

「城内施設への対応」は、江戸城内での普請の見分や樹木伐採伺の処理、城内に保管されている武具の見分や修理などである。

「御成関連」は、将軍および家族の御成の供であるが、供をしたかどうかは明記されないものの、御成があったことが記される場合には、回数に含めた。浅草など江戸城外への御成以外に、将軍の西丸への御成も含まれる。

「通信使来聘御用掛」は、朝鮮通信使来聘御用掛としての活動である。「松前御用」は、松前御用掛としての活動および蝦夷地に関連した活動、「琉球関連」は、琉球謝恩使に関連した活動である[19]。

「本人・支配下役人に関わる対応」は、遠山自身や遠山が支配する役人のための御礼の登城であり、目付の職掌ではないものの、参考として表に含めた。

「宿直」は、先に確認したように、史料中で「当番書」と記述されたものである。

「浜御殿関連」は、浜御殿の見分や浜御殿への御成の供である。「武鑑」では、遠山は浜御殿掛と記載されているため、浜御殿に関わる活動を立項したが、回数はそれほど多くなかったことがわかる。

「続藩翰譜作成」は、続藩翰譜の作成に関わる活動であり[20]、「宅由緒調」や「由緒調寄合」などとして現れる。

「寺社への対応」は、たとえば日光門主が登城した際の儀礼の場への出席など、「城内儀礼」として分類した活動と同一の場合がほとんどすべてである。それ以外の事例としては、文化五年正月に三河国松応寺へ下馬札を建てるにあたって、目付が立ち会うかどうか、作事奉行から問い合わせがあり、それに回答した例があげられる程度である。

「柳之間寄合」は、前述したように柳之間寄合への出席である。「勘定所関連」は、勘定所での寄合への出席などである。「評定所関連」は、評定所の御用日に立ち会った場合と、評定所からの注進状を受け取った場合を分類した。評定所での吟味のうち、重要な案件については、「五手掛吟味」と呼ばれる、三奉行に大目付・目付が加わっての審議が行われたとされる。［表18］からは、「評定所関連」は非常に回数が少ないことが一目してわかるが、実際に評定所の吟味に立ち会ったことが明記されるのは、文化三年に二件あるのみである。このように極端に少ない理由としては、遠山が立ち会いの担当ではなかった、または日記へ記述しなかったなどを推測できるが、明らかにできなかった。

「藩への対応」は、藩からの問い合わせに応対した事例を分類した。たとえば文化五年二月十四日には、清末藩から藩主毛利匡邦が御三家を訪問する際に杖を用いてもよいかとの問い合わせがあった。毛利匡邦が江戸城内での杖の使用を許可されているために、目付へ問い合わせたのであろうと考えられるが、遠山は管轄外であると回答している。

［表18］からは、「城内儀礼」「旗本・御家人に関わる対応」「城外施設への対応」「御成関連」「通信使来聘掛」「城内施設への対応」として分類した活動が、合計百回を超えており、大きな比重を占めていたことがわかる。ただし、［表18］の作成にあたっては、かかった日数にかかわらず一回とする数え方をしたため、回数の多少は費やされた時間を直接示しているものではない。たとえば文化二年の「松前御用」は二件しか数えられていないが、実際には八月十三日から翌年八月十二日まで一年間にわたって、西蝦夷地へ派遣されている。ここまで長期に及ぶもの以外にも、上水見分のために数日を費やした場合もある。さらに、前述したように「遠山日記」には行動すべてが記載されていないため、［表18］の数値をもって目付の職掌の数量的把握が完全に可能となるわけではない点は確認しておきたい。ただし、おおまかには［表18］に示したような傾向があったと言えよう。

3　監察官としての活動

遠山の目付としての職務の中では、江戸城内での儀礼に関わるものが最も多かった。具体的にどのような活動を行っていたのかを確認していきたい。「遠山日記」には、実際の行動に関する詳細な記述はないため、少し年代はずれるが、高崎藩主松平輝充が記した奏者番手留の嘉永六年（一八五三）七月一日付「御表出御無之月次出仕之面々登城且席々被仰渡拝領物有之節当番相勤候留」[21]を用いて、儀礼の場での目付の具体的な行動を確認しておきたい。同史料の内容を要約すると、［表19］のようになる。また目付の関わる箇所のいくつかを次に引用した。なお同史料は、ペリーから受け取ったアメリカ大統領の国書が諸大名へ伝達された際のものである。

［史料六］

一、和泉守（松平乗全）殿名前呼込ニ而、御目付衆使者呼上ケ、承リ、焼火之間江罷越、②（中略）

一、御目付貴志孫太夫（忠美）被参、御暇被申聞候、左之通、③（中略）

一、老衆椿御杉戸之方を後ニして御列座候て、御目付衆会釈ニ而拝領物席江出席いたし候て、進物番拝領物自分前江差置、⑥（中略）

一、右相済退去、夫より（平出）西丸江登　城いたし候処、当番・添番退出後ニ付、於芙蓉之間、御目付江当日之謁相済罷出候、帰宅八半時、⑨

ここでの目付の行動は、①・②・⑦・⑨のような呼び出しなどの連絡業務、③・④・⑧のような儀式の手順説明、⑤・⑥のような儀礼の場への出席、という三種類に分類できる。連絡や手順説明は儀礼が円滑に進むための活動と言えるが、儀礼の場への出席にはどのような目的があったのであろうか。そこで儀礼の場における目付の役割を考える

表19　嘉永6年7月1日月次登城での奏者番の行動と目付との関わり

	登城	
	老中登城に際して，中之間に着座	
○	月番老中へ名古屋藩からの使者が遣わされた旨が目付によって連絡される	①
○	月番老中松平乗全に呼び出される．使者は目付．芙蓉之間へ赴く	②
	西丸当番奏者番から問い合わせ	
	松平乗全へ問い合わせ	
○	目付貴志孫太夫から，儀式の手順を説明される	③
	老中阿部正弘からの連絡を大目付が伝達	
○	貴志孫太夫が来る．老中と対面の後，小溜へ移動	④
	帝鑑間へ移動	
	老中に従い雁間へ移動．高家・詰衆機嫌伺	
○	小溜へ移動．大坂加番などへ老中が暇を申し渡す．目付も同席	⑤
○	菊之間へ移動．大坂加番などへ老中から拝領物．目付も同席	⑥
	大目付から万石以上退出見合わせとの連絡があった旨が目付によって連絡される	⑦
○	貴志孫太夫から，万石以上への申し渡し（異国書翰について）の場所が連絡される	⑧
	老中から異国書翰について申し渡し	
	台所へ赴き頂戴物	
○	西丸へ赴き，目付と対面	⑨
	退出	

注）「御表出御無之月次出仕之面々登城且席々被仰渡拝領物有之節当番相勤候留」より作成．左側の○は目付が関わった部分．右側の番号は本文中の番号と対応．

ため、「遠山日記」文化二年（一八〇五）六月十六日条を確認したい。

［史料七］

一、嘉祥、例之通罷出、大名寄相勤、長三郎（土屋正倫）、

一、小十人筒井権左衛門（順寄）組中川惣左衛門頂戴引候節、御老中御着座之毛氈之上引可申様子ニ付、咳払ニ而心附ケ、引道江は引候得共、不調法ニ付、性名承置、小十人頭荒井十兵衛（保邑）江、彼者留置候様申置、御祝相済、其段申上候、大目付井上美濃守（利泰）よりも出方不宜者之儀被申上候処、何レも其段、当人又は頭支配より、不調法之段大目付・御目付江申断候ハヽ、承置候様、被仰聞候旨、専阿弥申聞候、小十人頭野間金三郎（成澄）不調法之段申聞、承置、当人相返シ、大目付江も其段申通シ候、両番組頭ニも、出方不宜有之、御目付より可申糺や伺候処、御式之事、大目付も出シ口致し候事故、大目付より可申談旨、被仰聞、美濃守より番頭江申談候由、何レも不調法申聞候段、美濃守より通達有之、承置候、

一項目は、嘉祥の儀礼に例年通り参加し、同役の土屋正倫とともに大名寄を務めたといった内容である。嘉祥とは幕府の年中行事の一つであり、毎年六月十六日に行われ、登城した大名・旗本へ菓子などが与えられた。

二項目には、嘉祥の儀礼において発生した手違いと対応が記述されている。小十人筒井権左衛門組の中川惣左衛門は、頂戴物の際に誤って老中が着座している毛氈の上を通り退座してしまった。遠山は咳払いによって誤りを中川に知らせ、さらに名前を書き留めて儀式の終了後に上申している。中川以外による不調法な振る舞いについても対応している。大目付井上利泰と連絡を取り合っていることもわかる。このように目付は儀礼の場に出席し、そこで手違いが発生しないように注意を払い、間違った行動を取った者に対する処罰の対応を担っていた。

儀礼における目付の行動を、「監察故談」でさらに確認しておきたい。

[史料八]

一、御礼日なとの制し勤る時、同役互にものいふ事なし、又耳に口寄せさゝやく事なし、是ハ他の咄を制し、敬礼を正すゆへなり、今は御小姓組の制しのミ程隔りて立故に物語せす、其余は弐人よる時は制し勤る内にても、ものいふ事あり、是亦古則にあらす、

御礼などの儀礼に出席して監督を行う際には、目付同士では話をせず、耳元に口を寄せて話すこともない。これは敬礼を正すためである。今では小姓組を監督する場合だけは離れて立つために話をしないが、それ以外の時は二人集まれば話をするようになっており、これは古則に反している、と記される。[22] ここからは、儀礼参加者の監督が儀礼の場での目付の役割であったことがわかる。こういった役割が端的に示された一件を確認しておきたい。

[史料九]

一、於立花出雲守（種周）殿御宅被仰渡之趣、

御目付　永井靱負（直堯）

名代　平賀鉄太郎

其方、八貫野鹿狩之時、飯塚主水（忠顕）江鐺突当候段、過候儀とは乍申、一分之働を心懸、打込之場所ニ而せり合候なと相聞候、御番方之不作法をも可制役義ニ而、不似合仕方、不調法事ニ被　思召、依之、御役（平出）御免被成候、

右、於出雲守御宅御同人被仰渡候、佐野宇右衛門（庸貞）相越[23]、

目付永井直堯が鹿狩りの際に西丸書院番飯塚忠顕と競り合い、飯塚へ鐺を突き当てたことを咎められ、目付を罷免されたという内容である。永井の行為は熱心さによるものとは認定されているが、目付である永井が果たすべき役割は、番方の不作法を制することであり、それにも関わらず自らが不調法を働いたことが罷免の理由であった。鹿狩りの場で目付に求められたのは、参加者の監督であったことがわかる。

また、目付は儀礼への出席自体が、他の役人への手本となるとされた。次の「監察故談」の記述は、それを示している。

［史料十］

一、九月九日、万石以下諸向共、花色小袖・黒小袖いつれにても着すへき日なれハ、同役前日に立合て、花色とくろと交へ着するなり、是ハ同役皆花色を着する時ハ、他向の花色にあらさる色の小袖着せしもの、服違ひの主意に当る故なり、

重陽の節句で江戸城に登城する旗本は、花色小袖と黒小袖のどちらを着用してもよかった。目付は前日に相談して、花色と黒の小袖を着る者が混在するようにした。これは、目付全員が花色を着てしまった場合、黒小袖を着た者が間違いとなってしまうので、それを防止するためであった。

ここまで、儀礼の場での目付の役割が監察官としての性格にもとづくものであったことを明らかにしてきた。監察

を主な目的とする職掌としては、ほかにも様々なものがあげられる。たとえば、掛の一つに学問所廻りがあった。「遠山日記」では、素読吟味などに立ち会っていたことが記されている。[24]橋本昭彦氏によると、学問吟味での目付の役割は、受験者が持参した書物の検査や答案の品評にあたっての監督であった。[25]これらも目付の監察としての役割を示している。

［表18］での分類では、「城内儀礼」「旗本・御家人への対応」「城外施設への対応」「城内施設への対応」「勘定所関連」「評定所関連」が監察としての性格を持つ活動であると言える。[26]

4　監察以外の職掌

［表18］からは、「通信使来聘御用掛」「松前御用」「琉球関連」といった外交に関わる活動があったことがわかる。このうち、「通信使来聘御用掛」と「松前御用」の内容を具体的に見ていきたい。

通信使来聘御用掛としての活動

ここでの通信使とは、文化八年（一八一一）に対馬で国書の受取などの儀式が行われたものである。この通信使は、家斉の将軍就任にともなうものであったが、来聘にかかる多額の費用を節減するため、寛政二年（一七九〇）に対馬での易地聘礼の案が検討され始めた。[27]寛政三年には対馬藩に対して、朝鮮との交渉を開始するよう松平定信が命じている。文化元年になると、幕府は「朝鮮国の信使、近年のうち対馬国において聘礼あるべし」と発表して対馬での聘礼を内定し、老中戸田氏教、若年寄京極高久、寺社奉行脇坂安董、大目付井上利泰、勘定奉行柳生久通・中川忠英、勘定吟味役村垣定行、目付松平康英・土屋正倫を来聘御用掛に任じた。土屋が佐渡奉行に転任したのち、文化四年正月二十九日に遠山も同掛に任じられた。

「遠山日記」中での来聘御用掛としての活動の大半は、来聘寄合への出席であり、文化四年が二十四回、五年が三十一回、六年が四回、七年が二十九回、八年が七回である。一例をあげると次のような記述がある。

［史料十一］

一、御式処ニ而臨時寄合、御次第書・絵図中清書引合評議、

（「遠山日記」文化四年二月二十日条）

［史料十二］

一、来聘之次第書三冊・絵図出来、中務（脇坂安董）・美濃（井上利泰）・主膳（柳生久通）・金四郎（遠山）・左太夫（村垣定行）一同、新部屋ニて備前殿（牧野忠精）江上候、書取一通、大目付・御目付懸り名前ニ而上候、

（「遠山日記」文化四年二月二十一日条）

文化四年二月二十日に臨時寄合があり、次第書と絵図について評議が行われた。翌日、次第書と絵図を老中牧野忠精へ提出し、大目付・目付の掛の名前で書取も提出した。次第書・絵図を提出したのは、脇坂安董・井上利泰・柳生久通・遠山・村垣定行であり、この五人と牧野は全員が来聘御用掛である。「遠山日記」中での来聘に関する寄合・評議への参加者には、脇坂・井上・柳生・遠山・村垣および儒者の林述斎・目付佐野庸貞（林・佐野も来聘御用掛）の七人を確認できる。

来聘寄合では儀式の習礼なども行われたが、そのような儀式を円滑に行うための準備以外にもさまざまな問題への対応が協議された。前述のように来聘に関する交渉は寛政三年に開始された。幕府が易地での聘礼を求めたのに対して、朝鮮がそれを認めなかったために交渉は難航したが、十年に対馬での聘礼に朝鮮が同意したため、文化元年に幕府による公式発表があった。翌二年二月、対馬藩から朝鮮へ藩主書契が送られた。しかし同年、対馬藩との交渉にあたっていた訳官による収賄や文書偽造が発覚し、朝鮮は聘礼に関する決定を無効としていた。そのため対馬藩主から

の書契に対して、易地聘礼を拒否する回答が朝鮮からもたらされた。対馬藩は幕府と朝鮮との間で苦慮し、朝鮮との間で易地聘礼の実施を求めて交渉が続けられた。これに関係すると思われる動きを「遠山日記」でも確認できる。次は「遠山日記」文化五年二月六日条である。

[史料十三]

対州帰小目常吉《古沢》、昨夕帰府之儀、昨夕当番所より申越シ、昨日申合通今日宇右衛門《佐野庸貞》宅江寄合、才介《加藤》・文蔵《古山》幷常吉罷越、吉次郎《久保田》・新三郎《中野》より之密書読、常吉咄承候、

対馬へ派遣されていた小人目付古沢常吉が江戸へ戻ったため、佐野庸貞宅で寄合が開かれた。古沢および徒目付加藤才助・古山文蔵も出席し、勘定久保田吉次郎・徒目付中野新三郎からの密書を読み、古沢が報告を行った。久保田と中野は前年三月から対馬へ派遣されており、その目的は朝鮮との交渉延引の理由および対馬藩の内情の探索だった。

翌日には、古沢が持ち帰った書面などについて、来聘御用掛の柳生・脇坂・井上・林へ連絡した。さらに七日条には次のような記述がある。

[史料十四]

一、昨夕小目着之訳相知候やと、美濃《井上利泰》江蔵之丞《布施》以備前殿《牧野忠精》無急度御尋有之旨ニ付、今日主膳《柳生久通》江申談し候而、備前殿江宇右衛門《佐野庸貞》両人懸御目、あらまし申上、尚又一同書面熟覧評議仕可申上旨申上、

古沢が江戸へ戻った理由について、老中牧野忠精から奥右筆布施蔵之丞を通して井上へ問い合わせがあったため、柳生と相談した上で佐野とともに牧野に会って概要を伝えた。牧野は来聘御用掛であったが、寄合には出席しておらず、交渉に関わる情報を直接入手することもなかったことがわかる。この後、八日に古沢も参加した寄合があり、九日には古沢が持ち帰った密書が牧野へ提出された。

このように、来聘交渉に関する情報の入手・分析は、老中を除く来聘掛が担っていた。対馬へ派遣されたのが勘

定・徒目付・小人目付であったということ、探索の結果を記した書面が最初に目付の遠山・佐野へ提出され、両名による寄合の後に他の来聘掛へ情報が伝えられたことから、来聘御用掛の中でも目付の関与が大きかったと考えられる(28)。

さて、対馬藩と朝鮮との間での交渉は、文化二年の対馬藩主書契への拒否以後も続いており、文化三年六月には対馬藩留守居小島宇左衛門が釜山に赴いて交渉を行っていた。「遠山日記」文化五年九月二十七日条には、小島からの書状が届けられ、来聘御用掛が確認した後で牧野へ提出されたことが記される。ここでも牧野以外の来聘御用掛が情報を判断し、その上で牧野へ報告するという手続きが取られていた。

小島が交渉を開始した当初は、朝鮮側では易地での聘礼実施が幕府の指示によるものかどうかを疑っていたが、交渉の結果、易地聘礼を朝鮮が認めるという覚書が出された。遠山は、文化五年十一月一日に対馬へ赴くよう命じられ、翌年二月四日に江戸を出発した(29)。

七月五日、朝鮮から訳官玄義洵が対馬に到着し、十五日から遠山との間で交渉が始まった。会談では、対馬藩との貿易や倭館の活動に関して非常に細かい朝鮮からの要求が伝えられた。幕府役人と直接交渉する機会を用いて、貿易の縮小を意図したものであったとされる。易地聘礼の日程についての交渉で遠山から朝鮮へ伝えられた内容などは、八月には朝鮮の廟堂へ伝えられた。遠山が手渡した書簡の内容は、次のようなものであった。

[史料十五]

(前略) 易地通使出二東武旨意一、対馬州太守婁年懇書也、俺拝二旨示一、聘礼遅滞、超溟淹留、今費二自週年一、三訳使告二朝鮮国一、(後略)

(『純祖実録』(30) 九年八月二十七日)

易地聘礼は幕府によって出された要望であり、対馬藩主が数年にわたって伝えてきたとおりである。自分は易地聘礼を伝えるように命じられており、聘礼が遅れているために対馬に長期間滞在している。この旨を三訳使から朝鮮国に伝えてほしい、といった内容である。

この遠山からの書簡などによって、易地聘礼が対馬藩の独断による計画ではなく、幕府の意思によるものであることを朝鮮は確認した。結果、翌年正月十四日、朝鮮国王純祖は易地聘礼に合意すると正式に表明した。

以上の経緯からわかるように、遠山は来聘御用掛として、他の役人とともに朝鮮との交渉についての調査や聘礼の準備を行い、さらに朝鮮側の役人との交渉にもあたっていた。とくに朝鮮役人との交渉では、遠山の活動が交渉を最終的に決着させる役割を持っていた。さらにこの交渉において、朝鮮側では目付である遠山を執政と解釈していたとされる(31)。この時の交渉での遠山の位置が、非常に高いものであったとみられていたようである。

松前御用に関わる活動

遠山はロシア使節レザノフが来航して通商を求めた際には、長崎へ派遣され応接を担当した。「遠山日記」には、レザノフとの交渉については記述されないが、松前御用などロシアとの外交に関する活動が記述されているのは、前述の通りである(32)。

［表18］に示したように、松前御用は文化四年と五年に集中していた。具体的な事例は、松前の風聞探索を徒目付に命じたもの、松前奉行からの旗の利用についての問い合わせへの返答、松前に派遣されていた徒目付・小人目付が江戸に戻った際の伺書の提出などであった。文化二年には遠山は西蝦夷地へ視察に赴き、四年にも若年寄堀田正敦に随い、防備の整備のために蝦夷地へ派遣された。文化四年と五年に松前御用が集中しているのは、四年にロシア船による蝦夷地襲撃が相次いだため、その対応が活発に行われていたことにともなうものであろう。また「遠山日記」文化五年二月九日条には次のような記載がある。

［史料十六］

一、水戸殿御城付より海岸防方之儀ニ付問合ニ付、付札致し、蔵之丞《(布施)》江見セ、入御覧呉候様申談、水戸藩の留守居から海岸防御についての問い合わせがあったため、附札で意見を付した上で奥右筆布施蔵之丞に見せ、老中へ見せてくれるように申し入れている。同月十四日に老中から回答があったため、水戸藩へそれを通知している。「遠山日記」には、遠山自身によって内容が分類されている部分があり、右の水戸藩からの問い合わせに関わる記述は、蝦夷地関連と区分されている。文化四年のロシア船による蝦夷地襲撃事件への対応として、五年正月に幕府は仙台・会津両藩へ東西蝦夷地の警備を命じたが、水戸藩でも正月二十四日に水木・川尻の二カ所へ大砲を設置し、藩士を在番させるなど、海防整備を進めた。この水戸藩からの問い合わせは、これに関連したものであろうと考えられる。遠山は問い合わせをたんに取り次ぐのではなく、みずからの意見を付した上で奥右筆へと渡しており[33]、ここでの遠山の活動は政治的な判断を伴うものであったと考えてよいであろう。

目付と外交との関係

遠山が朝鮮との交渉やロシア船への対応にあたった理由としては、目付が外国への対応を担当する役職であると認識されていたことがあげられる。寛政四年（一七九二）にラクスマンが蝦夷地へ来航した際は、目付石川忠房と西丸目付村上義礼が宣諭使として派遣され、幕府の回答をラクスマンへ伝えているが、目付を派遣した理由として老中松平定信は次のように述べている。

[史料十七]

　惣て長崎に奉行ありても、享保之頃抜荷船見へて打払ハせたまひしにも、御目付ハ来りぬ、南部の浦へ紅毛人来りしにも、御目付ハつかわされたり、されハ、諭告使として御目付つかハさるへし[34]、

このように、すでに南部藩領へオランダ船が漂着した寛永二十年（一六四三）から、目付が外国船来航への対応の役割を担っていたと松平定信は理解していた。このような理解があったために、朝鮮との交渉を目付の遠山が担当する

ことになったのではないかと考えられる。

おわりに

目付の職掌について、「監察故談」と「遠山日記」という目付自身が記した史料から明らかにしてきた。目付は自らの基本的な職掌は幕府役人の監察であるととらえていた。実際の職務内容は、江戸城内での儀式への参加が最も多かったが、これも参加者の行動を監督し、儀式が円滑に進むようにするためであった。目付の職掌は、一般的に言われているような旗本・御家人の監察であるとしてもよいであろう。

だが一方で、それにとどまらない活動分野も大きかった。そういった事例として、遠山が外交に大きく関わっていたことを取り上げた。そこでの遠山の活動は、儀礼の準備などにとどまるものではなく、朝鮮の使者との交渉にあたるなど、政治的に重要なものだった。遠山はレザノフとの交渉にも派遣されており、外交において中心的な役割を果たしていたと言える。

本章では、寛政・文化期を取り上げて分析したが、目付は開国以降に重要性を増した役職であることが指摘されてきた。目付の人数は享保十七年（一七三二）以降、十名で固定されていたが、安政三年（一八五六）から増加し、慶応元年（一八六五）には三十名となった(35)。分掌も増え、外交掛・海防掛・大船製造掛・開港掛などが設置された(36)。『旧事諮問録』には幕末の状況として、「政治向きの事すべて、始終論をしました」とあり、藤田東湖は徳川斉昭に対して、幕政の実権は閣老・勘定奉行・目付・奥右筆組頭にあると述べたとされる(37)。このような目付の政治的地位の上昇の端緒となったのが(38)、対外的な危機の高まりにともなって上昇した、対外関係に関わる活動への目付の関与であったと言えるのではないか。

（1）　吉川弘文館、一九九二年。
（2）　武家制度研究会、一九一九年。
（3）　本間「寛政改革期における町方取締りと目付の「町方掛り」について」（『法学』四二―三、一九七八年）、同「江戸幕府目付の評定番について」（『立命館法学』第三三三・三三四号、二〇一一年）、近松「目付の基礎的研究」（『幕府制度史の研究』吉川弘文館、一九八三年）、辻「目付日記解題」（『東京都公文書館研究紀要』第二巻、二〇〇〇年）など。
（4）　本間「江戸幕府目付に関する一考察」（『法学新報』九一巻八・九・一〇号、一九八五年）。
（5）　東京大学史料編纂所所蔵。「理学博士神保小虎氏寄贈」と記されており、幕末期に目付を務めた神保長貴が所有していたものと推測される。岐阜県歴史資料館には天保七年（一八三六）に目付の徳山秀起が著したものがあり、ほかにイエール大学図書館にも著者不明のものが残されており、目付就任者は写本を作成して所持していたと推測できる。
また『古事類苑』や木村芥舟「旧幕監察の動向」（『旧幕府』一巻一号、一八九七年）に引用されていることなどから、明治期には内容が知られていたようである。なお中川が所持していた書籍は弘化三年に幕府に献上されており（『続徳川実紀』第三編、経済雑誌社、一九〇六年、弘化三年六月二十四日条）、国立公文書館内閣文庫に残されているが、「監察故談」は含まれていない。
（6）　将軍が見る、という意味で「御目付」と呼ばれると記されるが、これは勘定奉行が将軍の勘定を行う、という意味で「御勘定奉行」と呼ばれていたのと同じである。
（7）　東京大学法制史資料室蔵。
（8）　東京都公文書館が所蔵する浅野氏従・曲淵景漸・曲淵景露の目付日記も同様の内容を持つ（辻「目付日記解題」）。これらの目付日記と比べると、「遠山日記」は一日あたりの分量が少なく、毎日の当番目付の名前の記載がないなど、異なる点も多い。
（9）　江戸幕府では、御用部屋日記のように各部局で日記が作られていた。さらに目付には日記掛と呼ばれる分掌もあり、これは江戸城内での日常の事件その他を記録する坊主を監督する役割であった（松平『江戸時代制度の研究』四一九頁）。また正徳二年（一七一二）には、目付が江戸城内での情報の集約を行うように命じる触が出され、さらに元文二年（一七三七）には、月番の目付は各部局で作成された日記から特定の部分を選択して、「右筆所日記」へと集約するという役割を与えられた（小宮木代良「幕府記録と政治史像」山本博文編『新しい近世史』一、新人物往来社、一九九六年、二五一頁）。

「遠山日記」はこれら公的な日記とは異なり、遠山が自らの便宜とするために作成した日記であって、これは東京都公文書館所蔵の目付日記と同じ性格である。それぞれの幕府役人が個人的に作成した日記と、部局日記のような公的な性格を持つ日記との間で、情報の共有などの関係が存在していたのかという点は検討が必要である。

(10)　文化五年八月十八日条に「定人足溜見廻書」という記述があるため、定式人足とは人足寄場の見廻りを意味している可能性がある。

(11)　本間「江戸幕府目付に関する一考察」。

(12)　「監察故談」。

(13)　旧事諮問会、一八九一年。

(14)　ほかに幕領の農民から八万一五二六両が上納され、さらに御用金としての賦課以外に、江戸町人へ買米が命じられた。

(15)　大口勇次郎氏が、この時期、米穀買い入れのための多額の御用金賦課によって金融が極度に悪化していたことを指摘している（「寛政―文化期の幕府財政」『日本近世史論叢』下巻、吉川弘文館、一九八四年）。

(16)　竹内誠「文化年間幕府「御用金」の実態と背景」（『史潮』七七号、一九六一年）。

(17)　本間「寛政改革期における町方取締りと目付の『町方掛り』について」。

(18)　釈奠とは、儒教において先聖・先師を祭る儀式である。日本では大宝元年（七〇一）から行われているが、江戸幕府での起源は、林家の聖堂で寛永十年（一六三三）に行われたものである。のちに寛政改革の一環として朱子学が重視され、釈奠も幕府の主導によって行われるようになっていった（須藤敏夫『近世日本釈奠の研究』思文閣出版、二〇〇一年）。

(19)　目付には、勝手掛・日記掛・町方掛などの分掌があった。これらの掛以外にも、役当と呼ばれる分掌もあった。役当には、座敷番・供番・評定所番・諸普請出来栄見分などがあり、目付部屋付の坊主によって毎日割り振られた。これらの掛・役当は目付内部の分掌だが、朝鮮通信使来聘御用掛や琉球謝恩使への対応は老中以下が任命される幕府全体の掛であり、両者は性格が異なるものであった。

(20)　続藩翰譜は藩翰譜の書継であり、寛政元年（一七八九）に編纂が企図された。続藩翰譜は文化二年には完成したはずであるが、「遠山日記」では文化八年まで記載される。これは、文化二年の完成以降も、同種の由緒集の編纂が続けられていたためではないかと考えられる。

(21) 東京大学史料編纂所所蔵「米倉家文書」。

(22) 「監察故談」は目付の職務が本来どのようなものであり、古くはどのように定まっていたのかを説明することで、職務の乱れを直すというのが執筆の目的であったと考えられる。そのために目付同士が儀礼の監督中に話をしていることを批判する内容になっている。

(23) 国立公文書館内閣文庫所蔵「柳営日次記」文化元年三月二十三日条。

(24) 素読吟味とは、昌平坂学問所で旗本・御家人の家の年少者を対象として実施された素読の試験であり、寛政四年に始められた。受験者は、小学・四書・五経・歴史・論策のなかから選択して受験することができた。

(25) 『江戸幕府試験制度史の研究』(風間書房、一九九五年)。

(26) 目付の職掌とは直接の関係はないが、目付に対する監察はどの役職が行ったのかという点に触れておきたい。本間修平氏は「江戸幕府目付に関する一考察」において、目付に対する専任の監察官は存在せず、目付の管理は目付自身に委ねられていたとする。この見解は『旧事諮問録』で、目付の監察は目付同士で行ったとされていることにもとづく。これに対して「監察故談」には、次のような記述がある。

一、大目付は以前より御目付部屋へ入る事なり、是は、大目付・御目付は監察の官にて、若不正の人ありとても、何方よりも言上すへき役なかれハ、言を奉るの役を互に相部屋ニなしおかれて、たかひの非を言上なさしむへきためなりとそ、

ここには、目付を監察する役割を大目付が担っていたと明記されており、『旧事諮問録』の記述とは異なっている。両者の差異の原因としては、時期的な違いなどが推測できるが、この点については今後の課題としておきたい。

(27) 三宅英利「国交希薄化と通信使――易地聘礼」(『近世日朝関係史の研究』文献出版、一九八六年)。聘礼に関わる朝鮮と対馬藩との交渉の経過は同論文を参照した。

(28) ただし勘定奉行柳生久通は大きな役割を果たしている。

(29) 「遠山日記」には江戸を発ってから十月五日に帰府するまでの記述がないため、その間の様子を知ることはできない。

(30) 『朝鮮王朝実録　四七』(國史編纂委員會、一九七〇年)。

(31) 三宅「国交希薄化と通信使――易地聘礼」一五頁。
(32) 松前御用は外国との交渉を直接ともなう活動ではないが、ロシアへの対応がその中心であるため、外交に関わる活動の一つであると考えてよいであろう。
(33) なぜ奥右筆に渡したのかという点については、「監察故談」の次の記述が参照される。
　一、御目付部屋へ入るは、奥・表の御右筆・御同朋頭・御数寄屋坊主衆等に限る事なり、是ハ隠密の御役所なる故なり、御右筆ハ奥・表ともに隠密にあつかる、坊主衆ハ制外のものなれはなり、
(34) 東京大学史料編纂所所蔵「魯西亜人取扱手留」。
(35) 近松「目付の基礎的研究」一二二頁。
(36) 松平『江戸時代制度の研究』四一七頁。
(37) 福地桜痴『幕末政治家』(民友社、一九〇〇年。本章では岩波書店、二〇〇三年を利用した)二五三頁。
(38) 開国期の目付の政治的役割については、後藤敦史『開国期徳川幕府の政治と外交』(有志舎、二〇一四年)に詳しい。

終章　近世中後期の幕藩関係と幕府の支配機構

本書の内容を簡単にまとめておきたい。

第一部では藩・大名が幕府役人や他大名との間で取り結んでいた関係に注目した。

第一章から第三章では御用頼・御内用頼を取り上げた。近世中後期の藩は、老中など幕府の首脳陣から御城坊主や小人目付などの下級役人まで、広範な幕府役人を御用頼や御内用頼としていた。鳥取藩では、文化期から幕末に至るまで、ほとんど常に老中を御内用頼としていた。御内用頼となった老中は、文化期は松平信明、文政三年（一八二〇）から天保四年（一八三三）にかけては水野忠成、天保六年から十四年は水野忠邦、弘化二年（一八四五）から安政四年（一八五七）にかけての阿部正弘など、その時点での中心的存在が必ず含まれていた。幕政の中枢に直結しようとする意図が鳥取藩にあったことが指摘できる。

御用頼・御内用頼の依頼の方法は、時代や役人の地位によって違いがあった。享保十二年（一七二七）に金沢藩が老中水野忠之に御内用頼を依頼した際には、金沢藩の御用頼であった旗本やすでに水野を御用頼としていた富山藩による仲介があり、また水野家と前田家の間に由緒があることが繰り返し確認された。御内用頼は老中・藩の双方にとって特別な関係であると認識されていた。一方、天保十四年に鳥取藩が老中土井利位に御内用頼を依頼した際は、土井へ直接使者が派遣され、簡単な申し入れで依頼が完了している。享保期と比較すると、天保期には御内用頼が一般的な関係となっていた。

老中への御内用頼依頼は藩の側が選択して申し入れを行っていたが、先手や坊主、玄関番などへ御用頼を依頼する場合は、幕府役人側が誰をどの藩の御用頼とするかを選定し、藩はそれを受け容れるという形式が採られた。

御用頼・御内用頼と藩との関係は、その時々により違いがあった。金沢藩では、藩主不在時に江戸で生じた問題に対して、親族の旗本から指南をうけていたが、天和二年（一六八二）になると大老堀田正俊から直接指示をうけるようになった。元禄三年（一六九〇）には再び旗本から指南をうけるようになった。宝永六年（一七〇九）に老中を御用頼とすることが幕府により禁止されると、懇意の老中との関係は中断したが、享保十二年（一七二七）には特定の老中から指南される体制に復帰している。文化期以降の鳥取藩では、前述のように老中を御内用頼としていたが、御内用頼老中へ相談を行うことはほとんどなく、幕府への申し入れは月番老中に行うのが基本であるなど、御内用頼老中との関係は形式的な性格が強かった。

御用頼・御内用頼は付け届けや接待などの費用が必要であり、そのために財政的な理由で、関係の縮小が何回も企図された。金沢藩でも貞享三年（一六八六）から享保十二年にかけての時期、御城坊主の出入の廃止や御用頼旗本への接待中止、その再開を繰り返した。

幕府による御用頼取締も数度にわたって行われた。天保改革期の取締は幕府が達を出したのが契機であったが、御用頼削減の交渉はそれぞれの藩が行っており、藩は削減に積極的だった。財政改善のために御用頼を減らすことが藩にとって必要であり、取締は藩の要求をうけて幕府が実施したものであった。しかし取締の効果は長続きせず、天保改革が終わるとともに取締以前の状況へ復した。これは御用頼の存在が藩にとって不可欠であったことを示している。

第四章では文政期の古河藩御内用役による贈賄活動を取り上げた。古河藩は加増や藩主の幕府役職への就任などを目的とする贈賄を行っており、対象となっていたのは将軍家斉・家斉実父一橋治済・側用取次・将軍側室の養父中野清茂・老中であり、これらは当時の幕府における権力者であった。

第五章では文政から嘉永期の会津藩主松平容敬の交際関係を分析し、容敬の交際は親族と同席の大名が大部分を占めていたことを明らかにした。

第二部では幕府側の支配システムを取り上げた。

第六章では所司代交代時に老中が行っていた引渡上京を取り上げた。引渡は老中が新所司代へ朱印の捺された判紙を渡すという儀式であることを明らかにした。引渡上京は所司代が交代する際の職務引き継ぎに由来しており、当初は上京した老中が朝廷と交渉を行うこともあったが、徐々に儀礼化が進んだ。その結果、文化三年（一八〇六）など、行われない場合もあった。ただし、幕府にとって全く価値のないものだった訳ではなかった。たとえば天明七年（一七八七）に松平定信が引渡上京をした時には、その機会を利用して朝廷との交渉を行った。さらに嘉永三年（一八五〇）の引渡上京では、上京した松平乗全が京都市中で株仲間解散が与えた影響を調査し、その情報にもとづいて株仲間再興が最終的に決定されたことを第七章で明らかにした。

第八章は天保期に水口藩で発生した家中騒動を取り上げた。この騒動は藩内での主導権を巡る争いであり、非主流派の菅直記などは老中脇坂安董や藩主親族の旗本へ出訴したが、失敗に終わった。出訴した菅は幕府の公的な裁許となることは望んでおらず、また出訴者への処罰も水口藩内で処理されるなど、幕府による表立った介入は行われなかった。これは数年前に発生した仙石騒動が、幕府の裁許となった結果、藩の減封、老中以下幕府役人の処罰など大きな影響を幕府・藩の双方に与えたため、同様の事態を回避するためであった。しかしこの騒動でも老中が評議を行い、幕府西丸留守居が介在して事態が収拾されており、実態としては幕府は介入を行っていた。家中騒動は幕藩国家の秩序を乱す重大な問題であり、幕府は大きな注意を払っていたと考えられる。補章では、老中が大名・旗本家中で発生している問題に対して、早い段階から情報を収集して対応していたのではないかということを指摘した。

第九章は幕府の役職の一つである目付について検討した。目付の基本的な職掌は従来から言われているとおり旗本・御家人の監察であったが、外交についても重要な役割を担っていたことを確認した。

以上のように幕府・藩の双方が相互の関係を円滑なものとするための仕組みを作り上げていたが、それは江戸期全体を通じて同じだったわけではなく、時代によって変化していた。

近世初期には懇意の老中は藩にとって領内支配や幕府との関係維持のために重要な存在であったが[1]、幕府の制度が整備されるにともなって、藩と老中や旗本とが自由に交際し、藩政に影響を与えることはなくなっていった[2]。文化期以降の鳥取藩も同様であり、御内用頼老中とは表面的な交際関係を持つに過ぎなかった。しかし、嘉永六年に鳥取藩が江戸湾防備担当を命じられると、御内用頼老中へ内願が繰り返し行われるようになるなど、御内用頼老中は鳥取藩にとって重要な存在となった。また、御用頼については、十七世紀後半以降、取締による関係縮小、取締の弛緩による関係拡大を繰り返していたのは前述したとおりである。天保末年以降の対外危機の本格化は大名本人にも影響を与えた。松平容敬の交際は、対外危機を契機として、政治的な性格の強いものへと変質し、その結果、会津藩は彦根藩・高松藩との連携を強め、幕政への参加意識を高めることになった。

第六章で取り上げた引渡上京も、嘉永期以降重要性が高まった。嘉永三年に引渡のため上京した老中松平乗全へ朝廷は対外政策についての意思を伝達することを企図し、安政四年（一八五七）に上京した老中脇坂安宅はハリスの江戸城登城について、朝廷へ申し入れを行った。対外危機の高まりによって、朝幕間をつなぐチャンネルとしての役割を引渡上京が再度持つようになったと言える。

（1）高木昭作「幕藩政治史序説――土佐藩元和改革」（『日本近世国家史の研究』岩波書店、一九九〇年）ほか。序章参照。
（2）山本博文「徳川幕府初期の政治構造」（『幕藩制の成立と近世の国制』校倉書房、一九九〇年）ほか。

あとがき

本書は、卒業論文以来、十五年間ほどにわたって執筆した論文を中心にまとめたものである。初出時に間違えていたもの、それ以後に明らかにすることができた事実など、修正・加筆を加えた箇所はあるが、概ね既発表の論文と要旨は変わっていない。

近世史を専門的に勉強しようと考えたのがいつであったか、もはや記憶が曖昧だが、大学入学後、最初に出席した本格的な日本史学の授業は、二年生の十月から半年間行われた鈴木淳先生の台所をテーマとするゼミだった。東京大学明治新聞雑誌文庫に通って、明治から昭和二十年代の女性向け雑誌を読み、なんとかレポートを書き上げたことを昨日のことのように覚えている。

専門課程進学後は藤田覚先生・吉田伸之先生、さらに大学院入学後は宮崎勝美先生・横山伊徳先生にもご指導頂いた。とくに藤田先生には修士課程・博士課程のあいだ、指導教官になっていただき、就職後も勉強会などをはじめ、さまざまな場でご指導を賜っている。学部三年生の時、藤田ゼミでは『徳川斉昭・伊達宗城往復書翰集』（校倉書房、一九九三年）を輪読した。そのときの報告について先生から頂いたご意見は、これまでの私の研究の基礎となっている。

東京大学史料編纂所に就職後、同室となった山本博文さん・松澤克行さんには、学生時代から研究でも仕事でも大変お世話になっている。

ほかにも先輩・同級生・後輩など、多くの方にさまざまなことを教えて頂いた。怠惰な性分の私がこうしてなんとか研究をまとめることができたのも、お世話くださっている方々からのアドバイスやご支援があってのことだと、痛切に感じている。これからもご迷惑をかけてしまうだろうとは思うが、これまでと同様に助けて頂けるよう、この場を借りてお願いしたい。

また私事ではあるが、就職氷河期の真っ最中であったにも関わらず大学院への進学を許可してくれた両親、思いつきのような研究構想にも耳を傾けてくれる妻美穂子に感謝したい。

最後に、本書の出版にあたってご尽力いただいた東京大学出版会の山本徹さんにお礼を申し上げたい。

二〇一七年十月

荒木裕行

なお本書は、日本学術振興会平成二十九年度科学研究費助成事業（科学研究費補助金研究成果公開促進費）の交付を受けて刊行された。

索　引

あ　行

会津藩　6, 28, 246
青山忠裕　36, 134, 145, 148
秋月藩　46
秋元喬知　18
浅野長祚　110
浅野吉長　24
跡部良弼　168
阿部正武　134, 140
阿部正弘　36, 42-48, 103, 104, 109, 111-113, 115, 118, 119, 121, 123, 167-170, 209, 243
阿部正由　145-148
有馬氏郁　212
安藤信成　148
井伊直亮　96, 97, 100, 102, 110, 112, 116, 119
井伊直弼　102, 110, 118, 119, 121, 123, 124
井伊直元　96, 97, 102, 108
飯塚忠顕　231
池田慶栄　43, 45
異国船打払令　110
石川喜右衛門　188, 191, 192, 195
石河政平　169
石川茂助　191, 202
板倉勝重　138
板倉重矩　138
板倉重宗　138
伊谷治部右衛門　192
井戸弘道　211
稲葉正往　132, 139
井上利泰　230, 232-234
入江仲次郎　186
印旛沼普請　46
植村家長　225
鵜殿長鋭　212, 213
宇和島藩　56-60, 63, 64
易地聘礼　232, 234-236
越後騒動　185, 215
江戸湾防備　46-49, 121
遠藤胤統　113
遠藤胤昌　113, 115
大久保忠真　187-189, 191-193, 195
大久保忠温　223
大久保偶　192
大御所時代　69, 72, 104
大塩の乱　150
大洲藩　198
大広間詰　62
小笠原長重　134, 140
奥平信昌　131
奥平昌高　113, 115, 117
忍藩　109, 118, 119, 121
御頼　15, 35
小幡藩　212
お美代の方　73

か　行

貝淵藩　46
加藤明邦　186, 190, 192, 195
加藤明遠　186
加藤才助　224, 234
加藤熙古　188, 189, 191-195, 197, 201
加藤旨賢　191
加藤泰理　202
加藤泰幹　202
金沢藩　5, 39, 243, 244
株仲間　153, 165, 169, 173, 175
株仲間解散　153, 166-168, 170, 171, 173-176, 178, 179, 245
株仲間再興　153, 154, 165-167, 169, 171, 178, 179, 245
川越藩　109
河島小七郎　214
菅勝兵衛　186, 187, 189-198, 200-203
菅十郎兵衛　191, 194
菅清右衛門　191, 194
寛政改革　57
菅兎毛　196, 201

菅直記　188-192, 194-198, 200-203, 245
雁間詰　62
菅黙済　201
甘露寺方長　140
京極高久　232
九鬼隆備　111
九鬼隆都　109, 111, 112, 123
九条尚忠　154
久世広周　44
久保田吉次郎　234
黒田斉清　109
黒田斉溥　109
孝明天皇　155
郡与惣右衛門　191, 192
古河藩　6, 74, 244
御三卿　38
御三家　44
小杉克長　70, 71, 73, 74, 76-78, 80, 83, 86, 89
五島盛成　213
五島盛繁　213
御内用頼　5, 20, 21, 23-26, 31, 35, 36, 38-46, 49, 83, 243, 244, 246
御内用出入　49, 50
小浜角次　186
御用金　224
御用頼　4-6, 15, 18, 23, 26, 30-32, 35, 36, 38, 53-56, 59-65, 103, 243, 244, 246
御用頼取締　53-56, 61, 62, 64, 65, 244
懇意　15, 18

さ　行

酒井忠器　106
酒井忠宝　117
酒井忠学　108, 117
酒井忠実　116, 122
酒井忠進　145, 148, 152
酒井忠義　150, 151, 171, 176, 178
佐賀藩　110
佐竹義厚　96
佐野庸貞　233, 234
三条実万　154, 155
塩治四郎左衛門　186
島津斉彬　95, 105, 106, 113-115, 121
志水角右衛門　194, 198
朱印状　136, 137, 157
庄内藩　46
神保長光　220
杉本紀　194
須田盛照　136
瀬崎守治　186
仙石騒動　185, 195, 203, 245
素読吟味　232

た　行

大聖寺藩　28
大名寄　225, 230
鷹司政煕　146
鷹司政通　154, 155
高松藩　116, 118-123, 246
鷹見泉石　69-71, 79, 86, 87, 198, 199
館市右衛門　167, 168
伊達宗紀　106
伊達宗城　105, 106
溜詰　62, 99, 100, 102, 105, 106, 108, 116-123
知久頼衍　208, 209
知久頼匡　208, 209
朝鮮通信使　148, 232
朝鮮通信使来聘御用掛　226, 232, 233, 236
佃次兵衛　191, 196, 198
対馬藩　232-235
土屋政直　139, 140
土屋正倫　230, 233
筒井政憲　166, 168, 173, 202
津山藩　44
帝鑑間　116
出入　15, 19, 23, 28, 29, 35, 56-58
手嶋金八　186, 194
寺田清兵衛　186
天保改革　53, 55, 59, 60, 62, 64, 65, 104, 153, 165, 174, 176, 178, 244
土井利厚　70-75, 77-79, 84, 87-90, 148
土井利位　39, 70, 72, 79-84, 87-90, 149, 198, 199, 243
藤堂良顕　196, 197, 201
遠山景晋　222
遠山景元　153, 165-171, 173, 233
戸川安鎮　209
土岐朝旨　85
徳川家重　143
徳川家斉　38, 72-74, 76-80, 85, 90, 106, 134,

136, 138, 150, 197, 223, 244
徳川家慶　77, 78, 136, 149, 150
徳川綱吉　17, 26
徳川斉昭　95, 98, 105, 106, 108, 113-115, 121-123, 214, 215
徳川斉荘　106-108, 123
徳川斉脩　105, 106
徳川慶篤　214
徳川慶福　214
徳川慶喜　214
徳大寺公全　141
徳大寺実堅　151
戸田氏教　232
戸田氏栄　110
戸田忠真　17-19
戸田忠温　41
戸田忠昌　27, 28, 132, 134, 139
栃尾一揆　211
鳥取藩　5, 243, 244, 246
富山藩　28, 243
取次　4

な　行

内藤重頼　140
内藤信敦　135, 136
内藤信親　151, 155, 171, 178
永井直堯　231
永井尚庸　138
長岡藩　210
中川忠英　220, 232
中川久昭　213
中野清茂　73, 75-79, 85, 90, 244
中野新三郎　234
中御門天皇　142
中山兼親　142
中山忠能　154
名古屋藩　107, 108
鍋島直孝　168
鍋島斉正　106
南紀派　115, 122
新谷藩　198
西陣織　152, 153, 174-179
蜷川親文　73, 77, 85
庭田重条　141
仁孝天皇　136
沼津藩　46

は　行

林述斎　110, 233, 234
林忠英　38, 73, 77, 78, 85
ハリス　156, 158, 246
東園基長　142
東坊城聡長　154, 156, 157
彦根藩　109, 111, 112, 118-123, 246
土方有経　40, 71, 83, 87
一橋派　115, 122, 123
一橋治済　72-76, 80, 82, 83, 85, 88-90, 244
日野資愛　149
平岡頼暢　73, 77, 78, 89, 197, 198
平部専左衛門　190
広橋兼胤　149
広橋伊光　146-148
広橋光成　154
風聞書　153, 158, 171
吹上藩　211, 212
福井藩　44
福江藩　213
福岡藩　110
藤井治部右衛門　191
伏見宮増子　143
布施蔵之丞　83-87, 234, 237
古沢常吉　234
古山文蔵　224, 234
平作　77
坊城俊明　154
房総防備役　109-111, 123
細野亘　186
堀田正敦　224, 236
堀田正俊　17, 26, 244
堀田正衡　58
堀田正睦　156
本多忠民　132, 155
本多忠徳　209
本多政淳　29, 30
本多政法　17, 18, 31

ま　行

前田孝矩　17, 27, 31
前田孝始　20, 23, 25, 29-31
前田綱紀　15, 16, 19, 23, 28

前田利隆　20, 24
前田斉泰　43, 98, 113-115
前田吉治　21, 23, 24
前田慶寧　113-115
牧野忠精　148, 233, 234
牧野忠雅　45, 150, 210
牧野親成　138
牧野英成　142, 143
松下環　187
松代藩　49, 50, 55, 60-64
松平容住　95, 96
松平容敬　6, 245, 246
松平容保　96, 103, 104, 111, 121
松平勝善　102, 108
松平定永　100
松平定信　144, 158, 232, 237, 245
松平忠国　117, 119
松平忠侯　86
松平忠恵　212
松平忠堯　100, 209
松平忠周　140, 142, 143
松平忠矩　117, 123
松平忠恕　212
松平輝高　149
松平信明　36, 148, 243
松平信興　134, 140
松平信庸　140
松平信順　149, 150
松平乗完　144
松平乗全　6, 45, 144, 151, 153-155, 158, 171, 173, 175, 176, 178, 201, 202, 245, 246
松平康任　135, 136
松平康英　223, 233
松平義恕　113, 115
松平義居　96
松平義建　103, 113-115
松平慶永　106
松平義和　95
松平頼胤　96-98, 100, 102, 105, 106, 108, 115, 116, 118, 121
松浦静山　136
水野重明　152, 153, 171, 173, 175, 176
水野忠成　36, 40, 71, 79, 83, 84, 87, 104, 115, 135, 136, 243
水野忠篤　85
水野忠邦　36, 46, 60, 104, 108, 149, 150, 165, 166, 243
水野忠之　20, 21, 23, 25, 26, 31, 39, 132, 134, 140-142, 144, 243
水野道一　167
水戸藩　28, 98, 105, 106, 123, 237
水口藩　45, 62
峰岸小膳　73-76, 80-82, 89
三宅康直　201, 202
毛利多膳　191, 198, 199
守山藩　209, 210

や　行

柳生久通　232-234
藪中（久兵衛）　187, 197, 201, 202
矢部定謙　165
山鹿素水　112
山本文八郎　186
横山元知　18, 31

ら　行

琉球謝恩使　226
霊元法皇　142
六郷政慶　19, 20

わ　行

和歌山藩　214
脇坂安宅　155-158, 246
脇坂安董　187, 189, 190, 195-197, 199, 200, 202, 232-245

著者略歴
1979 年　東京都生まれ
2002 年　東京大学文学部卒業
2006 年　東京大学大学院人文社会系研究科博士課程中退
現　在　東京大学史料編纂所助教

主要論文

「京都町奉行所による朝廷風聞調査について」（東京大学史料編纂所研究成果報告 2013-5『近世の摂家・武家伝奏日記の蒐集・統合化による史料学的研究』2014 年）

「旗本野一色家の御家騒動」（東京大学史料編纂所編『日本史の森をゆく』中央公論新社，2014 年）

「阿部正弘政権の大名政策――嘉永六年柳間改革」（藤田覚編『幕藩制国家の政治構造』吉川弘文館，2016 年）

近世中後期の藩と幕府

2017 年 11 月 10 日　初　版

［検印廃止］

著　者　荒木裕行《あらきひろゆき》

発行所　一般財団法人　東京大学出版会
代表者　吉見俊哉
153-0041 東京都目黒区駒場4-5-29
http://www.utp.or.jp/
電話 03-6407-1069　Fax 03-6407-1991
振替 00160-6-59964

組　版　有限会社プログレス
印刷所　株式会社ヒライ
製本所　誠製本株式会社

ISBN 978-4-13-026246-0　Printed in Japan